Masuren entdecken

Streifzüge durchs Land der Seen und Wälder. Mit einem Ausflug nach Danzig und einem Abstecher nach Königsberg.

Aufgezeichnet von Reiner Elwers und Detlev von Oppeln

Trescher-Reihe Reisen

2. Auflage 1999

Reinhardtstr. 9, 10117 Berlin
ISBN: 3-928409-61-1
Trescher-Reihe Reisen
Herausgegeben von Sabine Fach
und Bernd Schwenkros
Titelfoto: Detlev von Oppeln, Berlin
Fotos: Ulrich A. Rödiger, Hamburg;
Piotr Metera, Warschau;
Yvonne Bernhard, Berlin;
Detlev von Oppeln, Berlin;
Reiner Elwers, Berlin;
Holger Kretzschmar, Berlin
Co-Autor Königsberg-Kapitel:
Holger Kretzschmar, Berlin
Reihenentwurf: Robert Schumann
Satz und Bildbearbeitung:
Tom Schülke
Printed in Germany

Alle Angaben in diesem Buch wurden sorgfältig recherchiert und überprüft. Angesichts des rasanten Wandels in Osteuropa können Informationen aber schnell veralten. Deswegen sind wir für Hinweise und Anregungen unserer Leser und Leserinnen immer dankbar.

PINGWIN

Vorwort

»Man könnte Vater und Mutter verlassen, Kühlschränke, Farbfernseher und Telefonapparate, um in Masuren das einfache Leben zu leben.«

Arno Surminski

Jahrzehntelang wurde Masuren fast ausschließlich von polnischen Touristen bereist. Das Land existierte in Deutschland fast nur in der Erinnerung seiner ehemaligen Bewohner. Von dem markanten Reiz der Landschaft legen die Erzählungen Siegfried Lenz' und Arno Surminskis Zeugnis ab. Vor den Augen ihrer deutschen Leser erscheint das Bild eines ebenso schlichten wie paradiesischen Landstriches, in dem einfache Menschen mit sich und der Natur in Einklang leben.

In den vergangenen Jahren ist Masuren von deutschen Touristen wiederentdeckt worden. In jedem Sommer sind die deutschen Nachbarn als Gäste zahlreicher geworden. Neue Hotels entstanden, die touristische Infrastruktur wurde nach westlichen Maßstäben entwickelt, und viele Experten fürchteten schon, daß Masuren eine Entwicklung nehmen könnte wie so viele andere Ferienregionen auch. Doch noch ist Masuren eines der letzten Gebiete in Europa mit einer weitgehend unzerstörten Natur. Als Land der dichten Wälder und kristallenen Seen bietet es sich umso naheliegender für den »sanften Tourismus« an. Das haben auch die Tourismusmanager erkannt und wollen einen Weg einschlagen, der nicht zum Massentourismus führt, sondern den Individualtouristen den Vorzug gibt. Statt große Hotelkomplexe zu errichten, sollen kleine Privatpensionen entstehen und der »Urlaub auf dem Bauernhof« organisatorisch gefördert werden.

Die schnelle Entwicklung auf dem Tourismussektor zeigt sich allerorten und macht auch vor einem Reisehandbuch nicht halt. So ist jetzt in der vorliegenden Auflage vieles ergänzt oder neu aufgenommen worden. Die Öffnung des Gebietes Kaliningrad bietet zudem die Möglichkeit, von Masuren aus einen Abstecher dorthin zu nehmen. Daher ist der alten ostpreußischen Hauptstadt ein eigenes Kapitel gewidmet. Auch die alte Hansestadt Danzig, die 1997 ihr tausendjähriges Bestehen feierte, ist von Masuren aus gut zu erreichen. Deshalb wird auch sie in einem eigenen Kapitel beschrieben.

Wer sich heute nach Masuren aufmacht, wird am Rande des bisher touristisch erschlossenen Europa immer noch ein Dorado vorfinden. Jahrhundertealte steinerne Zeugen einer bewegten Geschichte erheben sich über ein Land, dessen landschaftlichem Reiz sich kaum jemand entziehen kann. Wassersportler – allen voran die Kanuten – finden hier ein selten schönes Revier mit über 3000 Seen.

Gerade ein deutscher Besucher sollte sich natürlich auch der belasteten Vergangenheit bewußt sein. Masuren ist ein Land, in dem seit über 800 Jahren Menschen und Kulturen aus allen Himmelsrichtungen aufeinandertreffen. Deutsche wie polnische Elemente prägten gleichermaßen Land und Leute. Daß es unter den Menschen Masurens kaum einmal zu deutsch-polnischen Spannungen kam, spricht für die Toleranz und den Gleichmut, den die Natur dieses weiten Landes die Menschen lehrt. Um so erschreckender zeigten sich die Ereignisse während und nach dem Zweiten Weltkrieg. Die Geschichte schrieb in Masuren eines ihrer blutigsten Kapitel. Fünfzig Jahre später sind auf allen Seiten sicher viele Wunden verheilt, dennoch gebietet geschichtliches Bewußtsein einen sensiblen Umgang miteinander.

Wenn sich der Besucher sowohl auf die Menschen als auch auf die Natur einläßt, wird ihm eine Reise nach Masuren ebenso faszinierend erscheinen, wie es die Dichter beschrieben haben.

Hinweise zur Benutzung dieses Reiseführers

Eine Reise nach Masuren ist seit dem Wegfall der Visumspflicht eine problemlose Angelegenheit. Doch jeder Masurenreisende nähert sich dem Land der Tausend Seen aus einer anderen Richtung. Der eine kommt aus Nord-, der andere aus Süddeutschland und wird das Land von nördlicher bzw. südlicher Richtung aus ansteuern. Viele besuchen zuerst Warschau oder Danzig, um anschließend Masuren von Osten aus zu entdecken, und der Zugreisende landet in der Regel mitten in Masuren, in Mikołajki oder Olsztyn.

Daher sind die einzelnen Orte im Reiseteil nicht nach einer festgelegten Route geordnet, sondern alphabetisch nach den polnischen Ortsnamen. Immer wenn auf der »Tour de Masur« ein neuer Ort erreicht ist, läßt sich dieser leicht durch die am oberen rechten Seitenrand aufgeführten alphabetischen Ortskolumnen finden. Ein Urlaub in Masuren ermöglicht dem Touristen ständig neue Varianten der Erkundung dieses einzigartigen Landschaftsparks, so daß man eine Reise nicht von vorne bis hinten mit festgelegten Routen durchgeplant haben muß. Viele verzweigte Wege bieten sowohl dem Fahrrad- wie auch dem Autotouristen die Möglichkeit zu spontanen Abstechern in Polens einzigartigem Naturparadies.

Die einzelnen Kapitel bieten neben einem Überblick über die Geschichte und die Sehenswürdigkeiten des jeweiligen Ortes auch Tips für Ausflüge in die nähere Umgebung. Die Stadtpläne für die größeren Orte bzw. die touristischen Zentren sollen der ersten Orientierung dienen. Sie können ausführliches Kartenmaterial, das vor allem für einen längeren Aufenthalt von Nutzen sein kann, nicht ersetzen. In der Regel kann man sich in den genannten Informationsbüros mit Stadtplänen und Wanderkarten versorgen. Hinweise zu Reisebüros, Restaurants, Unterkunftsmöglichkeiten und Wassersportangeboten finden sich in den Informationskästen am Ende der einzelnen Kapitel.

Zeichenerklärung

- Anschriften der örtlichen Tourismusämter
- Hotels und Pensionen
- Jugendherbergen
- Wanderheime
- Campingplätze
- Restaurants
- Cafés
- Museen
- Bootshäfen, Anleger, Ausleihstationen für Segel- und Ruderboote

Masuren, der abgelegene Landstrich im Nordosten Polens, war im Laufe der Geschichte häufig ein Spielball fremder Mächte. Hier tobten die entscheidenden Schlachten des Mittelalters und des 20. Jahrhunderts.

Trotz der schrecklichen Zerstörungen, die damit einhergingen, kann man heute noch allerorten die steingewordenen Vermächtnisse früherer Herrscher besichtigen.

Land und Leute

Ein Blick in die bewegte Geschichte

Die Geschichte des heutigen Masuren beginnt in den Annalen des Jahres 997 nach Christus mit einem spektakulären Mord. In diesem Jahr erschlugen die Prußen, ein heidnisch gebliebenes Volk an der Ostgrenze Polens, das erst seit 966 einen christlichen Staat bildete, einen Missionar. Es war der heute in Polen als Nationalheiliger verehrte Adalbert.

Adalbert, um den sich damals wie heute viele Legenden woben, stammte aus Böhmen und unternahm seine Mission ins Prußenland im Auftrage des polnischen Fürsten Boleslaw Chrobry, der Tapfere (992-1025), dem Sohn des Staatsgründers Mieszko I.

Angeblich stammte Adalbert aus einem Fürstengeschlecht und war schon Bischof von Prag geworden. Widersprüchlich sind die Berichte über seinen Tod. Boleslaw kaufte den Prußen die Gebeine des Missionars ab und bestattete sie mit großem Gepränge in Gniezno/Gnesen.

Er handelte dabei durchaus berechnend: Erstens beeindruckte er den Papst, der noch an der Zuverlässigkeit des polnischen Christentums zweifelte. Zweitens ereigneten sich sogleich an dem Grab des Märtyrers zahlreiche ›Wunder‹: Blinde konnten wieder sehen, Taube hören und Lahme gehen. Boleslaw hatte sein Ziel erreicht, als er sich hier in Gniesno – das mittlerweile zu einem religiösen Zentrum geworden war – einige Jahre später mit päpstlichem Segen zum ersten König von Polen krönen lassen konnte.

Die Prußen aber widerstanden auch weiterhin allen Christianisierungsversuchen und huldigten ihren Naturgöttern mit Tier- und Menschenopfern. Immer wieder fielen sie mordend und brandschatzend in Masowien ein. Dieses im Nordosten Polens gelegene Gebiet hatte jahrhundertelang unter seinen Nachbarn zu leiden. Alle Versuche, die Prußen zu unterwerfen, scheiterten. Dem dortigen Fürst Konrad von Masowien gelang es lediglich, ihnen das Kulmer Land am rechten Weichselufer abzutrotzen.

Die Überfälle erreichten 1224 ihren Höhepunkt. In dieser Notlage und auf der Suche nach Verbündeten gegen die Prußen fällte Konrad eine folgenschwere Entscheidung: im Jahre 1225 bat er Hermann von Salza, den Hochmeister des Deutschen Ordens, ihm gegen Überlassung des Kulmer Landes im Kampf gegen die Prußen zu helfen.

Der Deutsche Orden war ein Ritterorden, der sich ursprünglich während der Kreuzzüge zum Zwecke der Verwundeten-Pflege gebildet hatte. Die Ordensritter widmeten sich später der Verteidigung der ungarischen Ostgrenze gegen die Türken, um hier einen eigenen Staat nach ihren christlichen Vorstellungen zu errichten. Ihre Pläne scheiterten jedoch am Widerstand von König und Adel. Insofern kam ihnen Konrads Angebot sehr gelegen. Dieser wiederum mußte sich über die

Die Schlacht bei Tannenberg besiegelte die Niederlage des Deutschen Ordens

Expansionsabsichten des Ordens im klaren gewesen sein.Nachdem sich der Orden seinen Rechtsanspruch auf das Kulmer Land und alle geplanten Eroberungen vom deutschen Kaiser und vom Papst hatte bestätigen lassen, schickte Hermann von Salza die ersten Ritter nach Masowien.

Es gelang dem Orden nicht nur, das Kulmer Land und weite Teile des Prußen-Landes unter seine Herrschaft zu bringen, sondern auch, weite Gebiete des christianisierten Polen an sich zu reißen. Die bereits 1309 vollzogene Verlegung des Hochmeistersitzes von Venedig auf die unmittelbar an der Grenze zu den im Westen eroberten Gebieten gelegene Marienburg zeigte, daß der Orden sich in seinem neuen Besitz sicher fühlte und an eine Herausgabe nicht dachte. Die Ordensritter legten in ihrem Gebiet neue Dörfer an und holten hierzu wallonische und flämische, vor allem aber deutsche Siedler ins Land. Die Neusiedler führten die Drei-Felder-Wirtschaft, den Wendepflug, die Sense und verschiedene neue Handwerkstechniken ein. Auch Rechtsverhältnisse, die diese Techniken erst zur Entfaltung bringen konnten und die eine Ansiedlung für die Neubürger attraktiv

Zeugnis christlicher Macht: die Bischofsburg in Lidzbark Warmiński

machten, übernahm der Orden aus Deutschland. Mit dem sich etablierenden Ordensstaat erwuchs Polen der für viele Generationen erbittertste Gegner.

Zu der unausweichlichen Verschärfung des Konfliktes kam es, als Polen und das vordem heidnische Litauen zu einem Doppelreich vereinigt wurden. Im Jahre 1386 heiratete der litauische Herrscher Wladyslaw II. Jagiello die elf Jahre alte polnische Thronfolgerin Hedwig. Taufe, Heirat und Krönung Jagiellos fanden in einem Akt statt.

Das Doppelreich Polen-Litauen wurde in Personalunion regiert. Da Litauen jetzt christlich war, hätte es kein Angriffsziel für den Orden mehr darstellen dürfen. Dieser betrachtete die Christianisierung jedoch nicht als überzeugend und unternahm weiterhin unter dem Vorwand der Missionierung Verwüstungsfeldzüge nach Litauen. Nach einer Eskalation der Auseinandersetzungen kam es schließlich 1410 zu der legendären Schlacht bei Grunwald/Tannenberg. Der Deutsche Orden trat gegen ein vereinigtes polnisch-litauisches Heer an. Die Schlacht endete mit einem Sieg über das gut ausgerüstete Ordensheer. Etwa 200 Ritter und ein Drittel der 15 000 Söldner fielen.

Lange Zeit verdrängten die Geschichtsschreiber die Tatsache, daß es bei dieser Schlacht ausschließlich um Machtinteressen ging, und erklärten sie in nationalistischer Verbrämung zu einem Schlagabtausch Deutscher gegen Polen. Diese

Interpretation ist umso unsinniger, wenn man sich vor Augen hält, daß der Orden sein Heer zu einem großen Teil aus der Bevölkerung Masurens rekrutiert hatte, während im polnischen Heer viele deutsche Landsknechte kämpften, die für die Entscheidungsschlacht bei Grunwald/Tannenberg angeworben worden waren. So standen sich oft genug Deutsche und Polen Mann gegen Mann gegenüber, wobei der Pole für die ›deutschen‹ Interessen sein Leben ließ und der Deutsche für die ›polnischen‹.

Zwar hatte die Niederlage von Grunwald/Tannenberg für den Orden zunächst nur geringe politische Folgen, doch wurde mit ihr sein langsamer, stetiger Niedergang eingeleitet. Im Jahre 1457 gelangte dann auch die Marienburg in polnische Hände.

Der jetzt von Königsberg aus geführte Orden war damit zwar noch nicht endgültig geschlagen, verlor aber seine Stellung als einflußreiche politische Macht. Schließlich wurde 1525 der Ordensstaat in das weltliche Herzogtum Preußen umgewandelt und legte vor dem polnischen König den Treueschwur ab.

In all den Jahren war es aber die Bevölkerung, die am heftigsten unter den Machtkämpfen zu leiden hatte. Immer wieder wurden masurische Dörfer zerstört und weite Landstriche entvölkert. Bald darauf wanderten neue Menschen ins Land und siedelten sich hier an. Sie kamen von überall her: aus Deutschland, Frankreich und Holland, aber auch aus dem Süden und dem Osten, also aus Litauen und Südpolen. Die russischen Philipponen fanden hier später nach der Vertreibung ebenfalls eine neue Heimat.

Masuren lag fast immer am Rand der verschiedenen Einflußgebiete, galt daher als rückständig und wurde von den jeweiligen Herrschern vernachlässigt. Leider schützte die Randlage der Region nicht davor, als Auf- und Durchmarschgebiet der unterschiedlichen Heere zu dienen. Polnische, schwedische, russische, preußische und französische Truppen zogen nicht nur einmal durch das Land. Im 18. Jahrhundert raffte die Pest mehr als ein Drittel der Bevölkerung hin. Manche Dörfer wurden völlig ausgelöscht, im damals bedeutenden Pisz/Johannisburg überlebten von den 3000 Einwohnern nur 74 Menschen.

Im 20. Jahrhundert hinterließ zunächst der Erste Weltkrieg seine schrecklichen Spuren. Die ›Schlacht von Tannenberg‹ – sie sollte an die gleichnamige mittelalterliche Schlacht zwischen dem polnischen und dem Ordensheer erinnern – endete diesmal mit einem deutschen Sieg. Die Truppen unter Generalfeldmarschall Paul von Hindenburg schlugen zwei russische Heere vernichtend. Dennoch gehörte das Deutsche Reich nicht zu den Siegern des Krieges. Nach Kriegsende hatten die Menschen in Masuren in einem Volksentscheid darüber zu entscheiden, ob sie fortan wie bisher unter deutscher oder unter polnischer Herrschaft leben wollten. Diese 1920 durchgeführte Abstimmung brachte eine Niederlage für Polen. Die polnische Seite behauptete, daß das Ergebnis zweifelhaft gewesen sei, da die deutsche Verwaltung massiven Einfluß auf die schlecht ausgebildete polnischsprachige Landbevölkerung genommen habe.

Ein ernsthafter deutsch-polnischer Gegensatz trat in der Geschichte Masurens in Wirklichkeit niemals auf. Eine bis in den Bürgerkrieg eskalierende Feindschaft, wie sie in Oberschlesien zu beobachten war, war in Masuren unvorstellbar. Zu sehr fühlten sich die Menschen weniger als Deutsche oder Polen, sondern vielmehr als Masuren.

Um so heftiger brach der Identitätskonflikt am Ende des Zweiten Weltkrieges hervor. Keine andere deutsche Provinz ist vom Krieg so heimgesucht worden wie Ostpreußen. Die Nazi-Behörden hatten die Räumung viel zu spät angeordnet. Aus taktischen Überlegungen heraus hielten sie an ihrer »Endsiegpropaganda« noch fest, als niemand mehr davon ausgehen konnte, daß dieser östliche Teil des Reiches zu halten wäre. Sie lieferten damit bewußt eine ganze Volksgruppe dem Untergang aus.

Die Flucht aus Ostpreußen im Winter 1944/45 stellt eines der letzten und grauenvollsten Kapitel des Zweiten Weltkrieges dar: Zehntausende starben an Hunger und Kälte, ertranken beim Marsch über das zugefrorene Haff oder gingen mit den überfüllten Flüchtlingsschiffen unter. Ostpreußen war das erste Gebiet, in das die Soldaten der Roten Armee vorstießen. Das Land hatte vor allem unter der Rache der Sowjettruppen zu leiden. Wieder einmal versanken masurische Dörfer in Schutt und Asche.

Anders als in Pommern und Schlesien, die gleichfalls als Ergebnis des Zweiten Weltkrieges von Deutschland an Polen fielen, war der Bevölkerungsaustausch im polnischen Teil Ostpreußens – also in Masuren – weniger radikal. Die polnischen Behörden betrachteten die Menschen, die sich als Deutsche fühlten, die aber in ihrer masurischen Heimat geblieben waren, als ›Autochthone‹, also Alteingesessene. Diese Autochthonen waren nach polnischer Sicht zwangsgermanisiert worden und brauchten daher lediglich ›repolonisiert‹ zu werden. Die deutsche Minderheit in Masuren nahm damit eine ganz andere Rolle ein, als etwa die in Schlesien. Daß auch diese Phase der polnischen Minderheitenpolitik nicht konfliktfrei ablief, versteht sich von selbst. Die Beamten der neuen polnischen Verwaltung kamen überwiegend aus anderen Landesteilen und bewiesen wenig Gespür für die Identitätsprobleme dieser Gruppe. Viele deutschstämmige oder sich jetzt wieder als deutsch fühlende Masuren siedelten in den fünfziger und sechziger Jahren in die Bundesrepublik über. Man wird ihnen nicht verübeln, wenn dabei vielfach nicht so sehr ein nationales Bewußtsein, als vielmehr der Wunsch nach wirtschaftlichem Wohlstand und individueller Freiheit im Vordergrund stand.

Im heutigen Polen, das das sozialistische System abgeschüttelt hat, ist die Minderheitenpolitik weniger auf Polonisierung als vielmehr auf Versöhnung ausgerichtet. Die wenigen noch in Masuren verbliebenen deutschstämmigen Menschen fühlen sich jetzt meist als polnische Bürger, da sie sich offen und stolz zu ihrer deutschen Kultur und Sprache bekennen können.

Das neue Masuren

Über Jahrhunderte hinweg litt Masuren unter seiner Randlage. Von polnischen, russischen und deutschen Herrschern wurde das Gebiet vernachlässigt. Bis heute hat sich daran wenig geändert. Was dem Touristen als Idylle erscheint, stellt sich für die Bewohner des heutigen polnischen Masuren als Rückständigkeit dar.

Noch immer ist die Region fast ausschließlich landwirtschaftlich geprägt. Wobei die kleinbäuerliche Wirtschaft dominiert. Die Flüchtlinge aus den der Sowjetunion zugeschlagenen ehemals polnischen Gebieten übernahmen die bescheidenen Höfe der geflohenen ostpreußischen Bauern. Die legendären ostpreußischen Junkergüter befanden sich meist sehr viel nördlicher, im heutigen Gebiet Kaliningrad/Königsberg.

Für die Bauern kommt erschwerend hinzu, daß die meisten ihrer Böden nicht zu den ertragreichsten zählen. Die aktuelle Situation in Polen nach dem Zerfall der sozialistischen Planwirtschaft stellt sich für die Bauern Masurens dramatisch dar: Die Preise vieler Agrarprodukte decken nicht die Kosten ihrer Erzeugung. Während in früheren Jahren ein steter Mangel an Lebensmitteln herrschte, besteht heute auf vielen Gebieten eine Überschußproduktion, so daß sogar steuerliche Vergünstigungen für Brachland gewährt werden. Die unklare wirtschaftliche Situation veranlaßte viele Bauern, ihre Produktion weitgehend auf den Eigenbedarf auszurichten. Sie leben von der Hand in den Mund und hoffen auf bessere Zeiten.

Im Gegensatz zu anderen polnischen Regionen besteht für die Bauern Masurens nicht die Möglichkeit, bei der Aufgabe ihres Hofes auf einen Industriearbeitsplatz zu wechseln. Zwar hatte die sozialistische Regierung eine Industrialisierung Masurens von Anfang an geplant, doch wurden die Projekte immer wieder zugunsten der Schwerindustrie in Schlesien zurückgestellt. Auf der einen Seite blieb somit der natürliche landschaftliche Charakter Masurens erhalten. Andererseits ließ sich damit die wirtschaftliche Rückständigkeit nicht beseitigen. Wer sich vor Augen hält, mit welch geringer Rücksicht die staatlichen Wirtschaftslenker die Umweltinteressen behandelten, kann sich ausmalen, wie Masuren heute aussehen würde, wären die Industrialisierungspläne verwirklicht worden. Die ›Stomil‹-Reifenwerke, eine der größten Reifenfabriken Osteuropas, die vor den Toren Olsztyns/Allensteins angesiedelt wurden, legen sicht- und riechbar Zeugnis davon ab.

Die saubere Umwelt in Verbindung mit der herrlichen naturnahen Landschaft ist heute zur größten ökonomischen Chance Masurens geworden. Fachleute sehen die Zukunft des Landes im Tourismus. Zwar galten die Seen und Wälder schon vor Generationen als begehrtes Ausflugsziel naturverbundener Erholungssuchender, doch ist man erst seit kurzem damit beschäftigt, die wirtschaftlichen Rahmenbedingungen auf die touristischen Anforderungen unserer Zeit abzustimmen. Mit Blick auf zahlungskräftige ausländische Besucher sind für die kommenden Jahre große Veränderungen in der touristischen Infrastruktur geplant. Der Trend geht weg von billigen Massenunterkünften der ehemals betrieblichen sozialistischen Erholungsheime, hin zu erlebnisorientierten Ferienzentren mit modernem Komfort.

Dennoch wird das Naturerleben bei einer Masurenreise stets im Vordergrund stehen. Bislang erschließt sich das Land dem deutschen Besucher dann am besten, wenn er seine heimischen Maßstäbe ablegt und sich aufgeschlossen und vorurteilsfrei auf Land und Leute einläßt.

Steinerne Zeugen der Vergangenheit

Das architektonische Gesicht Masurens ist auf den ersten Blick von Burgen des Deutschen Ritterordens geprägt. Im allgemeinen scheint der nordöstliche Teil Polens mit Kultur jedoch nicht reich gesegnet zu sein.

Die weltberühmte Marienburg diente bei den Gründungen der meisten Ordensburgen als Vorbild. Hierbei war Backstein das wesentliche Baumaterial. Im Laufe der Jahrhunderte ist nahezu jede dieser Festungen durch Kriege und Raubzüge mindestens einmal erheblich beschädigt worden. Heute sind die meisten von ihnen wieder aufgebaut. Dabei kamen die Vorteile des Baustoffes zum Tragen: Backstein ließ sich wesentlich einfacher beschaffen als etwa Felsgestein. Die von vielen Generationen ausgeführten Reparaturen und Ergänzungsmaßnahmen führten zu erheblichen baulichen Veränderungen. Heute zeigt sich kaum eine Burg mehr in ihrer ursprünglichen Gestalt.

Die Gotik dominiert in Masuren sowohl Burgen als auch Kirchen. Obwohl einige Gotteshäuser barockisiert wurden, konnte dieser verspielte Stil in Masuren nie richtig Fuß fassen. Um so verblüffender wirkt die Wallfahrtskirche Święta Lipka/Heiligelinde. Kulturhistoriker lieben den Sakralbau vor allem wegen seiner barocken Stilreinheit.

Schlösser und Herrenhäuser sind in Masuren, im Gegensatz zu anderen Landesteilen, eher selten. In dem traditionell von kleinbäuerlichen Strukturen geprägten Land gab es nur wenige Großbauern und Gutsherren. Auch eine für Masuren typische ländliche Architektur konnte sich nicht ausbilden. Die aus aller Herren

Masuren wird immer noch von kleinbäuerlicher Landwirtschaft geprägt

Länder hierher eingewanderten Siedler brachten ihre jeweiligen Bauformen mit und paßten sie den neuen Gegebenheiten an. Die Bauernhäuser blieben eher schlicht – man verzichtete auf nutzlose Schmuckelemente. Die kargen Ackerböden warfen für die Menschen gerade das Notwendigste ab. Deshalb war und blieb Masuren stets eine arme Region.

Der Zweite Weltkrieg brachte für das gesamte damalige Ostpreußen große Zerstörungen mit sich. Wie so oft in der Vergangenheit erhielten die Masuren auch nach diesem Krieg eine neue Herrschaft. Fast alle Deutschen mußten das Land verlassen. Die neuen polnischen Bewohner hatten große Schwierigkeiten, die zerstörten Städte und Dörfer wiederaufzubauen. Die Folgen des Mangels an Baumaterial während der sozialistischen Zeit lassen sich noch an vielen Häusern erkennen.

Nichtsdestoweniger wurde mit den architektonischen Zeugen der deutschen Vergangenheit insgesamt vorbildlich umgegangen: Zerstörte Burgen erstrahlen heute detailgetreu rekonstruiert, und die Kirchen – Katholiken übernahmen die meisten protestantischen Gotteshäuser – wurden wiederhergerichtet. An vielen Sakralbauten lassen sich auch jetzt noch deutsche Inschriften und Grabplatten erkennen. Viele Nostalgietouristen reagieren ebenso überrascht wie bewegt, wenn sie auf Friedhöfen oder vor Kirchen noch die Kriegerdenkmäler aus dem Ersten Weltkrieg vorfinden und dort die Namen ihrer Väter und Großväter lesen können.

Das Land und seine Natur

Das Gebiet der Masurischen Seen gehört der Landschaftszone der Landrücken und der Seenplatte an. Diese Landschaften sind in erster Linie durch die jüngste Eiszeit, die vor 12 000 Jahren zu Ende ging, entstanden. Hohe Endmoränen – wie die Szeskie Wzgórza/Seesker Höhe mit 309 Metern – flach-wellige Grundmoränenhügel, viele Seen und große Sanderflächen gestalten diese abwechslungsreiche Landschaft.

Im Vergleich zu vielen anderen Oberflächen der Erde ist die Oberflächenstruktur in weiten Teilen Nord- und Mitteleuropas relativ jung. Verantwortlich hierfür sind die drei Eiszeitperioden, die vor etwa 500 000 Jahren begannen und vor etwa 12 000 Jahren endeten. Während dieses Zeitraumes wurden ganz Nordeuropa und Teile Mitteleuropas von riesigen Gletschermassen, die mehrere Hundert Meter Höhe erreichten, überrollt. Auf ihrem Weg von Skandinavien nach Mitteleuropa transportierten sie Massen von Gesteinsmaterial mit sich – teils im Gletschereis mitführend, teils vor sich herschiebend.

Wasser und Wälder locken vor allem naturverbundene Touristen

Bei der Restaurierung von Baudenkmälern, wie hier der Marienburg, leisteten die polnischen Restauratoren vorbildliche Arbeit

Jede Erhöhung auf ihrem Weg Richtung Süden wurde planiert. Das Gesteinsmaterial wurde dabei mehr und mehr zerkleinert, so daß verschiedenste Materialien entstanden: Gerölle, Kiese, Sande. Die Gletscher bewegten sich aber nicht immer nur vorwärts. Während der Kälteperioden traten immer wieder kürzere Phasen mit wärmeren Temperaturen auf, so daß die Gletscher an ihren Stirnseiten abzutauen begannen. Dabei blieben die vor dem Gletscher hergeschobenen Gesteinsmassen als langgestreckte Hügelketten zurück, es entstanden so die Endmoränen. Bei einem erneuten Klimawechsel bewegten sich die Gletscher weiter, überrollten diese Endmoränen teilweise wieder und ließen anderswo neue entstehen. Als vor 12 000 Jahren durch eine weitere Klimaänderung die Gletscher endgültig abzutauen begannen, hinterließen sie in Masuren große Endmoränenzüge.

Seen und Kanäle sind ein Paradies für Paddler

Höchste Punkte Masurens sind die Szeskie Wzgórza/Seesker Höhen mit 309 Metern über dem Meeresspiegel, südlich von Goldap.

Beim Abtauen des Eises entstanden riesige Spalten und Risse im Gletscher, in denen sich das Tauwasser sammelte und diesen langsam zerschnitt. Nach Erreichen der Bodenoberfläche bildete das Tauwasser Entwässerungsrinnen im Boden. Diese Rinnen erstrecken sich grundsätzlich in Nord-Süd-Richtung, oft sind sie aber gewunden. Heute werden diese Rinnen vielfach von Seen eingenommen. Beispiele sind der Jezioro Mokre/Muckersee, der Jezioro Hańcza – er ist mit 108

Metern der tiefste Rinnensee Mitteleuropas – oder der Jezioro Ruda Woda/Röthloffsee, welcher ein Teilstück des Oberlandkanals bildet.

Nach dem Austreten aus dem Gletscher sammelte sich das Wasser in großen Becken ohne Abfluß; so entstanden die Grundmoränenseen. Diese Seen sind heute von der Flächenausdehnung die größten in Masuren. Zu ihnen zählen der Jezioro Mamry/Mauersee, der Jezioro Śniadwy/Spirdingsee und der Jezioro Wigry/Wigrisee.

Das aus den Gletschern herausfließende Wasser transportierte Kies und Sand mit sich. Dieses Material setzte sich südlich der Endmoränenzüge als Sanderflächen ab. Die Puszcza Piska/Johannisburger Heide und die Puszcza Augustowska sind ganz typische Beispiele dafür.

Gewässer

Auch wenn die Höhenunterschiede in Masuren nicht als zu groß sind, reichen doch die vielen Grundmoränen- und Endmoränenhügel aus, um das Wasser der Masurischen Seen in unterschiedlichen Richtungen zu entwässern. So entwässern der Jezioro Mamry/Mauersee und der Jezioro Niegocin/Löwentinsee in Richtung Nordosten, über die Węgorapa/Angerapp, in den Pregel, während das Wasser aus dem Jezioro Śniardwy/Spirdingsee südlich, durch die Pisa, in die Narew abfließt. Die kleineren Seen und Flüsse westlich und südwestlich des Jezioro Mamry/Mauersees und Jezioro Niegocin/Löwentinsees fließen alle der Łyna/Alle zu, um letztlich auch über den Pregel in die Ostsee zu gelangen. Die Wasserscheide verläuft auf einer Linie zwischen Mikołajki/Nikolaiken und Suwałki: alles was nördlich von dieser Linie liegt, entwässert nach Norden und alles südlich liegende nach Süden.

Den Umstand, daß in Masuren nur relativ geringe Höhenunterschiede vorhanden sind und das Grundwasserniveau in den meisten Gebieten identisch ist, haben sich die Wasserbau-Experten zu Nutze gemacht. Viele Seen sind durch Kanäle verbunden worden.

Die Idee, den Jezioro Mamry/Mauersee mit dem Pregel zu verbinden, kam bereits im 19. Jahrhundert auf. Man wollte sich dadurch einen Zugang zur Ostsee eröffnen. Im Jahre 1911 wurde mit dem Bau des Kanales begonnen. Die zwei Weltkriege und die nachfolgenden Gebietsänderungen verhinderten dann aber die Verwirklichung dieses Projektes.

In Masuren gibt es einige Tausend Seen, fast alle sind eiszeitlicher Herkunft. Im allgemeinen werden in Masuren zwei verschiedene Formen von Seen angetroffen: Die Grundmoränenseen und die Rinnenseen. Die Grundmoränenseen sind von der Ausdehnung her die größten. Sie haben von der Aufsicht die unterschiedlichsten Formen. Die zwei größten Seen Masurens – und Polens – gehören zu den Grundmoränenseen. Der Jezioro Śniardwy/Spirdingsee ist mit einer Fläche von 114 Quadratkilometern der größte, seine tiefste Stelle liegt bei 23 Metern. Der Form nach ist er mehr oder weniger dreieckig. Auf den flachen und sumpfigen Uferbereichen wachsen meist Schilfrohr Kalmus und Binsen. Der Jezioro Mamry/Mauersee ist mit einer Flächenausdehnug von 104 Quadratkilometern ähnlich groß, doch wird er im Grunde von mehreren zusammenhängenden Seen gebildet: dem Jezioro Dargin/Dargainensee, dem Jezioro Dobskie/Dobensee, dem Jezioro Kisajno/Kissainsee, dem Jezioro Kirsajty/Kirsaitensee, dem Jezioro Labap/Lababsee, dem Jezioro Święcajty/Schwenzaitsee und dem eigentlichen Jezioro Mamry/Mauersee. Der See hat eine Länge von 20 und eine Breite von 12 Kilometern. An seiner tiefsten Stelle werden 44 Meter gemessen. Auf den einzelen Seen befinden sich mehrere kleine Inseln. Weitere Grundmoränenseen sind der Jezioro Jesiorak/Geserichsee mit 34 Quadratkilometern, der Jezioro Niegocin/Löwentinsee mit 26 Quadratkilometern Fläche und einer Tiefe von nur 12 Metern, sowie der Jezioro Wigry/Wigrisee mit einer Ausdehnung von 22 Quadratkilometern und einer größten Tiefe von 73 Metern.

Die große Masse der Masurischen Seen bilden aber die, von der Form sehr einheitlich aussehenden, Rinnenseen. Sie sind in der Regel schmal, langgestreckt und sehr tief. Oft liegen die Seen kettenförmig aneinander gereiht. Der Jezioro Hańcza ist mit 108 Metern Tiefe der tiefste See Polens. Die Form und die Lage der Rinnenseen wurden beim Bau diverser Kanäle miteinbezogen, so ist der Jezioro Druzno/Drausensee ein Teil des Oberlandkanals.

Die nördlich gelegenen Flüsse im Bereich der Masurischen Seen sind alle kleine Nebenarme des Pregel. Der größte von diesen ist die Łyna/Alle, die südlich von Lidsbark Warmiński/Heilsberg entspringt und fast gerade nordwärts fließt. In die Łyna/Alle münden eine Reihe von Zuflüssen. Ansonsten entwässert ein Netz von vielen kleinen Bächen und Flüssen die Seen in nördlicher Richtung zum Pregel.

Der größte Fluß im Südosten Masurens ist die Briebrza, die weiter südlich in die Narew übergeht. Ähnlich wie im nördlichen Teil Masurens handelt es sich in der Regel um Quellflüßchen, die in südlicher Richtung entwässern. Nennenswert ist die Pasłęka/Passarge, die nordwestlich von Olsztyn/Allenstein entspringt und direkt in die Ostsee fließt.

Wälder

In Masuren gibt es noch vier riesige zusammenhängende Waldgebiete. Die beiden größten Waldgebiete sind die Johannisburger Heide/Puszcza Piska südlich von Mikołajki und die Augustów-Heide/Puszcza Augustowska östlich von Augustów.

Vierhundertjährige Eiche bei Kadyny zwischen Elbląg und Frombork

Die Puszcza Piska/Johannisburger Heide ist ein etwa 1000 Quadratkilometer großer Forst. Seine zum größten Teil erhaltene Natürlichkeit und das Nebeneinander von Wald- und Heideflächen, Seen und Bruchwäldern macht ihn für naturbegeisterte Touristen zu einer Attraktion ersten Ranges. Großflächige Kiefernwälder, teilweise mit Fichten durchsetzt, sind hier genauso anzutreffen wie Mischwälder, Laubwälder oder Bruchwälder mit Ahorn, Birke, verschiedenen Erlenarten und Eschen.

Die Puszcza Augustowska/Augustów-Heide hat sich genauso wie die Puszcza Piska/Johannisburger Heide auf den eiszeitlichen Sanderflächen gebildet. Da die sandigen Böden für eine landwirtschaftliche Nutzung nicht geeignet sind, ist dieser über 1000 Quadratkilometer große Waldbereich ebenso erhalten geblieben wie die Puszcza Piska/Johannisburger Heide. Den Reiz der Landschaft, der die markanten Hügel der Endmoränenlandschaft fehlen, macht hier wieder die Natürlichkeit der Landschaftselemente aus: Große Kiefern- und Fichtenwälder wechseln mit Laub- und Mischwäldern. Heiden, Seenketten und Bäche sind hier ebenso in die Landschaft eingebettet wie Bruchwälder und Sumpfgebiete.

Die Puszcza Borecka/Borkener Forst ist ein 250 Quadratkilometer großes urwüchsiges, einsames Waldgebiet nordöstlich von Giżycko/Lötzen. Nadel- und Mischwälder, fantastische Seen, Bruchwälder und sumpfartige Landschaften liegen in einer herrlichen Endmoränenlandschaft mit Erhebungen von über 200 Metern Höhe. Waldbildend sind hier die Fichten und Kiefern. In Abhängigkeit von den verschiedensten Boden- und Standorteigenschaften haben sich zwischen ihnen diverse Laubbäume angesiedelt. Ahorn, Buche und Esche finden hier genauso günstige Lebensbedingungen vor wie Linden und Silberpappeln. An feuchteren Standorten findet man vielerorts Erlen und Birken. In der Puszcza Borecka/Borkener Forst leben zur Zeit etwa 60 Wisente.

Auch der polnische Teil der Puszcza Romincka/Rominter Heide nordöstlich von Gołdap an der russischen Grenze ist ein wunderschönes Waldgebiet. Der polnische Anteil beträgt 250 Quadratkilometer. Die Puszcza Romincka/Rominter Heide ist berühmt für für ihre Naturschönheit. Das Waldgebiet liegt inmitten eines Endmoränenbereiches. Hohe Endmoränenzüge wechseln sich ab mit sumpfigen Tälern, Mooren und Wiesen, in denen noch diverse Orchideenarten ihren Lebensraum haben.

Naturschutz und Nationalparks

In Polen werden große Anstrengungen unternommen, um die ursprüngliche Vegetation und Tierwelt zu erhalten und auch wieder herzustellen. Alle vom Aussterben bedrohten Tierarten stehen unter Schutz. Aber auch naturwissenschaftlich

Im Wigri-Nationalpark

wertvolle Landschaften und Einzelobjekte wurden zu Naturschutzgebieten und Naturdenkmälern erklärt. In Polen wurden Hunderte von Naturschutzgebieten ausgewiesen: Wald-, Pflanzenschutz-, Landschaftsschutz-, Tierschutz-, Moor-, Felsenschutz-, und Steppengebiete. Diverse Objekte wie Einzelbäume, Baumgruppen, Alleen, einzelne Steine, Felsengebiete und Höhlen wurden zu Naturdenkmälern erklärt.

Die höchste Form des Naturschutzes stellen in Polen die Nationalparks dar. Bisher wurden 17 Nationalparks eingerichtet, einige weitere sind in der Planung. Der erste Naionalpark wurde bereits 1921 gegründet.

In den Nationalparks werden die wertvollsten und schönsten Fragmente der polnischen Landschaft ebenso geschützt wie die Tier- und Pflanzenwelt. Alle polnischen Nationalparks sind für Touristen zugänglich, manche aber nur für Fußgänger.

Einer der jüngsten und zugleich auch der einzigste Nationalpark Masurens ist der Wiegierski Park Narodowy/Wigri-Nationalpark; er wurde erst 1979 gegründet. Er hat eine Größe von 15 000 Quadratkilometern. In dem Park liegt einer der größten Seen Polens: der Jezioro Wigry/Wigrisee. Dieser ist von 14 kleineren

Masuren bietet zahlreichen Störchen gute Lebensbedingungen

Seen und 11 sogenannten ›sucharki‹/Trockenseen umgeben, welche inmitten von Wald gelegen und von Schwimmoos umhüllt sind. Den nördlichen Teil des Parks bildet das abwechslungsreiche Geländerelief des Suwałki-Seengebietes, den südlichen das Flachland der Puszcza Augustowska. Die Landschaft besteht aus zahlreichen Vereisungsformen, auf denen Kiefern- und Fichtenwälder stehen. Hier leben unter anderem Biber, Elche, Marder, Dachse, Hirsche und Wildschweine. Die bemerkenswertesten Vögel unter den 80 verschiedenen Vogelarten sind Schreiadler, Seeadler, Schwäne und Schwarzstörche.

Ein weiterer Nationalpark ist geplant: der jetzige Masurische Landschaftspark Mazursky Park Krajobrazowy in der Puszcza Piska/Johannisburger Heide, der im Jahre 1977 gegründet wurde, soll zum Nationalpark aufgewertet werden. Eine Fläche von fast 50 000 Hektar, von denen 20 000 Hektar Wald, 15 000 Hektar Wiesen und Felder und der Rest freie Wasserflächen sind, erhielte dann auch den höchsten Schutzstatus. Der in der Wojewodschaft Olstyn gelegene Teil umfaßt die Gebiete der Gemeinden Mrągowo, Piecki und Świetajno, der in der Wojewodschaft Suwałki berührt das Gebiet der Gemeinden Mikołajki, Orzysz, Pisz und Ruciane-Nida. Der Masurische Landschaftspark liegt an der Grenze von zwei unterschiedlichen geologischen Formationen – der Endmoräne und der Sander. Man findet hier eine überaus reiche Pflanzen- und Tierwelt, verschiedenste Wälder, Torfgebiete, Seen und fließende Gewässer. Schon jetzt sind hier elf Reservate ausgewiesen.

Tier- und Pflanzenschutzgebiete

Vogelschutzgebiete finden sich auf den Inseln des Jezioro Mamry/Mauersees und des Jezioro Kisajno/Kissainersees, dem südlichen Teil des Mauerseekomplexes. In diesem 216 Hektar großen Schutzgebiet leben viele Arten von Wasser-, Moor- und Raubvögeln.
Im Vogelreservat der Halbinsel und der Inseln des Jezioro Rydzowka/Rehsauer See gesellen sich, neben den vorher genannten, noch viele Zugvögel dazu. Auf zwei der Inseln haben große Kolonien von Reihern und schwarzen Kormoranen ihr Brutgebiet. In der Nähe von Giżycko/Lötzen am Jezioro Dobskie/Dobensee befindet sich ein Reservat der schwarzen Kormorane.

Große Teile um den Jezioro Oswin/Nordenburger See an der russischen Grenze bei Węgorzewo/Angerburg wurden ebenfalls unter Schutz gestellt. Hier umfaßt das Vogelreservat um die ›Sieben Inseln‹ fast 1000 Hektar. Der Jezioro Oswin/Nordenburger See ist seicht und im Begriff zu verlanden. Seine flachen und sumpfigen Ufer sind von Erlenbruch bestanden. Mit den ihn umgebenden Waldpartien, in denen weitere kleine Seen liegen, bildet er eine natürliche Aufenthaltsstätte seltener Wasser- und Sumpfvögel, um so mehr, als er an einer der Hauptzugstraßen der Zugvögel liegt. Man kann hier Schwäne, Gänse, Haubentaucher, Kormorane, Kraniche und schwarze Störche beobachten.

In der Nähe des Ortes Sztynort/Steinort auf einer Halbinsel des Jezioro Mamry/Mauersee wurde das fünf Hektar große Mokre-Gebiet, ein mit über 100 Jahre alten Eschen und Eichen bestandenes ursprünglicher Sumpf, unter Schutz gestellt.

In der Nähe befindet sich auch das Reservat der Königskiefern oder Masurischen Kiefern. Diese Bäume erreichen eine Höhe von bis zu 40 Metern (ein fünfstöckiges Haus erreicht 20 Meter) und ein Alter von über 200 Jahren.

Das Vogelschutzgebiet des Jezioro Luknajno/Lukainersee wurde 1977 in die Weltliste der Biosphärenreservate aufgenommen. Hier leben fast 170 verschiedene Vogelarten. Die Hauptattraktion ist die Schwanenkolonie von fast 2000 Exemplaren.

Fast ein Dutzend Teilstücke des Pasłęka-/Passarge-Flusses, zwischen Braniewo/Braunsberg und Olsztynek/Hohenstein, mit seinen von Espe, Birke und Salweide bewachsenen Ufern, bieten aus Kanada eingeführten Bibern einen natürlichen Lebensraum.

Die Böden

In Masuren dominieren sandige und sandig-tonige Böden, die sich aus den eiszeitlichen Ablagerungen unter der Walddecke herausgebildet haben. Diese meist braunen bis rostbraunen, fahlen Böden haben sich entsprechend der Bodenentwicklung zu Braunerden und Podsolen entwickelt. In den feuchten Niederungen findet man Gleye und Anmoorgleye. Dies sind Böden, die von ihrer Entwicklung durch die Dynamik des bis an die Oberfläche reichenden Grundwassers geprägt sind. Die genannten Bodentypen sind in der Regel von minderer Güte, da ihr Nährstoffgehalt für den Anbau von anspruchsvollen landwirtschaftlichen Produkten nicht ausreicht. Auch das hoch stehende Grundwasser erschwert eine landwirtschaftliche Nutzung – viele Böden können erst nach einer sehr kostenintensiven Drainage genutzt werden. Großflächig treten auch sumpfartige Bereiche auf.

Das Klima

Polens geographische Lage zwischen West- und Osteuropa und das Fehlen von natürlichen Lufthindernissen, wie etwa hohen Bergen, bewirken, daß das Land den Einflüssen verschiedener Luftmassen unterliegt. Als Folge ist auch das Wetter in Masuren sehr unbeständig und unterliegt größeren Schwankungen. Verschiedenste Luftmassen strömen nach Masuren ein. Kontinentale Luftmassen aus dem Osten treten am häufigsten auf, auch ozeanische aus dem Westen, polare und arktische aus dem Norden. Sogar tropische Luftmassen sind für das Wetter mitverantwortlich.

Im Herbst und im Frühjahr kommen die Winde meistens aus südlichen Richtungen und sind dadurch relativ niederschlagsarm, während in den Sommermonaten und im Frühherbst die vorherrschenden Winde aus westlichen und nördlichen Richtungen kommen; diese Winde sind allerdings niederschlagsreich. Entsprechend fällt im Juli und im August zwischen Olsztyn/Allenstein und Suwałki der meiste Niederschlag. In der Regel regnet es dann an 12 bis 14 Tagen pro Monat.

Die Lufttemperaturen erreichen im Sommer im Durchschnitt fast immer über 25 °C. Auch die Wassertemperaturen der Seen erreichen 25 °C. Die ganz großen Seen sind etwas kälter und die kleinen flachen noch wärmer. Die höchsten Lufttemperaturen liegen weit über 30 °C.

Der Jahresverlauf des Wetters kann kurz so charakterisiert werden: Der Frühling ist relativ kurz aber heiter, im Mai kommt es häufig noch zu Spätfrösten. Der Sommer zeigt sich meistens sonnig und warm, doch kann es auch zu größeren Niederschlägen kommen. Gewitter treten gehäuft im August auf. Sonnig, trocken

Hügellandschaft bei Węgorzewo

und schön ist dagegen der Herbst, doch sind die Nächte bereits sehr kühl. Der Winter beginnt neblig und regnerisch, teilweise auch stürmisch. Bald zeigt das Thermometer Minusgrade, und es fällt Schnee. Der Winter dauert in Masuren relativ lange, bis Anfang April. Die kältesten und schneereichsten Monate sind Januar und Februar. Der Winter hat im Mittel 130 Frosttage, von Ende Dezember bis Ende März sind die Seen in Masuren zugefroren. Der Schnee bleibt um die 100 Tage liegen. Die Durchschnittstemperaturen betragen im Januar in Suwałki -5,6 °C und in Olsztyn/Allenstein -4,0 °C. Die Tiefsttemperaturen können unter -25 °C liegen.

Die Jahresmitteltemperaturen liegen in Suwałki bei genau 6,2 °C, in Olsztyn/Allenstein bei 6,9 °C. Die Julitemperaturen liegen im Mittel bei 17° bis 18 °C.

In Suwałki und Olsztyn/Allenstein fallen jährlich etwa 600 Millimeter Niederschlag pro Quadratmeter.

Essen und Trinken

Die klassische masurische Küche existiert eigentlich nicht mehr. Die heutigen Bewohner brachten ihre Rezepte aus ihrer alten Heimat mit

und paßten diese an den vorherrschenden Speiseplan der Natur an. Das bedeutet natürlich, daß Fisch einen wesentlicher Bestandteil der regionalen Küche darstellt. Zur Überraschung der Touristen werden in vielen Hotels jedoch statt der erwarteten Süßwasserfische oft Salzwasserfische serviert. Allerdings finden sich – wohl durch die Nachfrage der Gäste – auch zunehmend wieder die einheimischen Fischsorten auf den Speiseplan. Auch die vielen wildwachsenden Beeren und Pilze werden, entsprechend der jeweiligen Jahreszeit, auf den Tisch gebracht. Wie die übrigen Regionalküchen Polens ist auch die masurische ursprünglich, aber nicht ohne Raffinesse. Sie genießt daher in ganz Polen einen guten Ruf. Bei Privatquartieren sollte man als Tourist die Möglichkeiten wahrnehmen, Einblick in die Kochkünste der masurischen Hausfrauen zu nehmen.

Die Speisekarte

Ein typisch polnisches Mittagessen wird natürlich zuerst mit einer Suppe begonnen:

Barszcz (z Pasztecikiem): Rote-Rüben-Suppe (mit Pastetchen)
Zupa Szczawiowa: Sauerampfersuppe
Źurek: Saure Roggenmehlsuppe
Zupa Pomidorowa: Tomatensuppe
Flaki: Kuttelsuppe

Zu den populärsten Hauptgerichten gehören:

Bigos: Sauerkraut und Weißkohl mit Fleisch- und Wurststückchen
Brizol: Rindersteak
Dzik: Wildschwein
Jeleń: Hirsch
Kaczka: Ente
Kiełbasa: Wurst (gegrillt oder gekocht)
Kurczę: Hähnchen
Pieczeń: Braten
Pieróg i: Piroggen (gefüllte Teigtäschchen)
Polędwica: Filet
Rulada: Roulade
Sarna: Reh
Schab: Schweinefleisch
Ryba: Fisch
Dorsz: Dorsch
Gladzica: Scholle
Karp: Karpfen
Łosoś: Lachs
Pstrąg: Forelle
Śledź: Hering

Und noch einige andere wichtige Begriffe:
Dodatki: Beilagen
Jarzyny: Gemüse
Kluski: Nudeln, Klöße
Ryż: Reis
Sałatka: Salat
Ziemniaki: Kartoffeln
Die Getränke:
Napóje: Getränke
Herbata: Tee
Kawa: Kaffee
Piwo: Bier
Szampan: Sekt
Wino: Wein
Woda Mineralna: Mineralwasser.

Zwei typische Rezepte sollen einen kleinen Vorgeschmack auf die masurische Küche vermitteln:

Hecht auf masurische Art
1 Kilogramm Hecht, Bratfett, 40 Gramm getrocknete Pilze, 100 Gramm Zwiebeln, 150 Gramm saure Gurken, 150 Milliliter Sahne, 50 Gramm geriebenen Käse, Salz, Pfeffer und Suppengewürze zum Abschmecken.
Zubereitung: Den gesäuberten und ausgenommenen Hecht waschen und in Längsrichtung halbieren. Dabei das Rückgrat entfernen, den Fisch schräg in kleinere Teile zerlegen, mit den Gewürzen bestreuen und eine halbe Stunde lang kaltstellen. Während dieser Zeit die Pilze waschen, einweichen, kochen und in Streifen schneiden.
Nach der halben Stunde Fett in der Pfanne erhitzen und die Portionen braten.
Zwiebeln und Gurken kleinschneiden und mit den noch heißen Pilzen zu dem Hecht in die Pfanne geben.
Anschließend die angerührte Sahne zugießen, mit dem Käse bestreuen und überbacken, bis der Käse geschmolzen ist.

Masurisches Reisgericht:
250 Gramm Reis, 1/2 Liter Brühe, 250 Gramm gekochten Räucherspeck, 250 Gramm Dörrpflaumen, 80 Gramm geriebenen Käse, Salz, Pfeffer und Zitronensaft zum Abschmecken, Fett und Semmelbrösel.
Den gewaschenen Reis mit kochendem Wasser übergießen, verrühren und zugedeckt etwa 15 Minuten bei schwacher Hitze und geschlossenem Deckel kochen lassen. Danach abschmecken. Die Pflaumen waschen, einweichen und entkernen, dann kochen und mit Zitronensaft beträufeln. Eine Auflaufform einfetten und mit Semmelbröseln ausstreuen. Dann abwechselnd die Speckscheibchen und die Pflaumen in den Reis einschichten. Den geriebenen Käse auf die geglättete Oberfläche streuen und alles überbacken.

Viel Spaß beim Nachkochen und guten Appetit!

Kleiner polnischer Sprachführer

Das Verhältnis zwischen dem deutschen und dem polnischen Teil der masurischen Bevölkerung war niemals so konfliktbeladen wie beispielsweise in Schlesien. Daher war der Gebrauch der deutschen Sprache auch nicht verpönt. Sogar sich stets zum Polentum bekennende Menschen benennen vorbehaltlos viele Orte mit deren deutschen Namen. Noch häufiger als in anderen Teilen Polens wird der Besucher in Masuren Einheimische mit deutschen Sprachkenntnissen antreffen.

Bei einem Gespräch zwischen Deutschen und Polen wird der polnische Partner sicher nicht erwarten, auf polnisch angesprochen zu werden. Dennoch sollte es ein

Zeichen der Höflichkeit und des Interesses an der fremden Kultur sein, sich einige Worte und Redewendungen der fremden Sprache anzueignen. Der praktische Nutzen dieser bruchstückhaften Kenntnisse besteht weniger in der verbalen Verständigung, als vielmehr in dem Sympathiegewinn bei den Polen.

Die polnische Sprache gehört zur slawischen Sprachfamilie. Die Vokale werden kurz gesprochen, dabei sind die Verbindungen »au« und »eu« wie zwei einzelne Vokale auszusprechen. Alle zwei- oder mehrsilbigen Wörter betont man im Polnischen grundsätzlich auf der vorletzten Silbe.

Allgemeines:
Danke: Dziękuję
Bitte: Proszę
Guten Tag: Dzien dobry
Auf Wiedersehen: Do widzenia
Hallo/Tschüß: Cześc
Ja/Nein: Tak/Nie
Verzeihung: Przepraszam
Wieviel kostet ...?: Ile kosztuje ...?
Bitte die Rechnung: Proszę o rachunek!
Einverstanden: Dobrze
Prost: Na strowie

jeden
dwa
trzy...

Zahlen:
Null: zero
Eins: jeden
Zwei: dwa
Drei: trzy
Vier: cztery
Fünf: pięc
Sechs: szesc
Sieben: siedem

Der Leuchtturm von Krynica Morska auf der Frischen Nehrung

Acht: osiem
Neun: dziewięc
Zehn: dziesięc
Hundert: setny
Tausend: tysięczny
Wo kann ich Geld tauschen?:
Gdzie mogę wiemienić pieniądze?

Zeitangaben:
Heute: dziś
Gestern: wczoraj
Morgen: jutro
Jetzt: teraz
Später: poźniej
Wieviel Uhr ist es?: Która godzina?

Unterwegs in Masuren:
See: Jezioro
Fluß: Rzeka
Boot: Lódź
Kanusport: Kajakarstwo
Kanurouten: Szlaki kajakowe
Segeln: Zeglarstwo
Segelboot: Zaglówka
Segelrouten: Szlaki żeglugi
Wandern: Wędrowanie
Biwakplätze: Pola biwakowe
Wanderheim: Dom wycieczkowe
Naturschutzgebiete: Rezerwaty przyrody
Angel: Wędka
Kann man hier baden?:
Można się tu kąpać?
Hier ist Baden verboten:
Kąpiel jest tu zabroniona
Wie komme ich nach ...?:
Jak dojadę do ...?
Gibt es eine Busverbindung nach ...?:
Czy jest połączenie autobusowe do ...?
Wie komme ich zum Bahnhof?: Jak się dostanę na dworzec?

Hinweise:
Ostrożnie, Uwaga: Vorsicht, Achtung
Przejście wzbronione: Durchgang verboten
Objazd: Umleitung
Koniec: Ende
Dla Kobiet: Damen
Dla Mezczyzn: Herren
Ustępy: Toiletten
Grozi Smiercia: Lebensgefahr
Zamknieto: Geschlossen
Ciepła: warm
Zimna: kalt
Kantor: Wechselstube
Zarezerwowany: reserviert
Bar mleczny: Milchbar
Kawiarnia: Café

Einkäufe:
Pieczywo: Bäckerei
Mięso: Fleischerei
Sklep spażywczy: Lebensmittelgeschäft
1 Dose: jedna puszka
1 Flasche: jedna butelka
1 Packung: jedna paczka
Ein halbes Kilo: pół Kilo

Landschaft bei Suwałki
Auf dem Jezioro Mamry

Nur wenige größere Städte liegen im Land der Wälder und des Wassers.
Dafür locken idyllisch gelegene Ferienorte wie Mikołajki, Suwałki und Giżicko vor allem naturverbundene Touristen.

Auch Ausflüge ans Frische Haff, nach Elbląg und zur berühmten Marienburg sind lohnenswert.

Von Augustów bis Węgorzewo/Angerburg

Augustów

Im polnischen Nordosten liegt das etwa 30 000 Einwohner zählende Städtchen Augustów. Seinen Namen verdankt es dem Polenkönig Sigismund August II. Er gründete die Stadt im Jahre 1561. Vier große Seen und riesige Wälder umgeben Augustów. Die interessante Lage in dem durch die Auflösung der Sowjetunion neu entstandenen Dreiländereck Polen, Litauen und Weißrußland scheint den Bewohnern eine Chance für eine vorteilhafte Hinwendung in Richtung Osten zu sein.

Der bei Kanuten berühmte Augustów-Kanal wurde in den Jahren 1824 bis 1839 erbaut, um die Weichsel mit dem Niemen zu verbinden. Zu dieser Zeit hatte

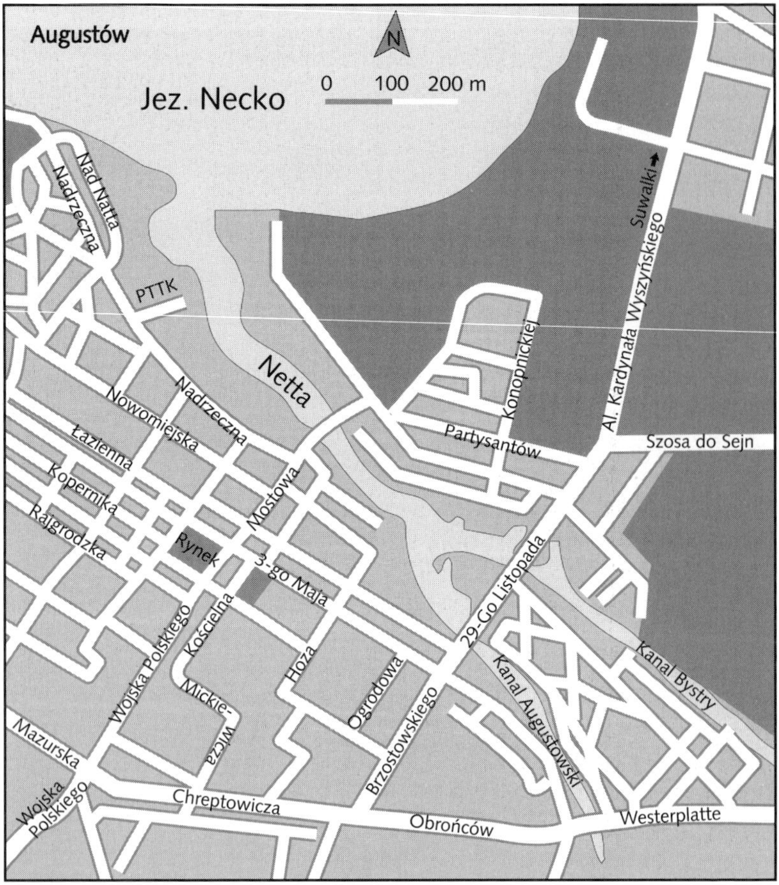

Polen keinen Zugang zur Ostsee. Man hoffte, auf diesem Weg die polnischen Waren zu den baltischen Häfen transportieren zu können.

Heute hat der von Bäumen und Schlingpflanzen fast überwucherte Kanal seine wirtschaftliche Bedeutung eingebüßt. Um so größer ist seine Anziehungskraft auf die Wasserwanderer. Von Augustów aus kann man nicht nur auf dem Kanal eine große Zahl reizvoller Kanutouren unternehmen, sondern auch in die einsamen Buchten der miteinander verbundenen Seen der Umgebung fahren, wo man ungetrübten Naturgenuß erlebt. An schönen Wochenenden in der Hochsaison allerdings herrscht auf dem Kanal ein reger Betrieb.

Besonders Sportliche werden versuchen, bis an die 80 Kilometer entfernte weißrussische Grenze zu gelangen. Vielleicht besteht demnächst sogar die Mög-

Auf dem Augustów-Kanal

lichkeit, eine grenzüberschreitende Fahrt bis zum Niemen durchzuführen. Die politische und wirtschaftliche Entwicklung in Litauen und in Weißrußland wird auch darüber entscheiden, ob der 100 Kilometer lange Kanal eine wirtschaftliche Bedeutung zurückerlangen wird.

Ohne eine größere körperliche Anstrengung läßt sich die Schönheit des Jezioro Necko/Neckosees, an dem Augustów liegt, von Bord der Ausflugsschiffe aus erleben. Im Sommer starten sie mehrmals täglich von der Anlegestelle des kleinen Hafens zu etwa zweistündigen Rundfahrten.

Wer seinen Ausflug lieber auf dem Lande unternehmen möchte, dem bietet sich der Naturpark Puszcza Augustowska an. In diesem Waldkomplex östlich der Stadt haben Elche und Biber ihre Heimat. Er besteht aus sehr alten Nadelbäumen und sein Reichtum an Pilzen und Wildfrüchten wird von den Einheimischen gerühmt. Ein Ausflug im Frühherbst ist ebenso erholsam wie lohnend, wenn man Freude am Sammeln der Naturgaben hat.

Wer in südwestlicher Richtung einen Ausflug macht, gelangt dabei nach etwa 20 Kilometern in die idyllische Kleinstadt Rajgrod am Jezioro Rajgrodzkie. Hier haben sich typisch masurische Holzhäuser erhalten und vermitteln dem Besucher eine Atmospähre, als sei die Zeit stehengeblieben.

Für Reisende nach Litauen ist Augustów meist die letzte Station auf polnischem Gebiet. Bis zum Grenzübergang Ogrodniki sind es dann noch etwa 50 Kilometer.

Brunnen in einem Dorf bei Augustów

Vorwahl: 01 19. Das PTTK-Büro ist in der ul. Nadrzeczna 70 a, Tel: 457 34 55. Direkt am Marktplatz, Rynek Zygmunta Augusta 12, steht das Orbis-Büro, Tel: 457 26 13, Fax: 457 39 13, mit Auskünften zur Verfügung.

Daß Augustów weniger ein Reiseziel für Luxustouristen als vielmehr ein solches für Sportler und Naturfreunde darstellt, läßt sich auch unschwer am Übernachtungsangebot erkennen:

Die Pension ›Krechowiak‹ in der ul. 1. Pułku Ułanow Krechowieckich, Tel: 457 20 33, stellt sicher die beste Wahl dar.

Einige Touristen werden in einem der beiden Wanderheime des Ortes Unterkunft finden; entweder im PTTK-Wanderheim ›Cezar‹ in der ul. Nadrzeczna 70 a, Tel: 457 34 55, oder im ›Dom Nauczyciela‹, das sich in der ul. 29 Listopada 9, Tel: 457 20 21, befindet.

Im Sommer bietet die Saison-Jugendherberge in der ul. Konopnickiej 4 schlichte Unterkunft.

Nur wenig mehr Komfort bietet das Motel ›Polmozbyt‹, ul. Mazurska 4, Tel: 457 28 67.

In der ul. Sportowa 1, nördlich des Zentrums, liegt ein Campingplatz, Tel: 457 34 55, auf dem Naturfreunde ihre Zelte aufschlagen können.

Das Motel ›Polmozbyt‹ und das PTTK-Wanderheim ›Cezar‹ versorgen eigene und fremde Gäste mit preiswerter Küche. Die meisten Stadtbesucher jedoch treffen sich mittags im Restaurant ›Albatros‹, ul. Mostowa 3, Tel: 457 21 23. Auch das ›Mysliwśka‹, Tel: 457 24 11, im benachbarten Freizeitzentrum Przewięź, genießt nicht nur wegen seiner schönen Seelage einen guten Ruf.

Zum Kaffeetrinken, aber auch und vor allem zum Eisessen, lädt das Café ›Ptyś‹ ein, ul. 3. Maja 10, Tel: 457 25 57. Der Marktplatz stellt sowohl das urbane als auch das gastronomische Zentrum Augustóws dar. Mehrere Gaststätten und Cafés haben sich hier etabliert, so das ›Jędrek‹, das ›Rosieńka‹, das ›Relax‹ und die bei Jugendlichen besonders beliebte ›Grill Bar‹.

An der Mündung der Netta in den Jezioro Necko/Neckosee befindet sich das großzügig angelegte Segelzentrum der PTTK, in dem sich Segelboote ausleihen lassen.

Über die Geschichte der Region kann man sich im Heimatmuseum orientieren, ul. Hoża 7, Di–So 9–16 Uhr.
Und Wassersportler können sich über die Entstehung des Augustów-Kanals im Museum des Augustow-Kanals, ul. 29. Listopada 5a, informieren.

Elbląg/Elbing

Die heute etwa 120 000 Einwohner zählende Stadt ist nicht, wie viele andere Städte Masurens, eine Gründung des Deutschen Ordens, sondern geht ältesten Quellen zufolge auf eine prußische Siedlung aus dem neunten Jahrhundert zurück. Erst später errichtete der Orden hier eine gewaltige Burg. Im Jahre 1440 trat die Siedlung dem Preußischen Bund bei. Im 17. und zu Anfang des 18. Jahrhunderts wurde Elbing mehrmals von den Schweden und im 18. Jahrhundert von den Russen besetzt. Ihre Entwicklung verdankt die Stadt der günstigen Lage: Durch das Flüßchen Elbląg/Elbing hat sie Zugang zum Frischen Haff. Außerdem endet hier der Oberländische Kanal, eine Wasserverbindung mit Ostróda/Osterode. Der Kanal ist eine beliebte Strecke für Wasserwanderer. An der ul. Radomska 6 wurde eine Anlegestelle für ihre Boote angelegt. Auch Touristen, die nicht über ein eigenes Boot verfügen, haben die Möglichkeit, den historischen Kanal mit seinen berühmten technischen Vorrichtungen, welche die Schiffe auf einigen Strecken

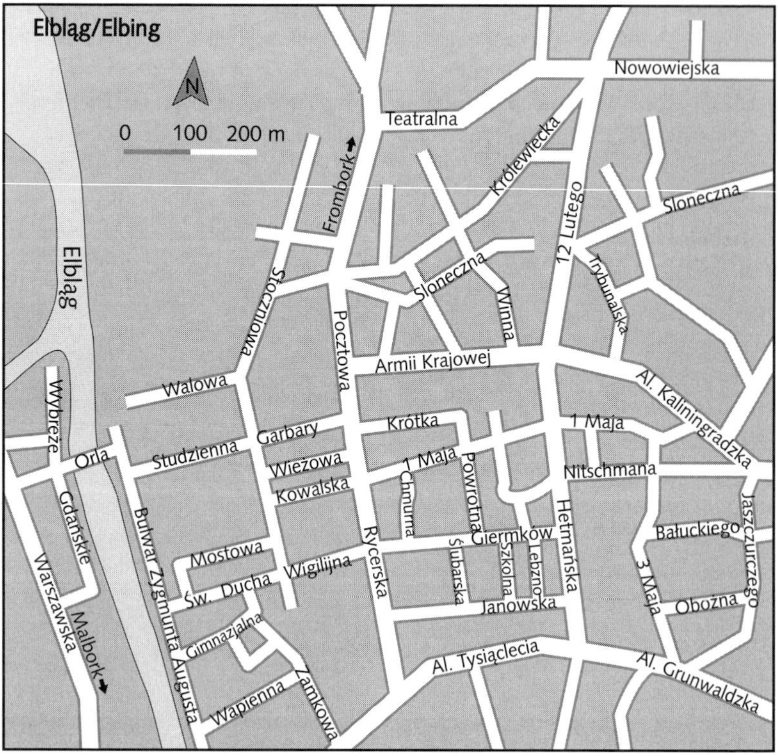

Elbląg

über Land transportieren, bei einem Tagesausflug kennenzulernen. Ein Ausflugsschiff, das im Sommer täglich verkehrt, befährt den Kanal bis Ostróda.

Im Jahre 1945 wurde die Stadt weitgehend zerstört. Nach dem Kriege wieder auf- und ausgebaut, ist sie heute ein wirtschaftliches und kulturelles Zentrum des westlichen Masuren. In der Altstadt kann man zwischen zahlreichen immer noch unbebauten Flächen eine Reihe neuer, stilgerechter Fachwerkhäuser bewundern.

Eine Besichtigung wert ist das Markttor von 1306, das neben den Resten der Stadtmauer in der ul. Wałowa zu finden ist. In unmittelbarer Nähe steht die Marienkirche, einst das Gotteshaus eines Dominikanerklosters und heute Sitz einer Kunstgalerie, sowie die gewaltige St. Nikolaikirche mit ihrem 95 Meter hohen Turm. Auf dem Gelände neben der Nikolaikirche sind die freigelegten Fundamente von Giebelhäusern, die einst für Elbląg typisch waren, zu sehen.

In der ul. Sw. Ducha, südlich der Nikolaikirche, ist das gotische Heilig-Geist-Hospital einen Blick wert, es beherbergt heute die Stadtbibliothek. Dahinter liegen am Fluß einige Gebäude einer ehemaligen Vorburg des Deutschordensschlosses.

Schiffsausflüge auf das Frische Haff gehören zum Pflichtprogramm des Elbląg-Besuchers. Eine Linienverbindung besteht nach Krynica Morska/Kahlberg Liep auf der Frischen Nehrung.

Vorwahl: 0 55. Die Touristeninformation ist in der ul. 1. Maja 30, Tel: 32 73 73; das Büro der PTTK liegt in der ul. Krótka 5, Tel: 32 74 54.

Das Hotel ›Żuławy‹, ul. Królewiecka 126, Tel: 34 57 11, bietet polnischen Standard. Mit dem ›Elzam‹, Plac Słowiański 2, Tel: 34 81 11, wurde im ehemaligen Rathaus ein modernes luxuriöses Vier-Sterne-Hotel eröffnet, das auch auf höhere Ansprüche eingestellt ist.
In Kadyny/Cadinen läßt sich im Hotel ›Kadyny Palace‹, Tel: 31 61 20, einem palastartigen Vier-Sterne-Hotel aus der Jahrhundertwende, nach ›Gutsherrenart‹ übernachten.
In einem Privatquartier übernachten vor allem motorisierte Touristen günstig. Der Zimmernachweis, der auch Quartiere in Malbork/Marienburg vermittelt, befindet sich in der al. Grunwaldzka 49, Tel: 32 70 11.

Drei Wanderheime stehen zur Verfügung: das ›Dworcowy‹, ul. Grunwaldzka 49, Tel: 33 80 49; das PTTK-Wanderheim, ul. Krótka 5, Tel: 32 48 08; und das ›Modrzewie‹, ul. Mazurska 6, Tel: 34 51 41.

Während der Saison wird eine Sommer-Jugendherberge in der ul. Browarna 2, Tel: 32 56 70, eingerichtet.

Der Campingplatz befindet sich in der ul. Panieńska 14, Tel: 32 43 07.

Das Hotel ›Zulawy‹ betreibt im selben Haus auch das Restaurant ›Zulawianka‹. Das Wanderheim ›Dworcowy‹ bietet deftige landestypische Küche, während die beiden anderen Wanderheime nur über eine kleine Bar verfügen. Als empfehlenswert gilt bei Touristen wie Einheimischen das Restaurant ›Karczma Słupska‹, ul. Krótka 4. Schön in einem Park gelegen ist das ›Myśliwska‹, ul. Marymoncka.
Motorisierte finden an der Fernstraße E 77 Richtung Warszawa/Warschau in dem Dorf Nowina das Gasthaus ›Wiatrak‹, das längst kein Geheimtip mehr ist.

Das Markttor in Elbląg

Am frischen Haff

Am Ufer des Haffs, 20 Kilometer östlich, liegt der kleine Ort Kadyny/Cadinen, der wegen seines Gestütes jährlich viele Pferdefreunde anzieht.

Ebenfalls lohnt es sich, einen kurzen Ausflug zu den Elbinger Anhöhen zu machen, einer von Schluchten durchzogenen Erhöhung.

Sechs Kilometer südlich von Elbląg liegt der Jezioro Druzno/Drausensee. Mit seinen 17 Quadratkilometern Fläche und den schilfreich verkrauteten Ufern ist er ein Paradies für Wasservögel, das zum Naturschutzgebiet erklärt wurde. In der Nähe des Sees befindet sich mit 1,8 Metern unter dem Meeresspiegel die tiefste Stelle Polens.

Ełk/Lyck

Die Lage im Herzen eines ursprünglichen Wald- und Seengebietes macht die Stadt mit ihren 43 000 Einwohnern zu einem idealen Ausgangspunkt für Wanderungen zu Lande und zu Wasser. Kanuten bietet sich von Ełk/Lyck aus sowohl die Gelegenheit zu Tagesfahrten als auch die Möglichkeit, von hier aus eine längere Wanderung zu unternehmen. Besonders das Flüßchen Ełk/Lycker Fließ erschließt

Am Lycker See

dem Wasserwanderer ein großes und vielfältiges Revier, denn es verbindet mehrere Seen, die wiederum weitere Wasserverbindungen aufweisen.

Die Stadt selbst ist zwar sehr reizvoll gelegen am hohen Ufer des Jezioro Ełckie/Lycker Sees, hat aber heute keine sehenswerten Bauwerke vorzuweisen. Die Burg auf der Insel des Lycker Sees stammt aus dem 19. Jahrhundert. Eine kleine Ordensburg, die ursprünglich hier stand – die Ordensritter hatten sie im Jahre 1406 errichtet –, existiert längst nicht mehr.

Deutschen Touristen wird die Stadt möglicherweise aus der Literatur bekannt sein. Siegfried Lenz stammt aus Lyck. Der hier am 17. März 1929 geborene Schriftsteller setzte seiner masurischen Heimat in Werken wie ›So zärtlich war Suleyken‹ ein literarisches Denkmal. Doch nicht nur auf deutsche Dichter wirkte Lyck und seine Umgebung inspirierend: der polnische Heimatdichter Michal Kajka (1858-1940) war Bürger der Stadt. An ihn erinnert heute ein Denkmal.

Von Ełk aus führen nicht nur mehrere ›normale‹ Bahnlinien in alle Richtungen, sondern es wurde auch die hier beginnende Schmalspurbahn, die in das weit entfernte Dorf Turowo und nach Zawady-Tworki am Jezioro Stackie/Statzer See führt, reaktiviert. Die Fahrten mit der alten Dampflok sind heute eine Touristenattraktion.

Vorwahl: 0 87. Die Touristeninformation der PTTK in der ul. Armii Krajowej 56, Tel: 10 38 19, steht den Reisenden ebenso für Auskünfte zur Verfügung wie das Orbis-Büro in der ul. Mickiewicza 15, Tel: 10 35 73, Fax: 10 84 58.

Bei den Gästen Ełks handelt es sich meist um Wassersportler und andere naturverbundene Menschen. Ihnen wird es nichts ausmachen, wenn ihnen die Unterkünfte nur schlichten Komfort bieten.
Man kann zwischen drei Wanderheimen wählen: dem ›Mazurski‹, ul. Chopina 5, Tel: 10 41 15, dem ›Turystycny‹, ul. Armii Krajowej 32, Tel: 10 24 19, und dem ›Zodiak‹, ul. Kajki 1, Tel: 10 24 91. Das ›Turystycny‹ bietet als einziges auch Mahlzeiten an.

Wem der Sinn nach gehobenerer Ausstattung steht, der wird zehn Kilometer weiter östlich in Chełchy auf seine Kosten kommen. Hier wurde vor fünf Jahren ein moderner Hotelkomplex, das ›Lega Inn‹, Tel: 10 44 43, 10 24 37, speziell für zahlungskräftige Touristen errichtet.
Es hat ein umfangreiches Angebot für die Freizeitgestaltung zu bieten. Neben Fitneßanlagen, Sauna, Kegelbahn und Billard hat man hier auch Spielfelder für Tennis, Volleyball und Fußball angelegt.
Auch Reit- und Paddelausflüge stehen auf dem Programm.

Das Restaurant des ›Lega Inn‹ bietet nicht nur seinen Hotelgästen masurische Spezialitäten.

Frombork/Frauenburg

In dem kleinen Fischerort am Frischen Haff war der berühmte Astronom Nikolaus Kopernikus von 1512 bis zu seinem Tode 1543 zu Hause. Das heute 2000 Seelen zählende Frombork liegt im historischen Gebiet Warmia/Ermland und erhielt schon im Jahre 1310 die Stadtrechte. Auf die Anwesenheit Kopernikus' weisen noch heute die Namen zahlreicher bedeutender Gebäude hin. Hier schrieb er sein Werk ›De Revolutionibus Orbium Caelestium‹. In diesem vertrat er die für damalige Verhältnisse unerhörte Theorie, die Erde bewege sich um die Sonne. Zu seinem Glück wurde aber die Heilige Inquisition im streng katholischen Polen nie eingeführt. So konnte er seine ›ketzerischen Theorien‹ gar im Schutze der Klostermauern entwickeln! Seine letzte Ruhe fand Kopernikus in der Kathedrale. Dieser aus dem 14. Jahrhundert stammende Bau ist ein typisches Beispiel der norddeutschen Backsteinarchitektur. Heute erinnert ein imposantes Denkmal vor dem Gotteshaus an den Astronomen und Domherren.

Vorwahl: 0 55. Das PTTK-Büro gibt Auskunft zu allen touristischen Fragen in der ul. Krasickiego 3, Tel: 43 73 52.

Keine große Auswahl bietet sich dem Besucher bei den Unterkünften: gegenwärtig gibt es nur ein modernes Hotel, das ›Słoneczny‹ in der ul. Kościelna 2, Tel: 43 72 85, 43 72 86.

Eine preiswertere Alternative ist das PTTK-Wanderheim, das auch behindertengerecht ausgestattet ist und in der ul. Krasickiego 3, Tel: 43 73 52, liegt.

Jugendliche Besucher werden die Jugendherberge in der ul. Elbląska 11, Tel: 43 74 53, bevorzugen.

Wer sein eigenes Zelt dabei hat, kann es am östlichen Stadtrand auf dem PTTK-Zeltplatz in der ul. Braniewska 12, Tel: 43 73 68, aufschlagen. Hier können auch Bungalows angemietet werden.

Schmackhafte Gerichte erhält der Gast in den Restaurants ›Pod Wzgorzem‹, ul. Rynek, und ›Bistro‹, ul. Krasickiego, aufgetischt. Auch das PTTK-Wanderheim betreibt ein Restaurant, das zu günstigen Preisen einen appetitlichen Mittagstisch anbietet.

Die Kathedrale von Frombork

Die Kopernikus-Sammlung im Palast der Bischöfe auf der Kathedralenanhöhe zeigt einige astronomische Geräte, mit denen Kopernikus die Bewegung der Gestirne zu messen suchte. Leider wurden seine Originalmanuskripte ebenso wie die meisten Kulturschätze im Jahre 1626 von schwedischen Söldnern geraubt. Viele dieser Zeugnisse polnischer Kultur verstauben nun in skandinavischen Museen. Der Palast der Bischöfe von Ermland ist ein Architekturdenkmal aus dem 16. Jahrhundert, erhielt 1727 allerdings ein barockes Gesicht. Der Kopernikus-Turm überragt die alten Wehranlagen. Von dessen Aussichtsplattform hat man einen schönen Panoramaausblick bis weit über das Haff.

Kopernikus-Denkmal in Frombork

Einen Besuch in Frombork/Frauenburg sollten architekturhistorisch interessierte Masuren-Reisende gleich mit einigen Ausflügen in die reizvolle Umgebung verbinden: Zehn Kilometer nordöstlich liegt an der schiffbaren Pasłeka/Passarge die Stadt Braniewo/Braunsberg. Zu besichtigen sind hier ein gotischer Turm aus dem 14. Jahrhundert, die Überreste des Bischofsschlosses und die spätgotische Dreifaltigkeitskirche, an der architekturhistorisch Interessierte barocke Elemente ausmachen können.

Gierłoż/Görlitz mit ›Wolfsschanze‹

Nahe dem Dorf Gierłoż/Görlitz, sieben Kilometer östlich von Kętrzyn/Rastenburg, liegt ein historisches Bauwerk besonderer Art: die von der Organisation ›Todt‹ – der nach ihrem Gründer Fritz Todt benannten Bautruppe – erbaute ›Wolfsschanze‹.

Die deutschen Annexionspläne von 1940 gegenüber der Sowjetunion erforderten ein Führerquartier in den an die Sowjetunion grenzenden Randgebieten.

Informationstafel am Eingang zur Wolfsschanze

Das Waldgebiet in Ostpreußen war durch die nahe gelegenen Seen und Moore nicht nur gut getarnt und schwer zugänglich, sondern bot auch die von wichtigen Verkehrsstraßen notwendige Abgeschiedenheit.

Das damalige ›Führerhauptquartier‹ der Nationalsozialisten in den masurischen Wäldern ist ein Bunkerkomplex aus Tonnen von Stahl und Beton. Die weitläufige, aus fast zweihundert Objekten bestehende Anlage verfügte über einen eigenen Bahnhof und über einen Flugplatz. Der Bunckerkomplex war mit Stacheldraht und Minenfeldern gesichert. Bis zum Ende der Entminung im Oktober 1955 wurden in diesem Waldgebiet fast 55 000 Minen geborgen und entschärft.

Die Anlage gliederte sich in drei Sperrzonen. Durch die Straße und die Eisenbahnlinie wurde das Gebiet in zwei Hälften geteilt. Nördlich von der Eisenbahnlinie befand sich der personell bedeutendere Teil mit den Bunkern Hitlers, Keitels, Bormanns, der Telefonzentrale und den Wohngebäuden anderer wichtiger Häupter der Wehrmachtsführung. Diese sogenannte Zone I war noch durch einen zusätzlichen Stacheldrahtverhau gesichert.

Bau eines traditionellen Holzhauses am Wigry-See
Das barocke Kloster Wigry bei Suwałki

PO 2405

Um die Sperrzone I zog sich die Zone II, in derem südlich von der Eisenbahnlinie befindlichen Teil u.a. die Gebäude der Kommandantur des Führerhauptquartiers, die Gebäude des Wehrmachtführungsstabes, die Fernmeldezentralen, Versorgungsanlagen, das Krankenrevier und einige Mannschaftsunterkünfte angesiedelt waren. Beide Sperrzonen umgab allseitig die Zone III, in der sich Sicherungs- und Verteidigungsstellungen und Mannschaftsunterkünfte der Bewachungseinheiten befanden. Bis heute ist es rätselhaft, warum die Objekte der Anlage durch keinerlei unterirdische Gänge verbunden waren. Das Leben im Führerhauptquartier spielte sich vorrangig in den sogenannten Baracken (Ziegelbunker mit Holzverkleidungen) ab. Die schweren Bunker, deren Wanddicke vier bis sechs Meter und Deckendicke sechs bis acht Meter betrug, dienten als Luftschutzbunker und zum Schutz des Archives und der technischen Anlagen.

Bei der Besichtigung der Ruinen ist Vorsicht geboten

Adolf Hitler verbrachte hinter den meterdicken Bunkerwänden mehr als drei Jahre: vom 24. Juni 1941 bis zum 20. November 1944 befand sich hier die Kommandostelle der Deutschen Wehrmacht zur Führung des Zweiten Weltkrieges. Von hier aus wurde die Eroberung der halben Welt geplant. Am 20. Juli 1944 verübte hier Klaus Graf Schenk von Stauffenberg in der Lagebaracke ein Attentat auf den ›Führer‹, das dieser jedoch überlebte.

1945 sprengte die zurückweichende Wehrmacht große Teile der Anlage. Dabei zeigte sich, daß die Anlage tatsächlich für ein ›Tausendjähriges Reich‹ gemacht war: Trotz der bis zu acht Tonnen TNT gelang die Zerstörung nur unvollkommen.

Heute ist der geborstene Führerbunker ein vielbesuchtes Touristenziel: Mehr als 300 000 Besucher kommen jährlich hierher. Davon sind fast ein Drittel deutschsprachig. Inzwischen hat sich die Wolfsschanze zu einem makaberen Zwitter aus Gedenkstätte und Nazi-nostalgischem Rummelplatz entwickelt.

Storchennester – Wahrzeichen vieler masurischer Dörfer
Im Segelhafen von Giżicko

Die im selben Jahr enthüllte Gedenktafel für Stauffenberg war mehrere Jahre lang ein Streitfall der deutsch-polnischen Diplomatie, da sich deutsche und polnische Stellen nicht über die politisch korrekte Formulierung einigen konnten. Heute erinnert die in zwei Sprachen verfaßte Gedenktafel an das Attentat und ergänzt neutral: ›Er und viele andere, die sich gegen die nationalsozialistische Diktatur erhoben hatten, bezahlten mit ihrem Leben‹.

Besichtigung der ›Wolfsschanze‹

Der Besucher steht nach dem Lösen seines Eintrittsbillets ziemlich ratlos im Gelände. Deshalb geben wir an dieser Stelle ein paar Hinweise zur Besichtigung. Es empfiehlt sich, falls man nicht die Dienste des Reiseführers in Anspruch nimmt, einen Plan zur Orientierung auf dem Gelände zu kaufen. Ein Kiosk befindet sich hinter dem Parkplatz.

Je nachdem, wie intensiv man diesen geschichtsträchtigen Ort erkunden möchte, sollte die Route gewählt werden. Wer nur die Ruine der Lagebaracke, wo 1944 das Attentat auf Hitler verübt wurde, und den Bunker von Hitler ansehen will, benutzt den mit ›B‹ gekennzeichneten Weg. Für diesen ca. 1,3 Kilometer langen Weg benötigt man rund eine Stunde.

Diejenigen Besucher, die alle erhalten gebliebenen Objekte der Zonen I und II besichtigen möchten, nehmen Weg ›C‹. Die Route ist ca. 2,5 Kilometer lang und in anderthalb bis zwei Stunden zu bewältigen.

Der am häufigsten genutzte Weg ist der mit ›A‹ bezeichnete. Auf dieser etwa achtzig-minütigen, rund zwei Kilometer langen Tour sieht man alle wichtigen Objekte der ehemaligen Sperrzone I.

Die Rundgänge beginnen alle am ehemaligen Hotel der SS- und Reichssicherheitsoffiziere, in dem sich heute ein Restaurant befindet. Ebenfalls auf der linken Seite des Weges sind die noch erhaltenen Überreste des Objektes Nr. 2 zu sehen, wo das SS-Begleitkommando, das für Hitlers unmittelbare Sicherheit verantwortlich war, seine Unterkunft hatte. Beim Weitergehen gelangt man zu der bereits erwähnten Gedenktafel, die den Menschen gewidmet ist, die der Hitlerdiktatur Widerstand geleistet haben. Hier befand sich früher auch die Lagebaracke (Objekt Nr. 3), die allerdings bei der Sprengung der Anlage zerstört wurde. Der Weg führt dann links an den Objekten Nr. 4/5 vorbei. Im Flachbau des Objektes Nr. 4 steht ein Modell der Gesamtanlage der ›Wolfsschanze‹.

Nicht weit davon entfernt, auf der rechten Wegseite befindet sich der ›Gästebunker‹ (Objekt Nr. 6), einer der sieben schweren Bunker des Führerhauptquartiers. Hier wohnte Hitler in der Zeit vom 14. Juli bis zum 1. Oktober 1944 bis zum Abschluß der Verstärkungsarbeiten an seinem eigentlichen Bunker. Das

Die ›Wolfsschanze‹ zieht jährlich Zehntausende von Besuchern an

Objekt Nr. 7, welches als nächstes an der Wegstrecke steht, diente dem Stenographendienst als Arbeitsstätte. Weiter unten ist dann auf der linken Seite des Weges ein Klärbecken sichtbar (Objekt Nr. 9).

Die gesamte Anlage war mit einer eigenen Kanalisation, Wasserversorgung, Zentralheizung und Elektrizität ausgestattet. Einige Schritte weiter befindet sich der Abstieg zum früher als Lebensmittellager genutzten Objektes Nr. 10. Nun kommt man an den sogenannten Bormann-Bunker, von dem nur noch die Außenwände erhalten geblieben sind. Von dort ist es auch nicht mehr weit bis zum Bunker Hitlers. Nur noch die Vorderseite des Objektes Nr. 13 hat der Sprengung standgehalten. Dieser Bunker hatte eine Deckendicke von acht und eine Wandstärke von fünf Metern. Die Fundamente reichten mindestens sechs Meter tief in die Erde.

Der Bunkerinnenraum war in einen Arbeits-, Besprechungs- und Schlafraum für Hitler, einige kleinere Räume für Dienstpersonal und Sanitäranlagen aufgeteilt. Bei Betreten des Bunkerinneren ist Vorsicht geboten! Nach Verlassen des Führerbunkers kommt man zu den Überresten des ehemaligen Offizierskasinos I, linke Wegseite (Objekt Nr. 14).

Wer hier dem mit B bezeichneten Weg folgt und nach rechts abbiegt, gelangt auf dem kürzesten Weg zurück zum Parkplatz. Weg A führt links weiter am damaligen Teehaus (Objekt Nr. 15) und am Bunker von Göring (Objekt Nr.16) vorbei. Soll der Rundgang hier beendet werden, geht man den Weg A weiter und passiert den Bunker von General Jodl (Objekt Nr. 17, links des Weges) bzw. den Bunker des Feldmarschalls Keitl (Objekt Nr. 18, rechts des Weges). Auf dem Rückweg zum Parkplatz sind außerdem noch die teilweise erhalten gebliebenen Gebäude der Adjudantur (Nr. 19), das Kasino II (Nr. 20), die Bunker des Nachrichtendienstes (Nr. 21 bzw. 25), das alte Kino (Nr. 22), das Gebäude der Fahrbereitschaft (Nr. 23) und die ehemaligen Garagen (Nr. 24) zu sehen.

Der Besucher, der einen Gesamteindruck der Anlage erhalten möchte, bleibt auf Weg C, überquert die Gleise am Bahnübergang und steht kurz darauf vor Objekt Nr. 26 – dem Bunker der Vertretung der Luftwaffe. Auf der original erhaltenen Betonstraße weiterlaufend, erreicht man den Bunker der Vertretung der Kriegsmarine, die unter Konteradmiral Voss stand (Objekt Nr. 27). Dahinter befand sich der alte Friedhof, wo bis zum Bau der Anlage die Dorfbewohner begraben wurden. Nicht weit davon gab es noch einen Reserveflugplatz. An der Weggabelung wendet man sich nach rechts und gelangt zum größten Luftschutzbunker des Führerquartiers (Objekt 28). Er diente den Vertretern der einzelnen Wehrmachtabteilungen als Schutzraum. Auch von diesem Gebäude blieb nur eine Außenmauer erhalten. Auf dem Dach des Bunkers befanden sich früher Feuerstellungen, welche über die noch in der Mauer sichtbaren Stahlsprossen von den Flaksoldaten erreicht wurden.

Ungefähr fünfzig Meter weiter befindet sich das Objekt 29. In diesem Backsteinbau befanden sich die Räume der Vertretung des Außenministeriums. Man biegt nach rechts ab und gelangt nun an das aus Ziegelsteinen erbaute Gebäude

Die nächste Touristeninformation befindet sich in Kętrzyn/Rastenburg: Vorwahl: 08 86. PTTK, ul. 1. Maja 5, Tel: 752 22 91. Im Nachbardorf Karolewo hat die PTTK eine Zweigstelle in der ul. 1. Maja, Tel: 752 78, eingerichtet.

Auf dem Gelände der ›Wolfsschanze‹ wurde das Motel ›Leśna‹ mit Ausflugsrestaurant errichtet. In dieser Gaststätte sollte man sich an die soliden Eintopfgerichte halten. Im Nachbardorf Karolewo, durch das die meisten Besucher der ›Wolfsschanze‹ fahren, offerieren mehrere schlichte Gaststätten – alle an der Hauptstraße gelegen – einfache Gerichte.

Nahe der ›Wolfsschanze‹ liegt zudem ein kleiner Campingplatz.

(Objekt 30), wo bis zu seinem Tod im Jahre 1942 der Minister für Rüstung und Kriegsproduktion, Fritz Todt, und dessen Arbeitsstab ihren Sitz hatten. Unweit davon steht noch ein leichteres Gebäude, das als Sitz der Vertretung des Oberkommandos des Heeres genutzt wurde (Objekt 31). Man folgt nun entweder Weg C, der zum Parkplatz zurückführt oder überquert erneut die Bahngeleise, um sich entlang des Weges A/B noch die bereits beschriebenen Objekte der Sperrzone I anzusehen und die Besichtigung der ›Wolfsschanze‹ dann ebenfalls auf dem Parkplatz zu beenden.

Zum Schluß sei darauf hingewiesen, daß die Besichtigung des Geländes, vor allem das Betreten der Bunker nicht ganz ungefährlich ist!

Giżycko/Lötzen

Giżycko ist nicht nur eine der größte Städte, sondern gleichzeitig touristisches Zentrum der Masurischen Seenplatte. Die in der Umgebung der Stadt liegenden Seen machen rund 25 Prozent der Stadtfläche aus. Zwei malerisch gelegene kleine Seen befinden sich auch in der Stadt: der Podkówka Duża und der Podkówka Mała. Das Besondere an dieser 28 000 Einwohner zählenden Stadt ist jedoch ihre herrliche Lage zwischen dem Jezioro Niegocin/Löwentinsee im Süden und dem

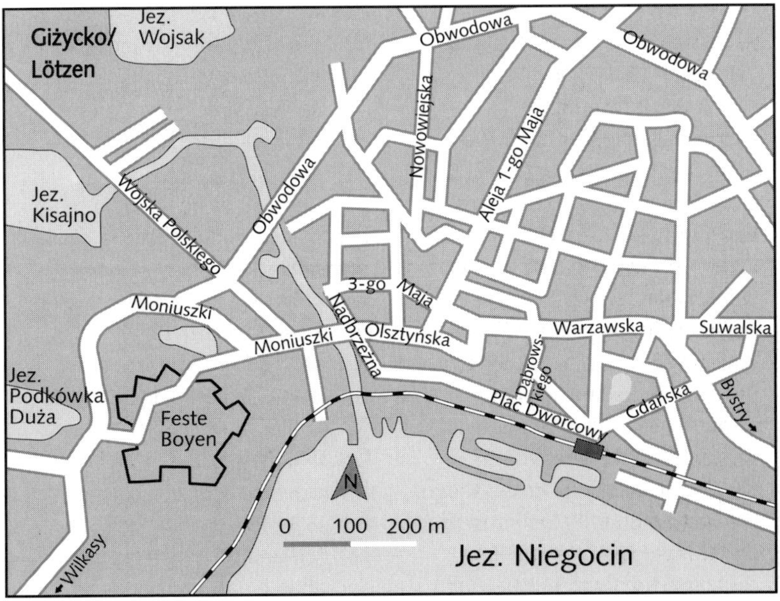

Vorwahl: 0 87. Touristeninformationen gibt es im Orbis-Büro, ul. Dąbrowskiego 3, Tel: 28 31 50, Fax: 28 30 20, oder im Touristik-Informationszentrum, ul. Warszawka 7, Tel: 28 57 60.

Das Hotel ›Wodnik‹, ul. 3. Maja 2, Tel: 28 38 71, stammt noch aus kommunistischen Zeiten und kann seine Herkunft nicht verleugnen. Dennoch ist es das erste Haus am Platze und bemüht sich jetzt redlich, seinen drei Sternen gerecht zu werden.

Schlichten Komfort bieten das ›Mazury‹ in der ul. Wojska Polskiego 56, Tel: 28 59 56, und das ›Neptun Club‹ in der ul. Wojska Polskiego 25, Tel: 28 31 60.

Komfortable Unterkunft bietet das Sporthotel ›Centralny Ośdorek Sportu‹ in der ul. Moniuszki 22, Tel: 28 23 35.

Am Westufer des Jezioro Niegocin/Löwentinsees wurde in dem drei Kilometer entfernten Dorf Wilkasy ein Ferienzentrum, der ›Country Club Wilkasy‹, angelegt. Segel- und Ruderboote werden ebenso wie Surfbretter ausgeliehen. Auch ein Reitstall ist vorhanden. In der von dem Unternehmen Orbis betriebenen Anlage stehen unterschiedliche Übernachtungsmöglichkeiten zur Verfügung: neben dem Hotel ›Niegocin‹ kann man in Ferienhäusern und Bungalows übernachten, Tel: 28 55 54. Buchungen können auch über das Orbis-Büro vorgenommen werden.

Eine eher familiäre Atmosphäre herrscht in den kleineren Pensionen, die in den letzten Jahren eröffnet worden sind, so im ›Almatur‹ in der ul. Moniuszki 24, Tel: 33 88, im ›Relax‹ in der ul. Białostocka 5 a, Tel: 28 30 70, oder im ›Yaga‹, das in dem Nachbarort Wilkasy, ul. Kolejowa 1, gelegen ist.

Besucher, deren Budget schmaler bemessen ist, finden in dem Wanderheim ›Bijo‹, ul. Nadbrzeżna 11, Tel: 28 29 05, Unterkunft.

Das kleine Motel ›Zamek‹, ul. Moniuszki 1, Tel: 28 24 19, bietet seinen Gästen in zwölf Doppelzimmern schlichte Unterkunft.

Privatquartiere werden sowohl von den Hauseigentümern selbst durch ›Zimmer frei‹-Schilder an den Gartenzäunen angepriesen als auch von privaten Reisebüros des Ortes vermittelt.

Jugendliche Wanderer haben in der Saison die Auswahl zwischen zwei kleinen Jugendherbergen: die eine liegt in der ul. Mickiewicza 27, Tel: 28 27 87, und die andere in der ul. Wiejska 50, Tel: 28 21 35.

Der großzügige Campingplatz des Wassersportzentrums, ul. Moniuszki 1, Tel: 28 34 10, ist direkt am See gelegen und für Wassersportler und andere naturverbundene Touristen die bessere Wahl. Etwas außerhalb in Bystry, ca. zwei Kilometer von Giżycko entfernt, direkt am Ufer des Jezioro Niegocin, gibt es eine weitere Campmöglichkeit. Der Campingplatz Bystry verfügt über Wasser- und Stromanschluß für Caravan und eine eigene Bootsanlegestelle.

Sowohl das Hotel ›Wodnik‹ als auch das Restaurant des Wassersportzentrums in der ul. Moniuszki 1 verfügen über keine schlechte Küche. Viele Touristen wird es sicher ins Restaurant ›Grota‹ ziehen, das in einer alten preußischen Wache aus dem Jahre 1864 untergebracht ist: Neben einer großen Auswahl an Grillgerichten bietet dieses Lokal fast 30 Biersorten an.

Auch das zentral gelegene ›Mazurska‹ in der ul. Warszawska 6 hat sich auf Touristen eingestellt und bietet seine Mahlzeiten in folkloristischem Ambiente an.

Direkt am Kanal, in der ul. Moniuszki 22, befindet sich ein modernes Wassersportzentrum. Die Gewässer der Region um Giżycko/Lötzen sind bei Seglern wie bei Kanuten gleichermaßen beliebt. Die Stadt eignet sich hervorragend als Ausgangspunkt für Wasserwanderungen.

Auch im Winter zieht es viele Sportler und Touristen nach Giżycko/Lötzen. Die Stadt hat sich zum polnischen Zentrum des Eissegelns entwickelt.

Am Badestrand in Giżycko

Die Seen um Giżicko sind ein ideales Segelrevier

Jezioro Kisajno/Kissainsee im Norden. Der Kanal, der die beiden Seen miteinander verbindet, wurde bereits im Jahre 1772 gebaut und bewirkte für den kleinen Ort einen spürbaren Aufschwung. Die wirtschaftliche Bedeutung des Durchstichs schwand zwar im Laufe der Jahre, doch stieg gleichzeitig die Attraktivität des Seengebietes für Wassersportler. Kein Wunder daher, daß sich Giżycko/Lötzen zu einem der bedeutendsten Erholungs- und Wassersportzentren der masurischen Seenplatte entwickelt hat.

Von Giżycko aus lassen sich auch zahlreiche Fahrten mit dem Ausflugsschiff unternehmen. Eine davon führt über den Jezioro Kisajno/Kissainsee zur Kormoraninsel im benachbarten Jezioro Dobskie/Dobensee und dauert drei Stunden. Die Ausflugsfahrt um den Jezioro Kisajno selbst – ›Weg der Schwäne‹ genannt – dauert zwei Stunden. In südlicher Richtung verkehren zudem Schiffe um den Jezioro Niegocin/Löwentinsee; die Fahrt dauert eine Stunde.

Linienschiffe der Schiffahrtslinie Żeluga Mazurska (Weiße Flotte) verbinden Giżycko/Lötzen in zweieinhalb Stunden mit Węgorzewo/Angerburg und in viereinhalb Stunden mit Mikołajki/Nikolaiken.

Ein Ausflug in die nähere Umgebung der Stadt sollte auf jeden Fall in das etwa 30 Kilometer entfernte Naturschutzgebiet Puszcza Borecka/Borker Wald führen. Hier leben, größtenteils in freier Wildbahn, die letzten europäischen Büffel (Wisente), aber auch Elche, Hirsche und zahlreiche Raubvogelarten.

Giżycko/Lötzen bietet nur wenige historische Sehenswürdigkeiten: die am Kanal gelegene Ordensburg aus dem 14. Jahrhundert sowie eine evangelische Kirche aus dem Jahre 1827. Der Stil läßt auf den Baumeister schließen: sie wurde nach Plänen Karl Friedrich Schinkels errichtet.

Am westlichen Stadtrand läßt sich eine gut erhaltene Festungsanlage aus der ersten Hälfte des 19. Jahrhunderts besichtigen. Es handelt sich um die sogenannte Feste Boyen, die auf dem Engpaß zwischen den beiden Seen in der Form eines Sterns errichtet wurde.

Die Stadt verfügt über einen schönen und sehr gepflegten Stadtstrand am Jezioro Niegocin/Löwentinsee. Leider mußte in der Vergangenheit das Baden wegen Verschmutzung des Sees zeitweise verboten werden. Hier zeigt sich, daß auch das weitgehend ›heile‹ Masuren gegen Umweltprobleme nicht gefeit ist. Oft fehlt es an einfachen Kläranlagen für die städtischen Abwässer.

Gołdap/Goldap

Nur zwei Kilometer von der Grenze zur russischen Exklave Kaliningrad entfernt liegt am Fluß Gołdapa/Goldap, am Fuße der 271 Meter hohen Gołdapska Gora/Goldaper Höhe und in der Nähe des Jezioro Gołdap/Goldapsees, die Stadt gleichen Namens. Deren Wurzeln reichen bis ins 16. Jahrhundert zurück. Nach Kulmer Recht wurde ihr im Jahre 1570 das Stadtrecht verliehen.

Heute verwandeln russische und baltische ›Handelstouristen‹ den historischen Marktplatz in einen bunten Basar. Zu kaufen gibt es hier fast alles – von Kaviar über Krimsekt bis zu Wodka. Die Grenzlage der Stadt wirkte sich allerdings nicht nur positiv aus: im Laufe der Geschichte wurde Gołdap dreimal fast völlig zerstört und entvölkert.

Traurige Berühmtheit erlangte die als Sommerfrische und Wintersportzentrum bekannte, 12000 Einwohner zählende Stadt Anfang der achtziger Jahre, als im Ferienheim des Staatsfernsehens Polens ›luxuriösestes‹ Internierungslager für Regimegegner eingerichtet wurde. Den damaligen Militärmachthabern diente das Lager als ›Vorzeige-Einrichtung‹ für die internationalen Menschenrechtsorganisationen.

Gołdap liegt am Westrand der idyllischen Puszcza Romincka/Rominter Heide und bietet daher besonders naturverbundene Wanderer die Möglichkeit, abseits der Alltagshektik längere Touren durch die ausgedehnten Waldgebiete zu unternehmen, auf denen ihnen oft tagelang kein Mensch begegnet. Das liegt sicher auch daran, daß die Wege durch die Rominter Heide nicht mit dem Auto befahren werden dürfen. Der größte Teil der Heide gehört heute allerdings zum russischen Gebiet Kaliningrad.

Vorwahl: 0 87. Da Gołdap an der Grenze zu Rußland liegt und über keine eigene Touristeninformation verfügt, muß man sich für Auskünfte an die Touristenbüros in Węgorzewo/Angerburg wenden. Das Reisebüro ›Orient‹ bietet seine Dienste am pl. Zwyciśtwa 16 an.

Viele der zahlreichen betrieblichen Ferienheime sind in den letzten Jahren zu kommerziellen Hotels umgewandelt worden. Somit steht jetzt auch dem ›Normaltouristen‹ eine ausreichende Zahl von Unterkunftsmöglichkeiten zur Verfügung, wenngleich westlicher Standard noch nicht erreicht ist. Das Hotel ›Janczes‹ am Plac Zwycięstwa 5, Tel: 15 13 77, und die Pension ›Zacisze‹ in der ul. Stadionowa 3, Tel: 15 03 62, bieten relativ guten Komfort. Nebenan, in der ul. Stadionowa 2, Tel: 15 09 65 warten in dem großen Erholungsheim fast 200 Betten auf müde Wanderer.

Das Wanderheim ›Rybakowka‹, ul. Jeziorowa 9, Tel: 15 06 29, bietet sich an, falls man lieber in einer weniger großen Anlage übernachten möchte.

Die Sommer-Jugendherberge liegt in der ul. Wojska Polskiego 16, Tel: 15 07 01, und eignet sich besonders für jüngere Besucher.

Der Campingplatz, ul. Stadionowa 8, Tel: 150 64 41, vermietet auch Bungalows.

Das Restaurant des Tourismuskomplexes am Jezioro Gołdap/Goldapsee, das ›Pod Piękną‹, Tel: 15 00 99, ist zwar nicht teuer, genügt aber nur einfachsten Ansprüchen. In letzter Zeit besser geworden ist die Küche des ›Turystyczna‹ in der ul. Królewiecka, Tel: 15 14 03. Auf einen schnellen Imbiß kann man sich im ›Jędrus‹ in der ul. Warsztytowa oder im ›Zacisze‹ in der ul. 1. Maja 24 a treffen. Bei jugendlichen Besuchern steht das Café ›Club Dinozaura‹, ul. Żeromskiego 5, nicht nur wegen seines Namens hoch im Kurs.

Die abgeschiedene Lage Gołdaps im äußersten Nordosten Polens begeistert vor allem Individualtouristen, die in der urwüchsigen wilden Umgebung Distanz zur Hektik des 20. Jahrhunderts suchen und finden. Die Pojezierze Suwałskie/Suwalker Seenplatte ließ die Stadt zu einem Eldorado für Kanuten und Angler werden.

Südlich von Gołdap erstreckt sich das Gebiet der Szeskie Wzgórza/Seesker Höhe, die mit 309 Metern der höchste ›Berg‹ in der an sich flachen Umgebung ist. Hier bietet sich die einzige Möglichkeit zum Ski-Abfahrtslauf in Masuren.

Landschaft bei Gołdap

Grunwald/Tannenberg

In fast jeder polnischen Stadt gibt es eine Straße, die den Namen der Stadt ›Grunwald‹ trägt. Bei Grunwald/Tannenberg wurde die legendäre Schlacht von Tannenberg geschlagen. Der polnische Name Grunwald, zu deutsch Tannenberg, ist ein Synonym für das schicksalhafte Verhältnis zwischen Deutschen und Polen. In Tannenberg besiegte am 15. Juli 1410 das vereinigte polnisch-litauische Heer die Truppen des Deutschen Ritterordens. Es war die größte Schlacht des Mittelalters. Mehr als 40 000 Soldaten (manche Quellen sprechen von 60 000) kämpften damals gegeneinander. Auch wenn es später manchmal so dargestellt wurde, ging es bei dieser Auseinandersetzung nicht um nationalstaatliche Interessen, sondern um den Kampf gegen die Expansionsgelüste des Deutschen Ordens. Heute erinnert ein 1960 errichtetes Denkmal an dieses für die polnische Geschichte einschneidende Ereignis.

Bereits im Jahre 1927 hatten die Deutschen an dieser Stelle ein Ehrenmal errichtet, das an einen Sieg über das zaristische Rußland im Ersten Weltkrieg erinnern sollte: In nur vier Augusttagen des Jahres 1914 hatte der Generalfeldmarschall Paul von Hindenburg zwei russische Armeen bei Tannenberg vernichtend geschlagen. Im Jahre 1934 wurde Hindenburg, der seit 1925 Reichspräsident war, in dem zum Mausoleum umgestalteten ›Reichsehrenmal Tannenberg‹ beigesetzt. Die zurückweichenden deutschen Truppen sprengten es 1945 und nahmen den Sarg Hindenburgs auf ihrer Flucht nach Westen mit. Der ›Held von Tannenberg‹ wurde später in Marburg bestattet.

Heute sind von dem ›Reichsehrenmal‹ nur noch einige Fundamente übrig. Hinter dem gegenwärtigen Denkmal gewinnt man in dem kleinen Museum einen Überblick über die historischen Zusammenhänge aus polnischer Sicht. Von der geschichtlichen Bedeutung abgesehen, birgt Tannenberg keine touristischen Attraktionen.

Die nächstgelegenen Touristeninformationsbüros befinden sich in Ostróda/Osterode, Vorwahl: 0 88. Das Büro der örtlichen PTTK liegt am Plac Tysiaclecia 1, Tel: 46 38 20, und das von Mazur-Tourist in der ul. Strapinskiego 2, Tel: 46 34 68.

Für Touristen, die an diesem geschichtsträchtigen Ort Quartier beziehen möchten, wurde die komfortable Pension ›Zajazd Mazurski‹ eingerichtet. Die verhältnismäßig preiswerte Pension verfügt auch über eines der besten Restaurants der Region.

Iława/Deutsch Eylau

Wegen ihrer ebenso schönen wie für Wassersportler günstigen Lage am Jezioro Jeziorak/Geserichsee ist die 30 000 Einwohner zählende Stadt heute das wichtigste Touristenzentrum im westlichen Masuren. Der Jezioro Jeziorak/Geserichsee ist mit 27 Kilometern der längste polnische Rinnensee. Er bietet allen Wassersportlern Gelegenheit für unterschiedlichste Freizeitaktivitäten. Auch die Oberländische Seenplatte, die sich nördlich der Stadt erstreckt, ist als beliebtes Segelrevier bekannt.

Deutsch Eylau wurde vom Deutschen Orden im Jahre 1305 an Stelle einer altpruzzischen Siedlung gegründet. Die Stadt entwickelte sich im 14. und 15. Jahrhundert nur schrittweise im Schatten von Ostróda/Osterode. Im Jahre 1454 mußten die Kreuzritter, die das gesamte Gebiet beherrscht hatten, die Stadt verlassen, nachdem es zu einem Aufstand gekommen war.

Eine wirtschaftliche Blüte setzte erst im 19. Jahrhundert ein, als die Stadt über den Jezioro Jeziorak/Geserichsee und den Oberländischen Kanal eine Wasserverbindung mit Elbląg/Elbing am Frischen Haff erhielt. Auch die Bahnlinie von Berlin nach Tilstit führte durch die Stadt, was zu weiterem wirtschaftlichen Aufschwung beitrug. Damals siedelte sich in Iława/Deutsch Eylau vor allem holzverarbeitende Industrie an.

An ein dunkles Kapitel der Stadtgeschichte erinnern die Massengräber der polnischen Ulanen auf dem kommunalen Friedhof. Im Jahre 1939 wurden diese Soldaten in dem nahegelegenen Kriegsgefangenenlager von deutschen Faschisten ermordet.

Wegen großer Zerstörungen im Zweiten Weltkrieg ist nur noch die gotische Pfarrkirche aus der ersten Hälfte des 14. Jahrunderts als Architekturdenkmal sehenswert. In ihrem Turm hängt eine Glocke aus dem Jahre 1400.

Heute zeigt sich Iława/Deutsch Eylau als industriell strukturiertes Zentrum am Eisenbahnknotenpunkt der Strecken Gdańsk/Danzig – Warszawa/Warschau und Olsztyn/Allenstein – Torun/Thorn. Die touristische Attraktivität hat darunter jedoch nicht gelitten. Noch immer brechen wagemutige Paddler von hier auf, um über den Oberländischen Kanal die Ostsee oder über die Drwęca/Dröbnitz die Weichsel zu erreichen.

Bei einem Ausflug aufs Land bietet sich in der landschaftlich schönen Umgebung eine Wanderung zum historischen Schloß im sechs Kilometer entfernten Szymbark/Schönberg an.

Im Winter werden die Loipen in den Wäldern um Iława von Skilangläufern bevölkert. Ausrüstung kann bei LZS, ul. Kosciuszki 31, Tel: 25 92, angemietet werden. Der Jezioro Jeziorak/Geserichsee verwandelt sich in der kalten Jahreszeit in ein Paradies für Eissegler.

Vorwahl: 0 88. Das PTTK-Büro in der ul. 1. Maja 7 b, Tel: 48 58 00, Mazur-Tourist in der ul. Plażowa 5/7, Tel: 48 41 19, sowie das Orbis-Büro in der ul. Niepodległości 10, Tel: 48 33 30, erteilen gern Auskünfte zu allen touristischen Fragen.
Iława/Deutsch Eylau gehört zu den touristisch gut erschlossenen Orten in Masuren.

Es gibt das Hotel ›Kormoran‹, ul. Chodkiewicza 3, Tel: 48 26 77, das direkt am Wasser liegt, und das ›Skarbek‹, ul. Dąbrowskiego 3, Tel: 48 57 88. Besonders rührig zeigt sich der Wirt des ländlichen Hotels ›Wielka Żulawa‹, ul. Ostródzka 3, Tel: 48 50 01. Er organisiert Reitausflüge und Kutschfahrten und veranstaltet darüberhinaus die beliebten Lagerfeuerabende auf der Seeinsel. Komfort und Entspannung in Sauna und Massagesalon bietet das kleine Hotel ›Gallus‹, ul. Niepodległości 4, Tel: 48 38 14. In dem kleinen Ort Karaś, fünf Kilometer südwestlich am Jezioro Karaś, liegt das kleine ›Mini Motel Relax‹, Karaś 3, Tel: 48 10 03.

Das Zentrum für Wassertouristik, ul. Sienkiewicza 24, Tel: 48 25 13, unterhält auch ein Wanderheim.

Jugendliche Wanderer finden in der Sommer-Jugendherberge, ul. Kościuszki 2, Tel: 48 26 33, Quartier.

Für Camper stehen ein schöner Zeltplatz am Strand mit Zufahrt über die ul. Dąbrowskiego und das ›Traveland‹ des Zentrums für Wassertouristik, ul. Sienkiewicza 9, Tel: 48 25 13, zur Verfügung. Das Zentrum für Wassertouristik vermietet auch Bungalows. Weitere Zeltplätze befinden sich in der ul. Kościuszki 33 b, Tel: 48 48 80, und in der ul. Kajki 13.

Keine luxuriöse, aber ordentliche Küche bieten die Restaurants der Pension ›Kasztanek‹, ul. Chodkiewicza 11, Tel: 48 28 44, ein rustikales Wirtshaus, und des Hotels ›Wielka Zulawa‹, ul. Ostródzka 3, Tel: 48 50 01, an. Auch das ›Kormoran‹, ul. Chodkiewicza 36, Tel: 48 26 77, das ›Lesna‹, ul. Sienkiewicza 27, Tel: 48 25 13, das ›Perkoz‹, ul. Niepodległości 4, Tel: 48 28 97 sowie das ›Czapla‹, ul. Konstytccji 3. Maja, Tel: 48 27 14, werben um hungrige Touristen. Auf schmackhafte Gerichte der masurischen Regionalküche ist das Restaurant ›Gallus‹ in dem gleichnamigen Hotel, ul. Niepodległości 4, Tel: 48 38 14, spezialisiert.

Paddel- und Segelboote werden im PTTK-Wassersportzentrum, ul. Sienkiewicza 24, Tel: 48 25 13, und von Mazur-Tourist, das auch über Tretboote verfügt, gegen Gebühr verliehen.

Kętrzyn/Rastenburg

Wie viele andere polnische Städte verdankt auch das fast 30 000 Einwohner zählende Kętrzyn/Rastenburg seine Gründung dem Deutschen Orden. Bereits im Jahre 1329 hatten die Ritter an der Guber, einem Nebenfluß der Łyna/Alle, eine Burg gebaut. Diese wurde aber schon 16 Jahre später von den benachbarten Litauern zerstört. Zwischen 1360 und 1370 wiedererrichtet, wurde sie mit dicken Mauern umgeben und stellt heute ein mächtiges Zeugnis mittelalterlicher Baukunst dar. Neben einem Besuch der Burg, in der das Heimatmuseum untergebracht ist, lohnt die Besichtigung der Georgskirche aus dem frühen 15. Jahrhundert. Dieses Gotteshaus ist ein stattlicher gotischer Ziegelbau, dessen Glockenturm die Innenstadt und ihre Wehranlagen überragt.

Der Ort wurde im Jahre 1674 zwar fast vollständig ein Raub der Flammen, nach dem Wiederaufbau entwickelte er sich in den folgenden Jahrhunderten aber zu einem Wirtschaftszentrum. Die Stadt, im polnischen früher Rastenbork genannt, verdankt den heutigen Namen ihrem berühmtesten Sohn – dem Historiker und Ethnographen Wojciech Kętrzynski.

Nicht nur für streng gläubige Katholiken lohnt ein Abstecher in den weltbekannten, nur zwölf Kilometer südlich gelegenen Wallfahrtsort Święta Lipka/Heiligelinde (siehe dort).Ein für deutsche Urlauber interessanter Ausflug ist der Besuch des ehemaligen Führerhauptquartiers ›Wolfsschanze‹ bei Gierłoż/Görlitz (siehe dort), sieben Kilometer östlich von Kętrzyn/Rastenburg.

In entgegengesetzter Richtung erreicht man nach rund 18 Kilometern die alte, vorbildlich rekonstruierte Ordensburg in Reszel/Rößel. Sie wurde 1401 fertiggestellt und ist heute Sitz des regionalen Kulturbundes.

20 Kilometer nordwestlich von Kętrzyn sieht das Schloß in Drogosze/Dönhoffstädt einer ungewissen Zukunft entgegen, nachdem das Gebäude jetzt nicht mehr für Landwirtschaftseminare genutzt wird. Die einstige Pracht läßt sich noch erahnen. Der Weg zu diesem klassischen Beispiel einer ländlichen Adelsresidenz ist allerdings nur mit Mühe zu finden. Das Dorf Drogosze liegt an der Straße zwischen Korsze/Korschen und Barciany/Barten. Diese beiden Orte selbst lohnen allerdings keiner Besichtigung.

Die Ordensburg in Kętrzyn

Die Ordensburg in Reszel

Vorwahl: 0 89. Die Touristeninformation ist im Büro der PTTK, ul. 1. Maja 5, Tel: 752 22 91, untergebracht.

In der Ordensburg in Reszel/Rößel kann man ebenso stilvoll wie preiswert übernachten. In Kętrzyn/Rastenburg bietet die Pension ›Agros‹, ul. Kasztanowa 1, Tel: 752 52 40/41, Unterkunft.

Im Restaurant der Pension ›Agros‹, Tel: 752 38 40, wird man ebenso vorbildlich bedient wie im ›Aria‹, ul. Daszyńskiego 25, Tel: 752 24 55, und im ›Kosmos‹, ul. Sikorskiego 22, Tel: 752 28 50. Gut speisen läßt sich auch im ›Panorama‹, ul. Sikorskiego 33, Tel: 752 29 47. An Gemütlichkeit nicht zu überbieten ist das ›Belje‹ in Stara Różanka, fünf Kilometer nördlich von Kętrzyn/Rastenburg, an der Straße nach Barciany/Barten, wo die Grillteller in einer alten, umgebauten Windmühle serviert werden.

Kaffee und Kuchen werden in den Cafés ›Magnolia‹, ul. Sikorskiego 18, Tel: 752 20 09, und ›Maleńka‹, ul. Gałczyńskiego 1, Tel: 752 38 13, geboten.

Die Wehrkirche St. Georg in Kętrzyn

OSTRÓDA

Im Innenhof der Bischofsburg von Lidzbark Warmiński

Lidzbark Warmiński/Heilsberg

Heute ist Lidzbark Warmiński/Heilsberg eine verschlafene Kleinstadt von 16 000 Einwohnern. Im Gegensatz zu vielen anderen Orten geht sie nicht auf eine Gründung des Deutschen Ordens zurück. Schon die Prußen hatten eine Burg errichtet, die im Jahre 1241 vom Orden eingenommen wurde. Ein paar Jahre später gelang es den Prußen, die Burg für einige Zeit zurückzuerobern.

Von der einstigen Bedeutung des Ortes zeugt die mächtige Bischofsburg. Sie liegt an der Einmündung der Symsarna/Simser in die Łyna/Alle. Von 1350 bis 1772 befand sich hier die Residenz der Bischöfe von Warmia/Ermland. Heilsberg war damals Hauptstadt der Region und entwickelte sich seit der Renaissance zu einem bedeutenden kulturellen Zentrum. Als der Bischofssitz ins benachbarte Frombork/Frauenburg verlegt wurde, verfiel die Stadt kulturell und wirtschaftlich.

Die im 14. Jahrhundert erbaute Bischofsburg, eine gotische Wasserburg, mit ihrem weiten Innenhof und den schön gewölbten Kreuzgängen gilt wegen ihres künstlerischen und historischen Wertes als Kulturdenkmal von Weltrang. Die

Schiffsschlitten auf dem Oberländischen Kanal
Im Zentrum von Elbląg

Ecken des quadratischen Grundrisses werden von Wehrtürmen markiert. Nach dem Inferno des Zweiten Weltkrieges wurde die schönste Festung des ehemaligen Ostpreußen restauriert und als Museum hergerichtet. Es empfiehlt sich, an einer der auch in deutscher Sprache angebotenen Führungen teilzunehmen. Neben der historischen Dauerausstellung werden wechselnde Ausstellungen präsentiert, die meist ebenfalls historischen Bezug haben.

Lidzbark Warmiński/Heilsberg bietet Liebhabern architektonischer Meisterwerke zudem eine aus dem 14. bis 15. Jahrhundert stammende Stadtpfarrkirche – ein dreischiffiger, gotischer Hallenbau mit einem 70 Meter hohen Turm. Sehenswert sind auch die wenigen alten Fachwerkhäuser, die Fragmente der mittelalterlichen Stadtmauer sowie das spätgotische Hohe Tor. Heute ist in diesem Gebäude das PTTK-Wanderheim untergebracht.

Einen reizvollen Kontrast zur übermächtigen Backsteingotik stellt eine aus dem vorigen Jahrhundert stammende evangelische Holzkirche dar, die jetzt von der russisch-orthodoxen Gemeinde genutzt wird.

Architekturhistorisch Interessierte sollten einen Ausflug ins 22 Kilometer südlich gelegene Dobre Miasto/Guttstadt unternehmen. Zu den hier erhalten gebliebenen Sehenswürdigkeiten gehört das Kollegiatsstift. Die dazugehörende imposante Kollegiatskirche aus dem 14. Jahrhundert erinnert noch heute daran, daß Dobre Miasto einst ein Mittelpunkt des geistigen Lebens war.

Von den mittelalterlichen Wehrmauern der Stadt ist nur der Storchenturm, dessen Bezeichnung von dem Storchennest auf seiner Spitze herrührt, erhalten

Vorwahl: 089. Die PTTK unterhält in Lidzbark Warmiński eine Touristeninformation am Plac Zamkowy 2, Tel: 767 30 45.

Das Hotel ›Pod Klobukiem‹, ul. Olsztyńska 4, Tel: 767 32 92, bietet neben den üblichen Einzel- und Doppelzimmern auch einige gut ausgestattete Appartements für anspruchsvollere Gäste an. Fahrräder stehen zur Ausleihe bereit, und im Winter kann man auch Skiausrüstungen und Schlitten mieten.

Sehr viel einfacher übernachtet man in der Sommer-Jugendherberge, ul. Poniatowskiego 3, Tel: 767 31 47.

Auf einem Grundstück neben dem Hotel ›Pod Klobukiem‹, ul. Osztyńska 4, besteht die Möglichkeit, auf einem kleinen hoteleigenen Zeltplatz zu campen.

Außer dem Hotelrestaurant des ›Pod Klobukiem‹ werben auch die Restaurants ›Biesiada‹, ul. Hoza, Tel: 767 31 23, und ›Ratuszowa‹, ul. Powstancow Warszawy 8, Tel: 767 31 79, um die Gunst der Gäste.

Das Hohe Tor

geblieben. Auf dem Weg von Lidzbark Warmiński/Heilsberg nach Dobre Miasto/Guttstadt kommt man fünf Kilometer vor Dobre Miasto durch den kleinen Ort Smolajny. Hier erhebt sich am steilen Ufer der Łyna ein barocker Palastkomplex der Bischöfe von Ermland.

Fährt man in die entgegengesetzte Richtung, gelangt man ins 23 Kilometer entfernte Bartoszyce/Bartenstein. Die Stadt selbst wurde im Krieg stark zerstört und bietet daher heute einen recht trostlosen Anblick. Nur eines der Stadttore und die Pfarrkirche – beide aus Backstein errichtet – erinnern an die Geschichte der Stadt. Die Burg, auf die die Stadtgründung zurückgeht, wurde schon vor Jahrhunderten niedergerissen. Die meisten Besucher Bartoszyces allerdings sind Transitreisende, die unterwegs zum 17 Kilometer entfernten Grenzübergang Bezledy/Bagrationowsk sind, dem bislang einzigen Grenzübergang zwischen Polen und dem Gebiet Kaliningrad.

Kein Wunder also, wenn die meisten Touristen lieber wieder nach Lidzbark Warmiński/Heilsberg zurückkehren. Zwar ist auch hier das touristische Angebot nicht überwältigend, doch werden wenigstens die Grundbedürfnisse befriedigt.

Malbork/Marienburg

Die Stadt ist vielen Menschen nur im Zusammenhang mit der gleichnamigen Ordensfestung ein Begriff. Die Marienburg gilt als eines der bedeutendsten Baudenkmäler Polens. Der Ort selbst erscheint im Schatten der Burg eher klein und unbedeutend.

Der Bau erhebt sich stolz über das Ufer der Nogat, des rechten Flußarmes der Weichsel. Die Festung wurde der erste von vielen Stützpunkten des Ritterordens und diente zugleich als Sitz des Ordenshochmeisters. Die Marienburg war Ausgangspunkt der Expansionszüge des Deutschen Ordens, die die Geschichte Polens für Jahrhunderte prägten.

Ende des 13. Jahrhunderts erbaut, gliedert sie sich in eine Vorburg mit Zeughaus und Kirche, in ein Mittelschloß, in dem der Hochmeister seine Residenz hatte, und in ein Hochschloß, in dem die Ordensbrüder lebten. Sie trafen sich täglich zu den Mahlzeiten im Westflügel des Mittelschlosses, wo sich das Sommer- und Winter-Refektorium befinden. Zentrum des klösterlichen Lebens war daneben der Innenhof des Hochschlosses, der von Kreuzgängen umgeben ist.

Sinnbild für die Machtgelüste des Deutschen Ordens: die Marienburg

Das gotische Rathaus von Malbork

Im Jahre 1457 verlor der Orden seine Burg. Sie wurde aber nicht von den Polen erobert, sondern gelangte auf andere Weise in polnische Hand: Nach aufreibenden Kriegen und Gebietsverlusten hatte der Orden kein Geld mehr, um seine Söldner zu bezahlen. Er mußte die Burg als Pfand an sein eigenes Heer geben. Die Söldner jedoch erwiesen sich als wenig loyal und warteten nicht, bis der Orden wieder genügend Geld hatte, die Burg auszulösen, sondern sie verkauften sie an den feindlichen polnischen König.

In späteren Zeiten regierten von hier aus die Statthalter des polnischen Königs. Die Burg wurde gegen Ende des Zweiten Weltkrieges erheblich beschädigt und zudem bei zwei Bränden 1959 und 1960 beinahe in Schutt und Asche gelegt. Inzwischen zeigt sich der weltgrößte gotische Backsteinbau wieder in alter Pracht und dient als Museum. In seinen Sälen fasziniert insbesondere die bedeutende Bernsteinsammlung.

Man sollte mit der Besichtigung der Marienburg zeitig beginnen, da der Rundgang nur innerhalb einer geführten Gruppe möglich ist und mehrere Stunden in Anspruch nimmt. Es werden natürlich auch deutschsprachige Führungen angeboten. In der fast 40 000 Einwohner zählenden Stadt wird der Architektur-Kenner das gotische Rathaus, die spätgotische Stadtpfarrkirche und die alten Stadtwälle einer Besichtigung für wert erachten. Die meisten Besucher Marienburgs besuchen die Stadt im Rahmen eines Tagesausflugs.

Vorwahl: 0 55. Das Reisebüro ›Mal-Tour‹, ul. Sienkiewicza 15, Tel/Fax: 72 26 14, gibt Auskunft zu allen touristischen Belangen und vermittelt auch Hotelzimmer.

Bestes Haus am Ort ist das Hotel ›Zamek‹, das im Schatten der Marienburg in der ul. Starościńska 14 gelegen ist, Tel: 72 33 67; die Preise für eine Übernachtung sind allerdings unverhältnismäßig hoch. Weitaus günstiger wohnt man im ›Zbyszko‹ in der ul. Kościuszki 43, Tel: 72 33 94, oder im ›Park-Hotel‹ des Ferien- und Sportzentrums in der ul. Portowa 3, Tel: 72 24 13. Privatzimmer werden durch den Zimmernachweis im benachbarten Elbląg/Elbing, ul. Grunwaldzka 49, Tel: 32 70 11, vermittelt.

Die Sommer-Jugendherberge liegt in der ul. Żeromskiego 45, Tel: 72 25 11.

Der Campingplatz des Sportzentrums befindet sich in der ul. Portowa 3, Tel: 72 24 13. Er ist von Juni bis August geöffnet. Hier werden auch Ferienbungalows vermietet.

Das beste Restaurant Malborks/Marienburgs ist das ›Nad Nogatem‹ am Plac Słowiański 5, das neben polnischer und chinesischer Küche jeden Samstag abend Live-Musik bietet. Auch in den Hotelrestaurants ›Zamkowa‹, ul. Starościnska 14, ›Zbyszko‹, ul. Kościuszki 43, und ›Dedal‹ kann man gut speisen. Das ›Gastronom‹ in der ul. Mickiewicza und der ›Klub Oficerski‹ in der ul. Sikorskiego 33 offerieren vor allem einheimische Küche.
Einen kleinen Snack bieten die ›Grill Bar‹ in der ul. Kościuszki 57, die Pizzeria in der ul. Kościuszki 25 und das ›Zacisze‹ in der ul. Sikorskiego 50 an.

Mierzeja Wislana/Frische Nehrung

Die Frische Nehrung zieht sich rund 70 Kilometer von der Weichselmündung nordostwärts in die Ostsee hinein und trennt das Zalew Wislany/Frische Haff vom offenen Meer. Die schmale Landzunge wird schon seit dem vorigen Jahrhundert als Erholungsgebiet genutzt. Kilometerlange Sandstrände und eine abwechslungsreiche Dünenlandschaft locken jeden Sommer Tausende sonnenhungriger Touristen an.

Leider darf man in den meisten Badeorten östlich von Gdańsk/Danzig heute nicht mehr in die Fluten steigen. Die Danziger Bucht ist der mit Abstand belastetste Abschnitt der Ostsee. Die traditionellen Badeorte Stegna/Steegen und Sztutowo/Stutthof laden daher nur noch zum Sonnenbaden ein.

Das Gebiet des Zalew Wislany/Frischen Haffs ist trotzdem größtenteils zum Naturpark erklärt worden. Ungeachtet des drohenden Umweltkollaps' wurde nahe des Fischerdorfes Katy Rybackie/Bodenwinkel ein Reservat für Kormorane und Graureiher eingerichtet. Eine noch in Betrieb befindliche Schmalspurbahn fährt im Sommer Besucher der Nehrung in die reizvollen Dünengebiete.

Die Idylle trügt: Das Wasser des Haffs ist stark mit Schadstoffen belastet

Seit mehr als hundert Jahren strömen Patienten aus ganz Polen und Mitteleuropa zu den Solequellen der Kleinstadt Krynica Morska/Kahlberg-Liep. In der Saison ist der kleine Kurort hoffnungslos überlaufen. Der Ort selbst hat jedoch nur wenig touristischen Reiz. Ein alter Leuchtturm ist das einzige Gebäude, das Interesse auf sich ziehen könnte.

Im Sommer verbinden Personenfähren Krynica Morska/Kahlberg-Liep über das Haff mit Elbląg/Elbing, Tolkmicko/Tolke und Frombork/Frauenburg. Wegen der starken Umweltbelastungen ist das Baden des im Sommer bis zu 28 °C warmen Wassers auch im Frischen Haff nicht erlaubt.

Wer trotzdem nicht auf ein erfrischendes Bad verzichten möchte, kann dem Baden am Strand östlich von Sztutowo/Stutthof frönen. Dort hat die Wasserverschmutzung noch nicht das gesundheitsbedrohende Ausmaß wie in der Danziger Küstenregion erreicht.

Die Frische Nehrung ist Teil der sogenannten Bernsteinküste, die sich von Gdańsk/Danzig bis hinter Kaliningrad/Königsberg erstreckt. Das Weichseldelta und der polnische Teil der Frischen Nehrung liefern bis zum heutigen Tage einen scheinbar unerschöpflichen Reichtum des Ostsee-Goldes. Nach einer sturmdurchtosten Nacht kann ein geübter Sammler am Strand wahre Schätze bergen.

Die Vorwahl auf die Frische Nehrung: 0 55.
Informationen über Freizeit- und Unterkunftsmöglichkeiten auf der Frischen Nehrung erhält man bei den örtlichen Touristeninformationen in Elbląg/Elbing, in der Städtischen Touristeninformation, ul. 1. Maja 30, Tel: 32 73 73, und PTTK, ul. Krótka 5, Tel: 32 74 54, sowie in Frombork/Frauenburg, PTTK, ul. Krasickiego 3, Tel: 43 73 52.

Unterkunftsmöglichkeiten auf der Frischen Nehrung sind nur beschränkt vorhanden, empfohlen werden kann die Pension ›Biały Dworek‹ in Kąty Rybackie/Bodenwinkel, ul. Rybacka 4, Tel: 47 87 75.

Schon etwas größer ist die Auswahl an Campingplätzen: in Krynica Morska/Kahlberg-Liep, ul. Marynarzy 1, Tel: 471 26 und in Stegna/Stegen, ul. Morska 12, Tel: 472 05, sowie in Kąty Rybackie/Bodenwinkel bei Sztutowo/Stutthof, ul. Morska, Tel: 47 87 05.

Jeden Sommer wird in Krynica Morska/Kahlberg-Liep eine Saison-Jugendherberge, ul. Kraszewskiego 158, Tel: 474 42 eröffnet. Außerdem gibt es Zimmernachweise in Krynica Morska/Kahlberg-Liep, ul. Gdańska 30, Tel: 47 61 55, sowie in Stegna/Stegen, ul. Gdańska 36 a, Tel: 47 82 98.

Mikołajki/Nikolaiken

Im Jahre 1444 wurde Mikołajki/Nikolaiken zum ersten Mal erwähnt und erhielt 1726 Stadtrecht. Seinen Namen verdankt das Städtchen dem Patron des ehemaligen Dorfes – dem heiligen Nikolaus – laut Legende Beschützer der Seeleute.

Trotzdem es nicht einmal die Ruine einer alten Ordensburg vorzuweisen hat, gilt Nikolaiken als eine der schönsten Städte der Region. Schon vor hundert Jahren war das Gebiet um Nikolaiken eine beliebte Sommerfrische für zivilisationsmüde Städter. Auch heute noch befinden sich die Touristen während der Saison in der nur 3800 Einwohner zählenden Stadt in der Überzahl.

Die Lage des Ortes an einer nördlichen Bucht des Jezioro Śniardwy/Spirdingsees haben ihn zu einem Paradies für Naturfreunde und Wassersportler werden lassen. Besonders Segler kommen in Nikolaiken auf ihre Kosten. Der Jezioro Śniardwy/Spirdingsee ist ein ideales Segelrevier. Dieser mit 120 Quadratkilometern größte masurische See ist durch Kanäle mit anderen Seen verbunden und bietet die Möglichkeit, auf dem Wasserwege bis nach Warszawa/Warschau zu gelan-

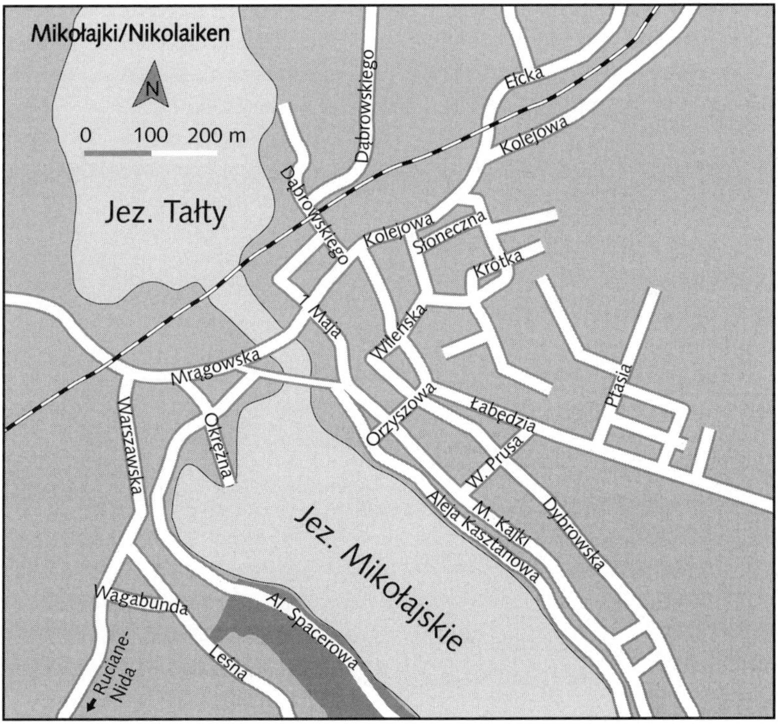

gen. Manche der Kanäle wurden schon von den Ordensrittern aus strategischen Überlegungen heraus angelegt. Heute sind viele davon fast verlandet und bieten nur noch dem Wassersportler Raum für sein Hobby.

Wer auf dem Wasserweg die Stadt durchquert, wird Bekanntschaft mit dem ›Stinthengst‹ machen. Dieses kuriose schwimmende Fischdenkmal erinnert an eine alte masurische Sage aus dem 16.Jahrhundert, von der verschiedene Varianten überliefert sind. Die am häufigsten wiedergegebene lautet stark verkürzt wie folgt: Einst wurde der See beherrscht von dem riesigen Stinthengst, dem ›König der Fische‹. Er war der Feind der Fischer, brachte ihre Boote zum Kentern und verbreitete damit Angst und Schrecken, so daß der Fischfang fast zum Erliegen kam und sich Hunger und Elend ausbreiteten. Erst einer tapferen Fischersfrau, die sich durch Gebete und Opfergaben der Unterstützung eines alten prußischen Gottes versichert hatte, war es zu verdanken, daß der tyrannische Fisch gefangen werden konnte. Als die Fischer auf dem Marktplatz über das Untier Gericht hielten, drohte der Stinthengst damit, daß bei seinem Tode alle Fische des Spirdingsees mit ihm zugrunde gehen würden. So beschlossen die Fischer, ihn nicht zu töten, sondern an einem Brückenpfeiler anzuketten. Noch heute ziert der Stinthengst das Wappen der Stadt. Zum Andenken an die Legende findet jedes Jahr im August das Stinthengstfestival statt. Als Höhepunkt des Festivals wird ein riesiger hölzerner Fisch am Pfeiler der Fußgängerbrücke angekettet, der symbolisch über die Sicherheit der Fischer und Segler wachen soll.

Der Stinthengst

Am Marktplatz in Mikołajki

Neben der Fußgängerbrücke befindet sich auch die Anlegestelle der Żegluga Mazurska/Weißen Flotte. Eine Schiffahrt über den Jezioro Śniardwy/Spirdingsee, nach Ruciane oder Gizycko ist von Ende April bis Oktober möglich.

Der Jezioro Śniardwy/Spirdingsee

Der See besitzt eine maximale Tiefe von 32 Metern und erstreckt sich über eine Länge von ca. 22 Kilometern. Er nimmt eine Fläche von ungefähr 11 340 Hektar ein. An den breitesten Stellen beträgt seine Ausdehnung fast 13 Kilometer, an den schmalsten fünf Kilometer. Damit ist der in der Eiszeit entstandene Jezioro Śniardwy der größte polnische See.

Im Norden und Osten sind die Ufer hoch, im Süden und Westen dagegen niedrig, direkt in die Wasserflächen der Johannisburger Heide übergehend. Im Südosten verengt sich der See zu einem Durchfluß in den Sekstysee, von welchem der Jaglińskikanal ausgeht, der den Śniardwysee mit dem Rossee vereinigt. Der Śniardwysee hat einige Nachbarseen, die in der Vergangenheit seine Buchten bildeten: Jezioro Łuknajno, Tuchlin, Tyrklo und Warnoly.

Der Grund des Sees ist uneben mit Untiefen und kleinen Senkungen. Diese Unterschiede haben zur Folge, daß der See für Segler, die ihn nicht kennen, sehr gefährlich ist. Eine zweite Gefahrenquelle bilden die zahlreichen Felsblöcke, die sich manchmal unmittelbar unter der Wasseroberfläche verstecken. Solche Felsblöcke sind vor allem im Bereich der Inseln und Halbinseln, auf der rechten Seeseite, beim Einmünden in den Jezioro Mikołajki, entlang des östlichen Ufers und in der Umgebung der Dörfer Nowe Guty und Kwik zu finden.

Schnelle Wetterwechsel sind typisch für den Śniardwysee. Plötzlich weicht die spiegelglatte Oberfläche einem hohen Wellengang, gepeitscht vom scharfen Wind und für all jene gefährlich, denen es nicht gelingt, sich an die Ufer zu flüchten. Auf Grund der hohen Schilfgürtel und steinigen Untiefen sind die Seeufer von der Wasserseite schwer zugänglich. Bequeme Stellen zum Anlegen befinden sich in der Nähe des Dorfes Dziubiele am Nordufer, in Okartowo im nordwestlichen sowie auch im südlichen Teil bei den Dörfern Zdory, Niedźwiedzi Róg und Popielno. Im See gibt es auch zwei Inseln, Pajecza und Czarcia, sowie zwei große Halbinseln, die früher Inseln waren und heute durch Aufschüttungen mit dem Festland verbunden sind: Ostrow und Kaczor. Zu den Inseln und Halbinseln gelangt man mit Kähnen, muß jedoch auf die Fels- und Steinblöcke in ihrer Umgebung achten.

Auf der Insel Czarcia befand sich von 1748 bis 1796 eine kleine preußische Festung, welche die Aufgabe hatte die Segeltrassen von Preußen nach Polen zu überwachen. Die Ausgrabungen der letzten Jahre belegen die Annahme, daß die Insel im 12. Jahrhundert eine Kultstätte der Prußen gewesen ist.

Zwei mit grünen Bojen markierte Segeltrassen führen über den See. Über die Trasse Mikołajki-Okartowo gelangt man zum Tyrklosee. Die Strecke Mikołajki-

Im Hafen von Mikołajki

Segelboote auf dem Jezioro Śniardwy

Pisz führt durch den Jeglińskikanal, über den Jezioro Ros und den Fluß Pisa zum Stausee Zegrze, in der Nähe von Warschau.

Den See und seine Ufer mit ihren breiten Schilfgürteln und Wäldern bevölkern zahlreiche Vogelarten. Hier leben Möwen, Kormorane und Fischreiher. Mit etwas Glück kann man auch Adler beobachten, deren Nester sich in den unzugänglichen Teilen der Wälder am nördlichen Ufer des Sees oder in den dichten Bewaldungen um den Warnotysee befinden.

Der Spirdingsee ist ein Paradies für Angler und Fischer, welche hier Hechte, Aale, Schleie, Barsche und Maränen fangen können.

Die erste historisch belegte Expedition durch die Großen Masurischen Seen war die Fahrt des Hochmeisters des Ritterordens, Winrich von Kniprode. Im Jahre 1379 fuhr er mit einem Boot von Ryn/Rhein aus durch den Tałtykanal über die Seen Jezioro Ryńskie, Mikołajki und Śniardwy auf den Jezioro Ros und kehrte über die Flüsse Pisa, Narwia und Weichsel nach Marienburg zurück. Heute kann jeder Segler diese Route nachvollziehen, indem er das gesamte Netz der Kanäle und Seen von Węgorzewo im Norden bis zum südlichen Pisz ausnutzt.

Fünf Kilometer östlich von Mikołajki/Nikolaiken liegt der Jezioro Łuknajno/ Luknainer See. An ihm verbringen jährlich über tausend wilde Schwäne und Graureiher die Sommermonate. Weil der See sehr flach ist, können die Schwäne ihre Nahrung leicht vom Seegrund aufnehmen. Das westliche Ufer bietet einen günstigen Platz, um von mehreren Hochsitzen aus die Tiere zu beobachten. Das

Vorwahl: 0 87. Die nächste Touristeninformation befindet sich in Giżycko/Lötzen: PTTK, ul. Nadbrzezna 11, Tel: 28 29 05. In Mikołajki/Nikolaiken selbst stehen ein Büro der masurischen Tourismusorganisation ›Wigry‹ in der ul. Kolejowa, Tel: 21 60 36, und das Reisebüro ›Sagit‹ am Plac Kościelny 1, Tel: 21 64 70, zur Verfügung.

Da Mikołajki/Nikolaiken ein traditionelles Zentrum des Tourismus ist, bieten sich hier zahlreiche Übernachtungsmöglichkeiten an. Besonders die kleinen Pensionen prägen das touristische Angebot. Es seien hier nur das ›Wodnik‹, ul. Kajki 130, Tel: 21 61 41, auf einem Bauernhof direkt am See, das ›Mikołajki‹, ul. Kajki 18, Tel: 21 64 37, (wegen des guten Essens empfieht es sich Mahlzeiten zu buchen), die Pension ›Na Skarpie‹, ul. Kajki 96, Tel: 21 64 18, und das Hotel ›Król Sielaw‹, ul. Kajki 4, Tel: 21 63 23, erwähnt. Sie liegen alle nur 20 bis 40 Meter vom Ufer des Jezioro Mikołajksie/Nikolaiker Sees entfernt.
Wassersportgeräte und zum Teil auch Fahrradverleih sind vorhanden. Diese Pensionen sind allerdings zum Teil außerhalb der Saison geschlossen.
Vorbestellungen sind über Orbis in Giżycko/Lötzen, ul. Dąbrowskiego 3, Tel: 28 31 50, möglich.
Nahe Mikołajki/Nikolaiken befindet sich auch das größte und teuerste Haus der Region: das Hotel ›Gołębiewski‹, ul. Mrągowska 34, Tel: 21 65 17, liegt in landschaftlich reizvoller Umgebung und verfügt über luxuriös ausgestattete Zimmer. Schönheitssalon, Sauna, Schwimmbad, mehrere Restaurants, Nachtclub und diverse weitere Freizeiteinrichtungen runden das Angebot ab.
Privatunterkünfte werden vom ›Wigry‹-Büro in der ul. Kolejowa vermittelt.

Reisende mit schmalerer Börse steuern den Campingplatz ›Wagabunda‹ an, ul. Leśna 2, Tel: 21 60 18, der auch über Bungalows verfügt. Leider hat der Platz keinen direkten Zugang zum See. Über einen 24stündig bewachten Parkplatz verfügt der Campingplatz des Mazurski Klub Żeglarski in der ul. Okrężna, Tel: 21 62 59.

Mit einer gemütlichen Kaffeestube wartet das Restaurant ›Portowa‹ am Plac Wolności, Tel: 21 63 23, auf. In diesem typischen Touristenrestaurant darf man keine großen Ansprüche an die Küche stellen. Die Preise sind fair. Auch das Hotelrestaurant des ›Król Sielaw‹ in der ul. Kajki 5, vor allem aber das des Vier-Sterne-Hotels ›Gołębiewski‹ in der ul. Mrągowska 34 sind zu empfehlen.

Wer bei einer guten Tasse Kaffee entspannen möchte, der ist am besten im Café des Hotels ›Gołębiewski‹ in der ul. Mrągowska 34 aufgehoben. Aber auch im Café des ›Portowa‹ oder im Café ›Mocca‹ läßt es sich nett sitzen und plaudern.

Segelboote werden zwar von Privat in Nikolaiken ausgeliehen, das eigentliche Wassersportzentrum befindet sich jedoch in Wierzba, fünf Kilometer südlich am Ende des Mikołajskie-Sees. Omega-Yollen können schon ab 20 DM pro Tag gemietet werden. Alles für den Segler sowie Lebensmittel und eine Grillbar sind in Wierzba vorhanden.

gesamte Gebiet ist zu einem streng geschützten Vogelreservat erklärt worden. Der See hat zwar eine schmale Wasserverbindung zum Jezioro Śniardwy/Spirdingsee, so daß sich für Wasserwanderer ein Abstecher hierher anbietet, doch sollte man mit Rücksicht auf die Vögel von dieser Möglichkeit keinen Gebrauch machen.

Ruciane/Rudschanny

Bei einem Aufenthalt in Mikołajki/Nikolaiken wird der Besucher gewiß auch den schönen Ort Ruciane/Rudschanny kennenlernen wollen. Das Städtchen wurde schon vor dreißig Jahren mit dem Dorf Nida/Nieder vereinigt und heißt nun Ruciane-Nida. Es hat knapp 5000 Einwohner. Auch dieser Ort zeichnet sich ebenso wie Mikołajki/Nikolaiken durch eine traumhaft schöne Lage zwischen zwei Seen aus: im Norden erstreckt sich der Jezioro Bełdany/Beldahnsee und im Süden der Jezioro Nidzkie/Niedersee. Der 18 Quadratkilometer große Jezioro Niedzkie gilt als einer der schönsten Seen Masurens. Die Umgebung des Ortes ist besonders waldreich, sie gehört zur Puszcza Piska/Johannisburger Heide (siehe dort). Der Weg von Mikołajki nach Ruciane-Nida ist sowohl auf dem Wasser als auch auf dem Land ein Naturerlebnis: der Wanderweg führt 23 Kilometer am bewaldeten Seeufer entlang. Wasserwanderer starten von Mikołajki aus in südlicher Richtung und paddeln durch den Jezioro Mikolajskie/Nikolaiker See, einem Ausläufer des Jezioro Śniardwy/Spirdingsees, in den Jezioro Bełdany/Beldahnsee. Zahlreiche Biwakplätze am Ufer laden zur Rast ein.

Der Ausflugsdampfer verkehrt in der Saison regelmäßig zwischen den beiden Orten. Die Fahrt dauert zwei Stunden. Viele Touristen gestalten ihren Tagesausflug so, daß sie morgens zu Fuß nach Ruciane-Nida wandern und abends mit dem Schiff nach Mikołajki/Nikolaiken heimkehren. Aber es besteht auch die Möglichkeit, in Ruciane-Nida Quartier zu beziehen.

Im Segelhafen von Ruciane-Nida

Der Kopernikus-Turm in Frombork

Vorwahl: 087. Direkt am Jezioro Nidzkie/Niedersee findet der Tourist die Pension ›Guzianka‹ in der ul. Guzianka 5, Tel: 23 10 57, die auf dem angrenzenden Gelände auch Bungalows vermietet.
Die Pension ›Złote Wrota‹, in Stare Sady 3 a, Tel: 08 78/21 65 20, sechs Kilometer von Mikołajki, am Ufer des Tałtysee gelegen verfügt neben Ein- bis Dreibettzimmern auch über gut ausgestattete Bungalows für vier Personen.
Auf halber Strecke zwischen Mikołajki/Nikolaiken und Ruciane-Nida in Iznota-Bartłowo und besonders schön gelegen, nämlich direkt an der Mündung der Krutynia/Kruttinna in den Jezioro Bełdany/Beldahnsee, bietet eine neue private Ferienanlage mit dem wohlklingenden Namen ›Masurisches Eden‹ sowohl in einer gut ausgestatteten Pension als auch auf dem Naturcampingplatz am Seeufer für naturverbundene Touristen einen angenehmen Aufenthalt. Boote verschiedener Typen, Surfbretter und Fahrräder sowie Angelausrüstung können ausgeliehen werden, Tel: 087/23 16 69.

Das PTTK-Wanderheim in der ul. Mazurska 6, Tel: 23 10 06, liegt mitten im Ort Ruciane-Nida. Das Wanderheim ›Perła Jezior‹ hingegen befindet sich am See in der Aleja Wczasów 15, Tel: 23 10 44.

Ebenfalls am See gelegen ist der PTTK-Campingplatz in der Aleja Wczasów 17, Tel: 23 10 12. Der Campingplatz des Wanderheimes in der ul. Mazurska 6 bietet sich als Alternative an, wenn der Platz am See ausgebucht ist.

Das Restaurant ›Grendial‹ im Zentrum des Ortsteils Nida bietet übliche Küche zu günstigen Preisen. Man sitzt jedoch auf einfachen Plastikstühlen.
In Ruciane ist das Restaurant ›Kormoran‹ wegen seiner Lage am kleinen Segelhafen zu empfehlen. Der heruntergekommene sozialistische Bau wirkt wenig attraktiv, jedoch bietet die Speisenkarte zehn verschiedene heimische Fischsorten – eine Seltenheit in Masuren!

In der Gegend von Iznota siedelten zwischen 500 v. Chr. bis 1300 n. Chr. die Stämme der Galinden. Spuren ihres Lebens und Ausgrabungen sind in dem Freilichtmuseum ›Galinda‹ zu besichtigen.

Bronzene Ordensritter in der Marienburg
Die Marienburg – Zentrum der einstigen Ordensmacht

Touren rund um Mikołajki/Nikolaiken

Generell gibt es rund um Nikolaiken zwar viele kleine Ortschaften, doch ist das Einkaufs- und Gastronomieangebot häufig auf kleine Imbißstationen beschränkt. Segler, Wasserwanderer, Fahrradfahrer und Spaziergänger sollten daher bei längeren Touren stets eigenen Proviant bei sich führen.

Neben der Möglichkeit die Umgebung von Mikołajki/Nikolaiken mit ihren historisch und landschaflich reizvollen Orten auf dem Wasserweg zu erkunden, bieten sich auch zahlreiche Rad- oder Wandertouren an. Die hier beschriebenen, die an einem Tag zu bewältigen sind, sollen lediglich als Anregung dienen.

1. Mikołajki – Wierzba – Popielno – Mikołajki (25 Kilometer)

Das Dörfchen Popielno liegt auf einer Halbinsel zwischen dem Jezioro Śniardwy und dem Jezioro Bełdan. Die Wälder um Popielno gehören zu einem Reservat, wo man auf die hier frei lebenden Tarpan-Pferde treffen kann. Sie sind so zutraulich, daß sie sich sogar streicheln lassen. Auf der rechten Seite der durch das Reservat führenden Straße befinden sich der kleine und der große Smolaksee.

Man verläßt Mikołajki auf der nach Utka führenden Straße und biegt links ab in die Straße ul. Leśna. Hinter dem Campingplatz ›Wagabunda‹ geht der schmale Asphaltweg in einen Waldweg über, der am westlichen Ufer des Jezioro Mikołajki entlang führt. An der Siedlung Kulinowo vorbei kommt man geradeaus weiter

Landschaft bei Ruciane-Nida

zum Forsthaus Śniardwy. Dort biegt man rechts ab auf eine Waldstraße, auf der nach drei Kilometern der Fähranleger nach Wierzba am Jezioro Bełdan erreicht wird. Die Fähre verkehrt von Mai bis Oktober stündlich von 9 bis 17 Uhr. Nach dem Übersetzen mit der Fähre kommt nach wenigen Metern eine Kreuzung, die – geradeaus befahren – ins Dorf führt. Hält man sich an der Kreuzung rechts, gelangt man nach Überqueren einer kleinen Brücke ins Reservat Popielno. Nach vier Kilometern ist rechter Hand der große und zwei Kilometer weiter der kleine Smolaksee zu sehen. Der Rückweg führt über das Dorf Wejsuny auf die Landstraße von Ruciane nach Ukta und weiter nach Mikołajki.

2. Mikołajki – Tałty – Jezioro Tałtowski – Skorupki – Tałty – Mikołajki (22 Kilometer)

Der Weg führt über die ul. Kolejowa zum Bahnübergang und biegt dahinter nach links, in Richtung Tałty. Am Ostufer des Jezioro Tałty-Ryńskie entlang geht es nach Norden. Bald ist das 1512 von polnischen Siedlern gegründete Dorf Tałty erreicht. Nach der Dorfdurchfahrt führt ein Feldweg weiter zum Tałterkanal. Nach Überqueren der Brücke auf dem Feldweg kommt man zu einer Kreuzung, an welcher man sich links hält. Nach Verlassen des Waldes kommt das Dorf Skorupki – ein kleines Erholungszentrum am Ufer des Jezioro Tałty-Ryńskie – in Sicht. Für den Rückweg wird der vor dem Dorf gelegene Feldweg, der zur Tałterkanalbrücke und danach weiter nach Mikołajki führt, genutzt.

Pferde in der Nähe von Popielno

Mrągowo/Sensburg

Mrągowo/Sensburg ist ein beliebter Ferienort mit vielen Erholungs- und Sportmöglichkeiten. Die heute 21 000 Einwohner umfassende Gemeinde liegt direkt an der Hauptstraße der Masurischen Seenplatte – und zwar zwischen Biskupiec/-Bischofsburg und Mikołajki/Nikolaiken.

Im Schatten der Burg des Deutschen Ordens ließen sich hier bereits im Jahr 1338 die ersten Bauern und Handwerker nieder. Das Stadtrecht wurde der Ansiedlung 1405 verliehen. Bis zum Ende des Zweiten Weltkrieges trug der Ort im Polnischen den Namen Zadzbork. Im Jahre 1947 tauften die Einwohner ihre Stadt nach dem polnischen Sprachwissenschaftler und Schriftsteller Krzysztof Mragowiusz (1764 bis 1855) in Mrągowo um.

Zu den Architekturdenkmälern Mrągowos/Sensburgs gehören die evangelische Kirche aus dem 18. Jahrhundert, die Anfang des 20. Jahrhundert erweitert wurde, das Rathaus von 1824, in dem das kleine Heimatkundemuseum untergebracht ist, und der Speicher aus dem ausgehenden 18. Jahrhundert. Alljährlich im August veranstalten die Stadtväter das weit über die Grenzen Masurens hinaus bekannte und stets gut besuchte Internationale Volksmusikfest. Im Sommer lockt die wunderschöne Umgebung Mrągowos zahlreiche Kanuten und Wanderer an.

Die Stadt liegt zwischen dem Jezioro Czos/Schoßsee und dem Jezioro Juno/ Junosee, an denen auch Angler ihre helle Freude haben. Diese Gewässer sind Teil einer Seenkette, die sich von Święta Lipka/Heiligelinde fast bis Piecki/Peitschendorf zieht. Diese herrliche Route ist vor allem unter Paddelfreunden längst kein Geheimtip mehr.Der letzte Gletscher hat um Mrągowo/Sensburg herum viele Moränenhügel hinterlassen. Erholungssuchende finden hier jetzt viele ruhige Wanderwege durch die mächtigen Wälder.

Für einen Tagesausflug bieten sich das nur zwölf Kilometer westlich gelegene Sorkwity/Sorquitten (siehe dort), der 22 Kilometer nördlich gelegene Wallfahrtsort Święta Lipka/Heiligelinde (siehe dort) sowie das Städtchen Ryn/Rhein an.

Ryn liegt 20 Kilometer nordöstlich an der Nordspitze des schönen Jezioro Ryńskie/Reinschersees, der durch andere Seen mit dem Jezioro Śniardwy/Spirdingsee verbunden ist. Daher zählt die Stadt zu den bei Wasserwanderern beliebten Anlaufpunkten. Auch hier errichtete der Deutsche Orden eine Burg. Sie stammt aus dem 14. Jahrhundert und beherbergt heute ein Heimatmuseum.

Vorwahl: 0 89. Das örtliche Touristenbüro in der ul. Ratuszowa 8, Tel: 74 20 51, hilft mit Informationen und der Vermittlung von Privatzimmern. Auskünfte erhält man auch im Orbis-Hotel ›Mrongovia‹, ul. Giżycka 6, Tel: 74 32 21.

In Mrągowo/Sensburg befindet sich eines der modernsten Hotels der Gegend, das ›Mrongovia‹, ul. Giżycka 6, Tel: 74 32 21.

Familien und Einzelpersonen mit schmaler Geldbörse sollten sich nach einer preiswerteren Unterkunft umsehen. So beispielsweise im Hotel ›Meltur‹, ul. Sienkiewicza 16, Tel: 74 29 00.

Familiärer untergebracht ist man allerdings in den Pensionen des Ortes, so etwa im ›Solar‹ in der ul. Jaszczurcza Góra 24, Tel: 74 24 84, oder in den benachbarten Pensionen ›Eva‹, ul. Jaszczurcza Góra 14, Tel: 74 31 16, und ›Panoramik‹, ul. Jaszczurcza Góra 16, Tel: 74 39 70.

Urlaub auf dem Bauernhof kann man in der Nähe bei Bauer Stachelek machen, direkt an dem kleinen Kutz See: ul. Kosewo, Tel: 74 85 96.

Lediglich acht Kilometer von Mrągowo/Sensburg entfernt liegt an der Landstraße nach Kętrzyn/ Rastenburg die Pension ›Nad Saletem‹, Ruska Wies, Tel: 74 31 55.

Besonders für naturverbundene Wassersportler lohnt der etwas weitere Weg ins 25 Kilometer weiter südlich gelegene Stare Kiełbonki/Altekelbunken. Hier liegt direkt am Ufer des Jezioro Zyzdrój Wielki/Großen Sysdroy-Sees die familiär geführte Erholungsanlage ›Kanu Club‹. Die Anlage verfügt über eine schlichte Pension, Ferienhäuser, Bungalows und einen Campingplatz. Masurische Gerichte werden in dem eigenen kleinen Restaurant angeboten.

Rucksacktouristen ziehen meist das Wanderheim in Mrągowo/ Sensburg, ul. Warszawska 10, Tel: 74 35 72, vor.

Auch der Campingplatz ›Mazur-Tourist‹, ul. Jaszczurcza Gora 1, Tel: 74 25 33, wird von naturverbundenen Touristen gern besucht, zumal es auch möglich ist, Bungalows zu mieten.

Preiswerte Speisen und Getränke in behaglicher Atmosphäre bietet der Wirt im Restaurant ›Fregata‹, Plac Majki 5, Tel: 74 30 47. Eine gute internationale, aber teure Küche findet der anspruchsvolle Gast im Hotelrestaurant ›Błękitna‹ im ›Mrongovia‹.

In Ryn/Rhein bietet sich das Restaurant ›Karczma‹ mit deftiger und einfacher polnischer Küche an, pl. Wolnosci 3 a.

Ebenfalls im Hotel ›Mrongovia‹ ist das schmucke Café ›Carmen‹ untergebracht, wo man abends auch Tanzen gehen kann.

Olecko/Treuburg

Im Schnittpunkt der Straßen von Giżycko/Lötzen nach Suwałki und Ełk/Lyk nach Gołdap liegt das Städtchen Olecko. Kein Wunder also, daß viele Touristen hier Halt machen. Seine Entstehung verdankt der Ort dem Zusammentreffen zweier Staatsmänner im Jahre 1560: Herzog Albrecht von Brandenburg traf sich in seinem Jagdhaus Oletzko mit seinem Vetter, dem Polenkönig Sigismund August II.

Nach einer erfolgreichen Jagd kamen die beiden überein, daß jeder von ihnen zur Erinnerung an diese Begegnung auf seinem Land eine Stadt gründen solle. Sigismund August gründete, wie bekannt ist, die Stadt Augustów, Herzog Albrecht eine Stadt namens Marggrabowa, deren Name sich von dem markgräfischen Titel Albrechts ableitete. Die Stadt wurde systematisch angelegt und erhielt Kulmer Stadtrecht. Durch die Pest und Feuersbrünste sank die Bevölkerungszahl der Stadt, die sich über mehrere Jahrhunderte mühsam entwickelt hatte, im Jahre 1721 auf unter hundert Einwohner. Bald aber, als Marggrabowa durch gute Fahrwege mit anderen Städten verbunden wurde, strömten neue Bewohner hierher.

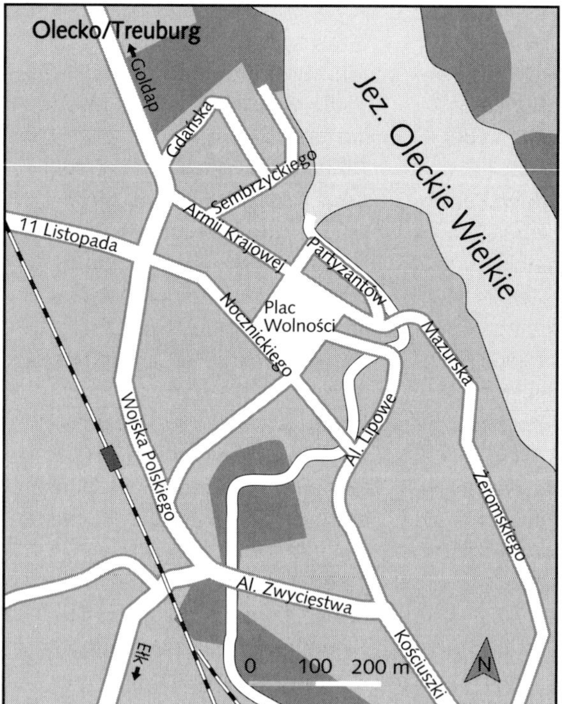

Den Namen Treuburg erhielt die Stadt erst 1928, weil bei einer Volksabstimmung, bei der sich die Bevölkerung entscheiden konnte, ob Masuren deutsch oder polnisch werden sollte, in Marggrabowa nicht eine Stimme für Polen abgegeben wurde.

Während des Zweiten Weltkrieges wurde die Stadt weitgehend zerstört. Die polnische Bevölkerung, von der die Stadt nach dem Kriege bewohnt wurde, wählte den neuen Ortsnamen Olecko.

Bedingt durch die Kriegszerstörung lassen sich heute keine historischen Gebäude mehr besichtigen. Deutsche Heimwehtouristen wird der Weg zum Kriegerdenkmal in der Grünanlage am Treuburger-See führen. Das aus Feldsteinen erbaute Mahnmal erinnert auch im heutigen Polen an die Gefallenen des Ersten Weltkrieges und wird weiterhin gepflegt.

Vorwahl: 01 16. Touristische Auskünfte erteilen das PTTK-Büro in der ul. 11. Listopada 3, Tel: 27 85, und die Touristeninformation der Pension ›Mosir‹ in der ul. Park 1, Tel: 20 48.

Zwischen zwei Pensionen können die Besucher Oleckos/Treuburgs wählen: dem ›Wigry‹ in der ul. Sembrzyckiego 33, Tel: 22 49, und dem ›Mosir‹ in der ul. Park 1, Tel: 20 48

Das ›Wigry‹ in der ul. Sembrzyckiego 33, Tel: 22 49, unterhält auch ein Wanderheim, das Besuchern, die wenig Wert auf Komfort legen, ein preisgünstiges Quartier sein wird.

Im vier Kilometer weiter nördlich gelegenen Sedranki, am östlichen Ende des Jezioro Sedraneckie, befindet sich ein Campingplatz, der in der Nähe des Seeufers liegt.

Gute masurische Speisen erhält man im Restaurant ›Nowoczesna‹, ul. Partyzantów 2, Tel: 25 68, im ›Katamaran‹, ul. Czerwonego Krzyża 8, Tel: 21 93, und im ›Czar Północy‹, ul. Gołdapska 12, Tel: 26 43. Wer nur eine Kleinigkeit zu sich nehmen möchte, wird im ›Cola‹, ul. Wojska Polskiego, Tel: 24 88, im ›Koala‹, Plac Wolności 14, Tel: 22 91, oder im ›Taras‹, ul. Czerwonego Krzyża 2, gut bedient. Bei den polnischen Gästen steht die Pizzeria in der ul. Kolejowa 14 a hoch im Kurs.

Erfrischung und Erholung vom Bummeln findet man in den Cafés der Stadt, wie etwa im ›Zamkowa‹ in der ul. Zamkowa 1, im ›Kafejka‹ in der ul. Kolejowa 1, im ›Adria‹ in der ul. Grundwaldzka 2, im ›Maczek‹ in der ul. Słowackiego 13 oder im ›Danusia‹ am Plac Wolności 5 a.

Olsztyn/Allenstein

Im Herzen von Masuren liegt sein kulturelles und wirtschaftliches Zentrum – Olsztyn/Allenstein. Eingebettet in eine wald- und seenreiche Umgebung zieht der alte, ehemals deutsche Ort vor allem in den Sommermonaten zahlreiche Kanuten und Segelfreunde an. In den Gassen der rekonstruierten Altstadt drängen sich fast das ganze Jahr über Besucher aus aller Welt. Im Kontrast dazu stehen jedoch die Neubausiedlungen und Gewerbegebiete, von denen die Stadt seit den sechziger Jahren umgeben ist.

Zur Touristenattraktion in der 150 000 Einwohner zählenden Stadt avancierte die alles überragende Stadtburg in der Straße ul. Zamkowa. Hinter den Mauern dieser Festung wirkte unter anderem der legendäre Astronom Nikolaus Kopernikus. Die Burg wurde in der zweiten Hälfte des 14. Jahrhunderts von Ordensrittern

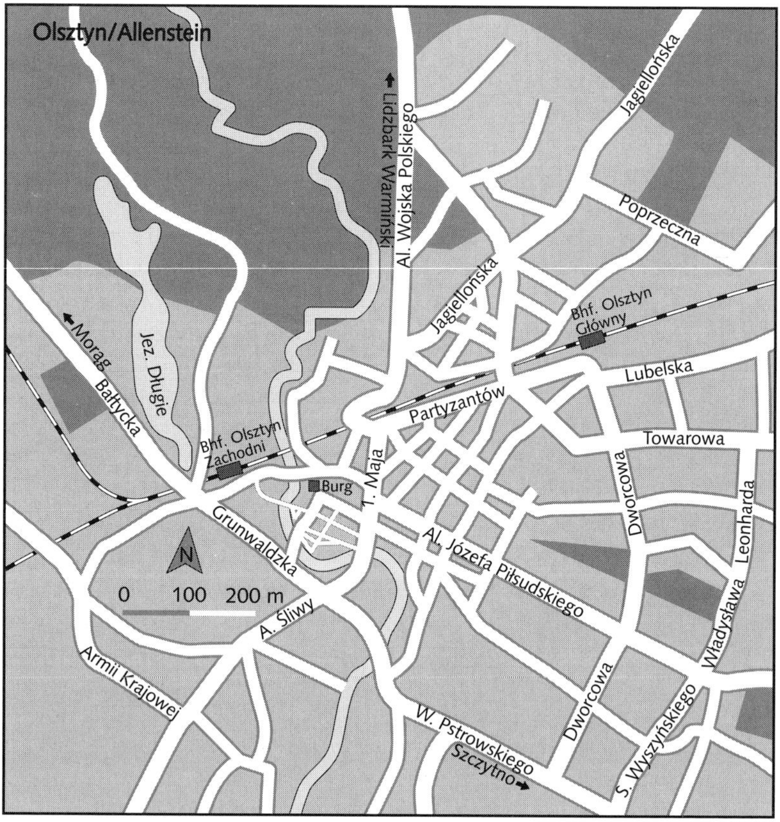

errichtet und in den folgenden Jahrhunderten immer wieder durch Umbauten stark verändert. An einer Mauer des nördlichen Burgflügels ist ein Fragment der von Kopernikus angefertigten Astronomietafel angebracht, die er für seine wissenschaftlichen Untersuchungen anfertigte. Den Backsteinbau, der im Jahre 1945 teilweise zerstört worden war, hat man originalgetreu wiedererrichtet. Heute beherbergt er das Regionalgeschichtliche Museum. Zu seinen interessantesten Abteilungen gehören die Ausstellungen über masurische Volkskunst.

Nikolaus Kopernikus begegnet dem Besucher des modernen Olsztyn/Allenstein immer noch auf Schritt und Tritt: sei es, durch die zahlreichen Gedenktafeln, sei es, durch die vielen Hinweisschilder zum Kopernikus-Planetarium in der Aleja Zwyciestwa 38, geöffnet dienstags bis freitags von 10.30 bis 18 Uhr. Das Planetarium wurde 1973 zum Gedenken an den 500. Geburtstag des Astronomen errichtet. Es unterscheidet sich von anderen Planetarien dadurch, daß es den Weltraum nicht aus der Sicht der Erdbewohner, sondern aus der Perspektive von Astronauten zeigt.

Im nahegelegenen Altstadtviertel ließen sich vor allem Künstler und Kunsthandwerker nieder, die bei schönem Wetter ihre Arbeiten in den schmalen Straßen feilbieten. Beliebte Fotomotive sind die mit viel Liebe zum Detail rekonstruierten Bürgerhäuser der sogenannten nordöstlichen Marktstraßenfront aus dem 18. Jahrhundert, welche sich in unmittelbarer Nähe der evangelisch-augsburgischen Kirche befinden. Drei dieser Häuschen besaßen statt des Erdgeschosses eine Fußgängerpassage. Leider verloren die Häuser durch mehrmalige Umbauten viel von ihrem einstigen architektonischen Wert. Die geringsten baulichen Veränderungen erfuhren Haus eins und zwei – ihr Bild blieb dem 18. Jahrhundert treu. In Olsztyns Straßen fallen dem Besucher sicher auch zahlreiche im Jugendstil gestaltete Häuser auf, die um die Jahrhundertwende entstanden. Das größte und interessanteste dieser Gebäude befindet sich in der ul. Dąbrowszczaków 3. Ungefähr zur selben Zeit wie das Schloß wurde auch die Pfarrkirche St. Jacobi am Altstadtrand erbaut. Das ursprünglich im gotischen Stil errichtete Gotteshaus aus der zweiten Hälfte des 14. Jahrhundert wurde im Laufe der Jahrhunderte mehrfach architektonisch umgestaltet. Architekturhistorikern gilt es als ein bedeutender spätgotischer Ziegelbau. Seit 1973 ist die Kirche Bischofssitz.

An der ul. Grunwaldzka befindet sich die Jerusalem Kapelle, die im 15. Jahrhundert entstand. Der wertvolle, original erhalten gebliebene Altar wurde schon 1570 in einem Schriftstück erwähnt.

Einst umgab eine mächtige Wehrmauer die Stadt. Von den zwanzig Basteien blieb nur der Turm des Hohen Tores/Wieza Bramy Gornej in der ul. 22 Lipca aus dem Ende des 14. Jahrhunderts übrig. Dieser präsentiert sich seit seiner Umgestaltung zum Gefängnis 1858 in neugotischer Pracht. Heute wird das Hohe Tor als Touristenobjekt genutzt, das auch ein Ausflugsheim beherbergt.

Nicht nur Kopernikus lebte einige Zeit in Olsztyn – im Haus Nr. 8-10 der heutigen ul. Staromiejska verbrachte Erich Mendelsohn, einer der berühmtesten Architekten des 20. Jahrhunderts, seine Kindheit.

In der Umgebung Olsztyns/Allensteins laden der Jezioro Trackie/Langesee, der Jezioro Ukiel/Okullsee, der Jezioro Kortowskie/Großkortsee, der Jezioro Skanda/Skandasee sowie zahlreiche Flüsse und Kanäle Wasserwanderer zu ausgedehnten Touren ein. Weniger sportbegeisterte Besucher benutzen einen der Ausflugsdampfer, die auf dem Jezioro Ukiel ihre Runden drehen. Mittlerweile haben die Stadtväter die Renaturierung der zum Teil stark belasteten Gewässer in Angriff genommen. Wenn diese Projekte abgeschlossen sind, erhalten die herrlichen Badestrände an diesen Seen ihren ursprünglichen Erholungswert zurück.

Busbahnhof in Olsztyn: Hier wirbt man schon für Reisen ins Baltikum und ins Königsberger Gebiet

Wer den Reiz der masurischen Landschaft aus der Vogelperspektive genießen möchte, hat dazu bei einem Rundflug Gelegenheit. Der Aeroklub, ul. Sielska 34, Tel: 27 52 40, und die Firma Air-Touristik, ul. Lotnicza 1, Tel: 27 20 15 bieten solche Flüge an. Das Flugfeld befindet sich in Dajtki am westlichen Stadtrand, an der Nationalstraße 16.

Vorwahl: 0 89. Stilgerecht untergebracht ist das PTTK-Büro, es residiert am Hohen Tor, dem Wysoka Brama, Tel: 527 27 38. Das Orbis-Büro befindet sich in der ul. Dąbrowszczakow 1, Tel: 527 46 74 und ›Mazur-Tourist‹ in der ul. Staromiejska 6, Tel: 527 56 55. Olsztyn/Allenstein ist für viele Masuren-Besucher Ausgangs- oder Endpunkt ihrer Reise. Dementsprechend gibt es hier eine große Anzahl von Hotels und Pensionen.

Das Vier-Sterne-Hotel Hotel ›Kormoran‹, Plac Konstytucji 3. Maja 4, Tel: 5 33 58 64, findet der Tourist in wenig schöner, aber verkehrsgünstiger Lage am Hauptbahnhof. Das ›Novotel‹, ul. Sielska 4 a, Tel: 527 40 81, hingegen liegt malerisch an einer Bucht des Jezioro Ukiel/Okull-Sees. Den Gästen dieses Vier-Sterne-Hauses mit Restaurant – geöffnet von 9 bis 4 Uhr – stehen auch kostenlos Fahrräder zur Verfügung. Für deutsche Gäste sicherlich die beste Wahl ist das Hotel ›Park‹ in der ul. Warszawska 119, Tel: 523 66 04. Neben dem üblichen Standard verfügt es über eine Satelliten-Telefonverbindung, die natürlich besonders Gästen des westlichen Auslandes zugute kommt. Zudem sind in dem Ende 1992 eröffneten Drei-Sterne-Haus mehrere Zimmer behindertengerecht ausgestattet. Bei dem Hotel ›Relax‹, ul. Żołnierska 13a, Tel: 527 75 34, handelt es sich um ein komfortables Quartier neben dem Sportzentrum. Relativ preiswert und doch sehr gut ausgestattet ist das Hotel ›Warmiński‹, ul. Głowackiego 8, Tel: 533 53 53, nahe der Altstadt. Eine Alternative zu diesen Hotels stellt die acht Kilometer nördlich von Allenstein gelege Pension ›Kama‹, Olsztyn 2, Słupy 31, Tel: 526 98 74, dar. Die Anfahrt ist mit dem Stadtbus 8 möglich. Das am See gelegene Haus bietet seinen Gästen neben gutem Essen auch einen eigenen Segelbootverleih.

Mit schlichtem Komfort, aber die Börse schonend, präsentieren sich das Wanderheim ›Nad Łyną‹, al. Wojska Polskiego 14, Tel: 526 71 66, und das PTTK-Wanderheim im Hohen Tor, ul. Staromiejska 1, Tel: 527 36 75.

Die ganzjährig geöffnete Jugendherberge befindet sich in der ul. Kopernika 45, Tel: 527 66 50.

Für Naturfreunde gibt es allerdings keine Alternative zum gut ausgestatteten Campingplatz, der sich sieben Kilometer westlich des Stadtzentrums, an der ul. Sielska 12, Tel: 527 12 53 befindet. Er ist mit dem Autobus der Linie 7 gut zu erreichen.

Von den vielen Restaurants seien an dieser Stelle nur einige der besten genannt: Das ›Feta‹, ul. Żołnierska 43, Tel: 533 37 05; das ›Francuska‹, ul. Mickiewicza, Tel: 527 53 01, ein geschmackvoll eingerichtetes Luxusrestaurant mit französischer Küche, das berühmt ist für seine zarten Chateaubriands, aber berüchtigt wegen der hohen Preise, geöffnet von 10 bis 21 Uhr; das ›Frykas‹, ul. Kołobrzeska 43, Tel: 533 20 80; das ›Kormoran‹, Plac Konstytucji 3. Maja, Tel: 533 58 64; das ›Nowoczesna‹, ul. Kościuszki 49, Tel: 533 46 72, geöffnet von 8 bis 1 Uhr; und das ›Andromeda‹ im Planetarium, Aleja Piłsudskiego, Tel: 533 46 30, geöffnet von 13 bis 4 Uhr.

Im Ethnografischen Museum von Olsztynek

Olsztynek/Hohenstein

Direkt an der Europastraße 77 liegt dieses nur 6000 Einwohner zählende Städtchen. Erhalten geblieben ist hier die Burg, die auf eine Gründung des Deutschen Ordens um 1400 zurückgeht und heute als Schulhaus dient. Es finden sich ebenso Reste der alten Stadtmauer aus der gleichen Zeit.

Wesentlich mehr Besucher werden von dem Ethnographischen Freilichtmuseum, ul. Sportowa 21, auf einer kleinen Anhöhe am Stadtrand angezogen. Hier haben Ethnologen ein Dorf wiederaufgebaut, das dem Besucher anhand zahlreicher Beispiele die frühen bäuerlichen Architekturformen Masurens zeigt.

Vorwahl: 0 89. Die nächsten Touristeninformationen befinden sich in Olsztyn/Allenstein.

Im Ort selbst bietet sich die schlichte Pension ›Mazurski‹, ul. Gdańska 15, Tel: 519 28 85 an.
Wer etwas mehr Geld für seine Übernachtung ausgeben möchte, sollte das sehr gut ausgestattete Luxus-Erholungszentrum ›Kormoran‹ in Mierki, Tel: 527 94 39, ansteuern: Es liegt fünf Kilometer von Olsztynek entfernt am besonders sauberen Jezioro Pluszne/Plautziger See inmitten herrlicher Wälder.

Ostróda/Osterode

Ostróda/Osterode ist berühmt wegen des Oberländischen Kanals, der die Stadt mit Elbląg/Elbing verbindet (siehe dort). Ostróda bildet den Ausgangspunkt vieler Paddeltouren. Traditionell treffen sich in diesem Ort die Wassersportler, um Erfahrungen über die zurückgelegten Strecken auszutauschen und Proviant und Ausrüstung zu ergänzen. Die Tourismusindustrie hat die günstige Lage der 32 000 Einwohner zählenden Stadt am Ostufer des Jezioro Drwęckie/Drewenzsee erkannt, welcher durch zahlreiche Kanäle nicht nur mit anderen Seen, sondern sogar mit dem Frischen Haff verbunden ist (siehe Frische Nehrung und Frisches Haff). Ostróda hat sich zu einem Wassersport-Tourismuszentrum entwickelt. Wer nicht mit dem eigenen Boot unterwegs ist, hat die Möglichkeit, von hier aus mit Ausflugsschiffen bis nach Elbląg zu fahren.

Der Deutsche Orden erbaute an diesem Ort im Jahre 1329 eine seiner Burgen, die jedoch vor Generationen zum größten Teil ein Raub der Flammen wurde. Daher beschränkt sich das touristische Interesse beim Besuch Ostródas/Osterodes auf das Naturerleben.

Spannender Ausflug: eine Schiffahrt auf dem Oberländischen Kanal

Das gotische Rathaus von Morąg

Eine frühe technische Meisterleistung stellen die Vorrichtungen zum Schiffstransport über Land dar, für die der Oberländische Kanal berühmt ist. Auf der 81 Kilometer langen Strecke überwinden die Schiffe einen Höhenunterschied von zusammen fast hundert Metern. Neben zwei Schleusen sorgen dafür besondere technische Anlagen, mit deren Hilfe die Schiffe auf Gleitkarren über Land gezogen werden. Heute besitzt der 1848 auf Anordnung von Kaiser Friedrich Wilhelm I. erbaute Kanal kaum noch eine wirtschaftliche Bedeutung. Um so größer ist das Interesse der Technikbegeisterten an den unverändert funktionsfähigen Anlagen. Eine im Zeitalter von Umweltschutz und Energieeinsparung besonders interessante Tatsache ist, daß alle Vorrichtungen ohne Fremdenergie auskommen. Sie werden ausschließlich von der Wasserkraft des Kanals betrieben.

Eine Fahrt mit dem Ausflugsschiff von Ostróda/Osterode nach Elbląg/Elbing dauert rund zehn Stunden. Die Schiffe legen in der Sommersaison täglich um 8 Uhr in Ostróda ab. Die ›Schiffsschlitten‹ lassen sich nicht nur von Bord aus bestaunen. Es lohnt sich auch, einen Landausflug zu ihnen zu unternehmen.

Bei diesem Ausflug werden Freunde der deutschen Philosophie sicher gerne einen kurzen Abstecher nach Morąg/Mohrungen, etwa 25 Kilometer nördlich, unternehmen wollen. Die Stadt ist bekannt als Geburtsort des Philosophen Johann

Vorwahl: 0 88. Touristeninformationen sind im Büro der PTTK, Plac Tysiąclecia 1, Tel: 46 38 20, und bei ›Mazur-Tourist‹, ul. Strapińskiego 2, Tel: 46 34 68, erhältlich.

Am nördlichen Ufer der kleinen Bucht, die in die Stadt hineinreicht, befindet sich das Hotel ›Park‹, ul. 3. Maja 21, Tel: 46 22 27, von dem aus man eine wunderbare Aussicht über den See genießen kann.
Wer ein Quartier in herrschaftlicher Atmosphäre bevorzugt, sollte sich auf den Weg ins 20 Kilometer nordwestlich gelegene Karnity, in der Nähe der Stadt Boreczno, machen. Der Palais- und Parkkomplex aus dem 19. Jahrhundert wird heute von Orbis als Hotel betrieben. Hoteleigene Boote bieten jedem Gast die Möglichkeit, den angrenzenden See zu befahren. Kontakt kann über Orbis Ostróda, ul. Czarneckiego 10, Tel: 46 35 57, aufgenommen werden.
In Stare Jabłonki, acht Kilometer östlich der Stadt, an der Straße nach Olsztyn/Allenstein, lädt von Mai bis September das Erholungszentrum ›Elemis‹ am Jezioro Szeląg/Schillingsee besonders Familien ein. Die Bungalows der Anlage wurden in einem Buchen- und Kiefernwald errichtet.
Wer in der Geburtsstadt Herders, Morąg/Mohrungen, Quartier beziehen möchte, findet mit dem Hotel ›Morąg‹, ul. Żeromskiego 36, Tel: 46 42 12, ein großzügig angelegtes und gepflegtes Hotel vor.

Das Wanderheim ›Drwęcki‹ findet der weniger Betuchte in der ul. Mickiewicza 7, Tel: 46 30 35, ebenfalls an der Bucht gelegen.

Neben dem Campingplatz von ›Mazur-Tourist‹, ul. Turystyczna, Tel: 46 22 27, bietet knapp sieben Kilometer nördlich der Platz in Piławki, Tel: 46 46 51, mit seiner herrlichen Seelage einen naturverbundenen Aufenthalt.
Bei Morąg/Mohrungen befindet sich in dem Ort Żabi Róg der Campingplatz ›Kretowiny‹, Tel: 46 16 18, der direkt am Jezioro Narie/Nariensee gelegen ist und neben einer eigenen Badestelle auch über ein Restaurant verfügt.

Das Hotelrestaurant ›Park‹ in der ul. 3. Maja 21 und das Restaurant ›Pod Turem‹ in der ul. Czarnieckiego 32 sind zur Zeit noch die beiden einzigen Lokale, die einem Touristen empfohlen werden können. Jedoch stehen mehrere private Restaurants kurz vor der Eröffnung.

Eine gute Auswahl an Gebäck bieten das Café des Hotels ›Park‹ in der ul. 3. Maja 21, und das Café ›Elida‹ in der ul. Grunwaldzka 6.

Holländisches Erbe: Wohnhäuser in Pasłęk

Gottfried Herder (1744 bis 1803). Sein Geburtshaus ist nicht erhalten geblieben. Heute erinnert eine Büste in der Nähe des gotischen Rathauses an den berühmten Sohn der Stadt. Im Rathaus wurde auch eine kleine Herder-Ausstellung eingerichtet. Von Ostróda/Osterode aus lassen sich auf dem Jezioro Drwęckie/Drewenzsee knapp zweistündige Ausflugsfahrten nach Piławki an dessen Nordspitze unternehmen.

Pasłęk/Preußisch Holland

Der Name dieses Ortes an der Fernstraße E 77 erinnert an die holländischen Siedler aus dem 13. Jahrhundert. Vom Deutschen Orden ins Land geholt, machten sie hier – im Mündungsgebiet der Weichsel und der – von ihren Erfahrungen im Dammbau und bei der Entwässerung Gebrauch. Die Umgebung der Stadt liegt nämlich teilweise fast zwei Meter unter dem Meeresspiegel. Sicherheitshalber errichteten die Siedler ihren Ort aber auf der einzigen Anhöhe des Gebietes; bei einem Versagen ihrer Dämme wären sie nicht in Gefahr gewesen.

Das älteste Gebäude der Stadt ist die wiederaufgebaute Burg des Deutschen Ordens, die auf das 13. Jahrhundert zurückgeht. Nur wenig jünger sind die gotische Pfarrkirche aus dem 14. Jahrhundert und das ebenfalls gotische Rathaus aus

Waldweg in der Puszcza Borecka

dem 15. Jahrhundert. Obwohl der Ort mit inzwischen über 10 000 Einwohnern den Status einer Stadt erreicht hat, wirkt er doch recht verschlafen und wird auch von den meisten Touristen – wenn überhaupt – nur im Rahmen eines Tagesausflugs besucht.

Die Ordensburg in Pasłęk

Die nächsten Touristeninformationen stehen dem Besucher in Elbląg/Elbing (Vorwahl: 0 50) zur Verfügung: Städtische Touristeninformation, ul. 1. Maja 30, Tel: 32 73 73, und PTTK, ul. Krótka 5, Tel: 32 74 54.

Wer in Pasłęk/Preußisch Holland Quartier beziehen möchte, sollte es im Wanderheim ›Kormoran‹, ul. Obrońcow Westerplatte 1, Tel: 46 31 19, versuchen. Kanuten können von Pasłęk aus den Fluß Wąska hinunter paddeln und nach drei Kilometern zum Jezioro Druzno/Drausensee gelangen. Nicht ins Vogelschutzgebiet an den Ufern vordringen!

Seilwinde am Oberländischen Kanal
Gurkenverkäuferin in Mikołajken

Pisz/Johannisburg

Das heute 16 000 Einwohner zählende Pisz/Johannisburg ist für masurische Verhältnisse relativ jung: erst im Jahre 1645 bekam die Siedlung das Stadtrecht. Zwar liegt Pisz nicht direkt an einem See, doch fließt durch die Stadt der Fluß Pisa. Er führt aus dem nahegelegenen Jezioro Roś/Roschsee, früher auch Warschauer See genannt, heraus und entwässert den südlichen Teil der masurischen Seenplatte.

Der 19 Quadratkilometer große Jezioro Roś/Roschsee wiederum ist durch den Jegliński-Kanal mit dem Jezioro Śniardwy/Spirdingsee verbunden. Somit lassen sich von Johannisburg aus Kanuwanderungen nach Mikołajki/Nikolaiken und Ruciane-Nida/Rudschanny (siehe unter Mikołajki/Nikolaiken) unternehmen.

Die Stadt selbst zeigt in ihrem Zentrum einen alten Marktplatz mit Rathaus und Bürgerhäusern – die schon leicht verfallen wirkenden Neubauten am Stadtrand stehen dazu in krassem Widerspruch. Im Rathaus ist ein Museum untergebracht, das mit Fauna und Flora der Puszcza Piska/Johannisburger Heide vertraut macht. Dieses herrliche Wald- und Heidegebiet erstreckt sich westlich der Stadt bis nach Ruciane-Nida/Rudschanny. Viele seltene Tiere konnten hier überleben. Die zunehmend zahlreicher auftretenden Touristen stellen für sie jedoch eine Bedrohung dar.

Vorwahl 0 87. Touristeninformationen sind im Hotel ›Nad Pisą‹, ul. Ratuszowa 13, Tel: 23 31 76 und im Wassersportzentrum der PTTK im südlich von Nida gelegenen Jabloń, Tel: 23 28 80.

Das Hotel ›Nad Pisą‹ in der ul. Ratuszowa 13, Tel: 23 32 53, direkt an der Pisa bietet Zimmer von unterschiedlichem Standard.

Während der Saison findet man Unterkunft in der Sommer-Jugendherberge, ul. Gizewiusza, Tel: 23 20 27.

Der Campingplätze ›Camp Pisz‹ liegt am Ufer des Jezioro Roś/Roschsees und der PTTK-Campingplatz ›Jabloń‹ befindet sich fünf Kilometer entfernt an einem Waldsee, dem Jezioro Brzozolasek/Falkensee. Am See Jezioro Wiartel gelegen sind zwei Campingplätze im neun Kilometer entfernten Ort Wiartel.

Im Hotel ›Nad Pisą‹ in der ul. Ratuszowa 13, Tel: 23 32 53, bietet das gleichnamige Restaurant schmackhafte polnische und masurische Spezialitäten. Eine Alternative ist das ›Tabasco‹ am Plac Daszyńskiego, Tel: 23 38 15.

Zwei Cafés laden zum Verweilen ein: das ›Bravo‹ in der ul. Rybacka 5 und das ›Baszta‹ in der ul. Ratuszowa 14.

Sorkwity/Sorquitten

In Sorkwity/Sorquitten findet sich eines der wenigen protestantischen Gotteshäuser des katholisch geprägten Landes. Die stets frisch geweißte Kirche aus dem 15. Jahrhundert ist nicht zu übersehen, denn sie liegt direkt an der Fernverkehrsstraße 16, zwischen Mrągowo/Sensburg und Olsztyn/Allenstein. Noch bis ins 18. Jahrhundert wurde sie ständig baulich ergänzt. Einmalig ist der Taufengel. Diese reich verzierte Holzplastik schwebt normalerweise hoch über den Köpfen der Gläubigen an der Decke des Kirchenschiffes. Mit Hilfe einer flaschenzugartigen Konstruktion kann der Engel bei einer Taufe heruntergelassen werden. Eine silberne Schale in den Armen des Engels dient dann als Taufbecken. Der protestantische Sakralbau ist das

Storchennest auf dem Turm des Schlosses in Sorquitten

Vorwahl: 0 89. Eine Touristeninformation ist zwar nicht vorhanden, aber im Orbis-Hotel ›Mrongovia‹ im benachbarten Mrągowo/ Sensburg, ul. Giżycka, Tel: 32 21, hilft man dem Touristen gerne weiter.

Den Besuchern stehen Bungalows rund um das Schloß zur Verfügung. Doch auch im Schloß selbst gibt es schlichte Gästezimmer, die auch an Touristen vermietet werden.

Camper können im Schloßpark ihr Zelt aufschlagen.

Die Ruder- und Tretboote des Ferienheimes stehen Gästen und Fremden gegen geringe Gebühr zur Verfügung. Der Jezioro Lampackie/Lampaschsee ist für viele Paddelfreunde Ausgangspunkt zu einer der schönsten Touren durch Masuren. Sie führt auf einem über 100 Kilometer langen Abschnitt über viele malerische Seen und folgt dabei dem Flußlauf der Krytnia/Kruttinna. Das gut ausgestattete PTTK-Wassersportzentrum befindet sich nahe dem Schloß.

religiöse Zentrum der evangelischen deutschen Minderheit in Masuren. Pfarrer aus Niedersachsen besuchen die Gemeinde in regelmäßigen Abständen und halten hier deutsche Gottesdienste ab.

Das zweite sehenswerte Bauwerk des Dorfes liegt an der Straße, die gegenüber der Kirche zum Jezioro Lampackie/Lampaschsee abzweigt. Im 14. Jahrhundert war Schloß Sorquitten ein Lehngut des Deutschen Ritterordens unter Winrich von Kniprode. Die Grafen Mirbach bauten das direkt am See gelegene Schloß 1856 im englischen Tudorstil um. Gegenwärtig ist hier noch ein Erholungsheim der Ursus-Traktorenwerke untergebracht.

Schloß Sorquitten

Suwałki

Die Gebietshauptstadt Suwałki zählt über 67 000 Einwohner, liegt am Fluß Czarna Hańcza und bildet gewissermaßen die Pforte zum Suwałki-Landschaftspark, der grünen Lunge Polens.

Der Barockkomplex des Klosters der Kamaldulenser, das außerhalb am Wigry-See gelegen ist, erinnert an die Gründer – Benediktiner-Eremiten – des mittlerweile zum Industrie- und Dienstleistungszentrum gewachsenen Ortes. Russische Architekturelemente zeugen darüber hinaus von dem starken Einfluß der russischen Minderheit, so steht die russisch-orthodoxe Kirche gar neben der katholischen. Außer dem Bezirksmuseum, dem katholischen Gotteshaus, dem Rathaus und einigen kleinen Häusern aus dem 19. Jahrhundert hat der Ort heute allerdings nicht mehr viel zu bieten.

Rund 24 Kilometer nordwestlich von Suwałki liegt der tiefste masurische See. Der 109 Meter tiefe, noch nicht einmal vier Quadratkilometer große See Jezioro

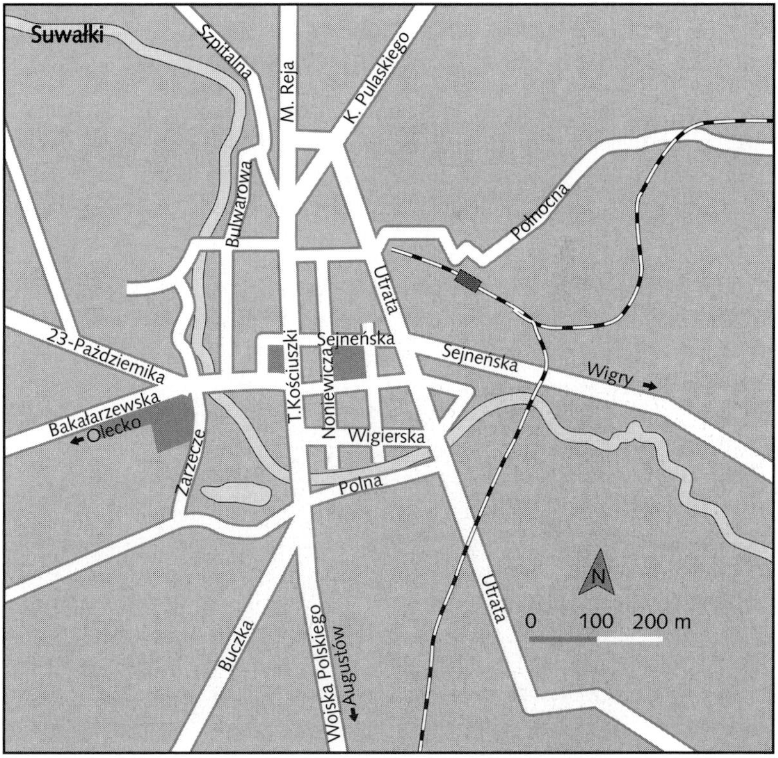

Das Kloster am Wigry-See

Hańcza zieht insbesondere mutige Taucher in seinen Bann. Er ist die Hauptattraktion des Landschaftsparks Suwałki, in dem sich auch die 258 Meter hohe Anhöhe Cisowa Góry befindet. Die abgeschiedene Lage Suwałkis im äußersten Nordosten Polens bietet vor allem zivilisationsmüden Touristen die Möglichkeit

Landschaft bei Suwałki

Vorwahl: 0 87. Die örtliche Touristeninformation befindet sich in der ul. Kościuszki 55, Tel: 66 69 69. Ein Orbis-Reisebüro findet man in der ul. Noniewiecza 48, Tel: 66 38 38.

In Suwałki steht dem Urlauber das Hotel ›Hańcza‹, ul. Wojska Polskiego 2, Tel: 66 66 33, zur Verfügung. Auch das Sporthotel ›Wigry‹ in der ul. Zarzecze 26, Tel: 66 57 08, bietet gute Unterkunft, die Zimmer sind jedoch ohne Bad/WC ausgestattet.

Weniger Betuchte quartieren sich im Wanderheim ›Dom Nauczyciela‹, ul. Kościuszki 120, Tel: 66 69 08, ein. Das aus einem Ferienheim für Lehrer hervorgegangene Privathotel bietet neben guter Unterkunft und Vollpension auch Pauschalprogramme für Sport- und Ökotourismus an.

Im nahegelegenen Ort Stary Folwark, elf Kilometer östlich von Suwałki, erstreckt sich direkt am See Jezioro Wigry, inmitten des herrlichen Naturparks ein Campingplatz, Tel: 66 12 27 und 66 12 23.

Das Hotelrestaurant ›Hańcza‹, ul. Wojska Polskiego 2, Tel: 66 66 44, und das Restaurant im ›Dom Nauczyciela‹, ul. Kościuszki 120, Tel: 66 69 08, sind auf den Geschmack westlicher Touristen eingestellt. Polnische Gäste bevorzugen hingegen die Pizzeria in der ul. Minkiewicza 3.

Nicht so sehr bei Kaffeetrinkern als vielmehr bei Teekennern beliebt ist die Teestube ›Teinka‹ in der ul. Kościuszki 76. Ein klassisches Café hingegenist das ›Róża Wiatrów‹ in der ul. Kowalskiego 4 a.

Auch in Suwałki wurde ein kleines Heimatmuseum eingerichtet. Es befindet sich in der ul. Kościuszki 81.

zu einem intensiven Naturerlebnis. Die Pojezierze Suwałskie/Suwalker Seenplatte ließ die Stadt zu einem Eldorado für Kanuten und Angler werden. Mittelpunkt dieser Region ist der in den Wigierski Park Narodowy/Wigry-Nationalpark eingebettete weitverzweigte Jezioro Wigry/Wigry-See.

Am nordöstlichen Rand des Wigry-Sees steht inmitten herrlichster unberührter Natur das erwähnte barocke Kloster Wigry.

25 Kilometer nördlich von Suwałki wurde Ende 1993 ein zweiter Grenzübergang nach Litauen eröffnet. Die teilweise tagelangen Wartezeiten am Grenzübergang Ogrodniki gehören damit der Vergangenheit an. Der Übergang Szypliszki/Kalvarija ist über die gut ausgebaute Straße Nr. 19 von Suwałki aus gut zu erreichen.

Święta Lipka/Heiligelinde

Alljährlich pilgern Tausende von Gläubigen in den weit über die Grenzen von Masuren hinaus bekannten Wallfahrtsort Święta Lipka/Heiligelinde. Die Wallfahrtskirche mit dem wundertätigen Marienbild auf einem Lindenbaum steht auf einer Lichtung mitten im Wald.

Der barocke Komplex wurde in den Jahren 1687 bis 1730 an einer Stelle errichtet, an der sich schon im 14. Jahrhundert die Heilige Jungfrau in der Krone einer Linde gezeigt haben soll. Seitdem sollen sich an diesem Baum, der bald darauf mit einer Marien-Schnitzerei versehen wurde, viele Wunder ereignet haben.

Barocke Pracht: Święta Lipka

Die Innenausstattung der Basilika

Die dreischiffige Basilika wurde von dem aus Lidzbark Warmiński/Heilsberg stammenden Künstler Matthias Meyer an Decken und Wänden der Seitenschiffe mit wunderschönen Fresken verziert. Diese zwischen 1722 und 1727 entstandenen Wandmalereien geben dem gesamten Innenraum etwas Leichtes und Schwebendes. Matthias Meyer, der auch durch seine Arbeiten an der Szembeckschen Kapelle in Frombork/Frauenburg bekannt ist, wurde mit drei Pinseln in der Hand in der Krypta unter dem Hauptschiff der Wallfahrtskirche beigesetzt.

Zahlreiche Ovalbilder stellen Wunderheilungen dar. In den Bildunterschriften werden die Person, die Art ihrer Krankheit und das Datum der Heilung benannt.

Der Hauptaltar von 1712 zeigt in den beiden oberen Darstellungen Mariä Himmelfahrt und Mariä Heimsuchung. Die unterste Ikone ist als sogenanntes Gnadenbild bekannt geworden. Es wurde 1640 von dem in Wilna tätigen belgischen Maler Bartholomäus Pens geschaffen. Er versah das Kleid der Jungfrau mit ornamentalen Verzierungen. Maria und das Jesuskind tragen goldene, mit Edelsteinen bestückte Kronen.

1720 schuf der in Königsberg arbeitende Goldschmied Samuel Grewe das Tabernakel für den Hauptaltar. Die plastische Dekoration stellt Szenen vom ›Letzten Abendmahl‹ und von ›Christus mit den Jüngern in Emmaus‹ dar. Von Samuel Grewe stammte auch der Hostienkelch, der leider 1980 gestohlen wurde.

Das 1722 geschaffene Kunstwerk hatte die Gestalt einer Linde.

Die berühmte Barockorgel, die 1721 in der Königsberger Werkstatt Johann Josua Mosengels gebaut wurde, verdient sicherlich die Bezeichnung ›Königin der Instrumente‹. Das Instrument hat 40 Register. Die 4000 Orgelpfeifen, von denen nur 200 sichtbar sind, variieren in ihrer Größe von bleistiftlang bis zu einer Länge von vier Metern.

Die äußere Gestaltung der Orgel erfolgte mit äußerst lebendig dargestellten Figuren zum Thema Mariä Verkündigung. Der Orgelprospekt trägt die Inschrift: ›Gott erhalte das Werk bis an den Jüngsten Tag.‹

Der zweite linke Pfeiler im Hauptschiff der Kirche ist mit einer aus Holz geschnitzten Linde mit Metallblättern und einer silbernen Marienstatue mit Jesuskind in ihrer Krone verziert. Die fünf aus Koblenz stammenden bunten Glasfenster im rechten Seitenschiff stellen die schmerzhaften Geheimnisse des Rosenkranzes dar.

Seit der Renovierung vor einigen Jahren strahlt der dreischiffige Sakralbau mit seinen beiden schlanken Türmen in heiterem Ockergelb. Von Pilgern und Touristen gleichermaßen bewundert wird die sowohl von der Akustik als auch von ihrer Optik her beeindruckende Orgel.

Bei Kirchenkonzerten erklingen am häufigsten die Musikstücke Ave Maria von Franz Schubert, die Toccata d-moll von Johann Sebastian Bach, die päpstliche Hymne Christus Vincit und ›Der Abschied von der Heimat‹ von Michael Kleofas Ogiński.

Die Kirche und das benachbarte Jesuitenkloster zählen zu den meistbesuchten Sehenswürdigkeiten Masurens. Die Pracht des barocken Stils überwältigt um so mehr, als fast die gesamte masurische Sakralarchitektur von der Gotik geprägt ist. Allerdings gleicht die Atmosphäre der Stätte oftmals der eines bunten Jahrmarktes und bietet damit kaum Gelegenheit zu stiller Einkehr.

Um die Wallfahrtskirche entstand kein eigener Ort, sondern es gruppierten sich nur einige Betriebe um den Gebäudekomplex, die sich in den Dienst der Pilger gestellt haben: Devotionalienhandlungen und Imbißstuben sind reichlich vorhanden.

Was fehlt, ist ein ordentliches Restaurant, das sicher mit den vielen überwiegend aus Süddeutschland kommenden Touristen gute Geschäfte machen würde. Vorerst müssen sie ihre Getränke aus dem Kofferraum fliegender Händler beziehen.

Pilgertage: An Mariä Heimsuchung, am letzten Mai-Sonntag sowie am 14. und 15. August (Mariä Himmelfahrt) pilgert ein Großteil der Besucher hierher. Dann gibt es rund um die Basilika Prozessionen.

Die nächste Touristeninformation befindet sich in Kętrzyn/Rastenburg, PTTK, ul. 1. Maja 5, Tel: 089/752 22 91.

Gleich neben der Wallfahrtskirche findet man im Dom Pielgrzyma (Pilgerhaus) einfache Mehrbettzimmer.

Stilvolle Unterkunft findet man auch im benachbarten Reszel/Rößel: In dieser idyllischen, nicht einmal 6000 Einwohner zählenden Kleinstadt wurde die aus dem 14. Jahrhundert stammende Burg wiederhergerichtet und dient heute zu einem Teil als Hotel. Von hier aus werden Kutschfahrten nach Święta Lipka/Heiligelinde und in die Umgebung angeboten.

Das Reisebüro ›Nord-Found‹ der katholischen Stiftung für polnische Waisenkinder, Tel: 089/752 14 21, vermittelt in Święta Lipka/Heiligelinde und in den Dörfern der Umgebung Privatquartiere.

Szczytno/Ortelsburg

Die Entstehung und Entwicklung dieser Stadt wurde durch Einflüsse sowohl ethnischer, kulturell-sprachlicher, als auch politisch-administrativer Art bestimmt.

Zahlreiche Ausgrabungen in der Nähe der Stadt belegen, daß im ersten Jahrtausend unserer Zeit altpreußische Stämme hier lebten. Im 12. und 13. Jahrhundert besiedelten verschiedene Kreuzritterorden dieses Gebiet. Die von ihnen erbaute Festung erhielt den Namen des Kreuzritterkomturs Ortolf aus Trier, nämlich Ortolfsburg, wurde später in Ortelsburg umbenannt und bestimmte gleichzeitig die Benennung der hier entstehenden Stadt. Seine andere Bezeichnung ›Szczytno‹ erhielt der Ort von der auf diesem Gebiet lebenden slawischen Bevölkerung. Stadtrecht besitzt Szczytno/Ortelsburg jedoch erst seit 1723. Leider wurde die Burg durch zahlreiche Kriege im Laufe des 17./18. Jahrhunderts weitgehend zerstört. Die Trümmer der Burg dienten später der Stadtbevölkerung zum Hausbau. Gegen Ende des 19. Jahrhunderts wurde Szczytno zu einem wichtigen Eisen-

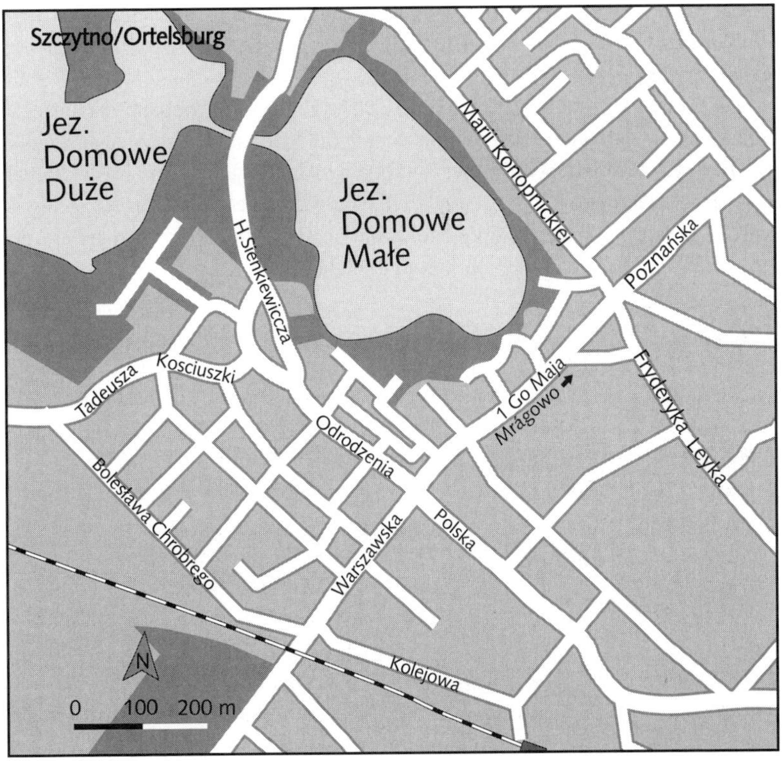

bahnknotenpunkt. Diese und andere interessante Details der Stadtgeschichte kann man bei einem Besuch des ›Masurischen Museums‹ genauer erfahren.

In unmittelbarer Nähe des Museums befindet sich die nach dem Zweiten Weltkrieg restaurierte Ruine der Kreuzritterburg aus dem 13. Jahrhundert. Einen attraktiven Ausblick bietet der Jurandturm, der von Montag bis Freitag geöffnet ist. Nicht weit davon steht die im Jahre 1903 erbaute Baptistenkirche, die als eine von wenigen Kirchen ein eigenes Baptisterium besitzt. Ebenfalls aus dem Jahre 1903 stammt die neogotische Maria Himmelfahrtskirche. Im Stadtzentrum findet man die weitaus ältere evangelisch-augsburgische Kirche, die 1718 an der Stelle eines im 15. Jahrhundert durch Brände zerstörten Gotteshauses gebaut wurde. Teile ihrer alten kostbaren Ausstattung findet man im Innenraum der Kirche. Weitere Sehenswürdigkeiten der Stadt sind aus dem 19. Jahrhundert erhalten gebliebene masurische Holzhäuser mit historischer Innengestaltung, der jüdische Friedhof und ein einzigartiges Denkmal des einundzwanzigsten Meridians.

Alljährlich, am letzten Juliwochenende, findet in Szczytno das Stadtfest statt, das die Einwohner aller Gemeinden von Pasym bis Wielbark zusammen mit den Touristen beim nach hundertjährigen Rezepten gebrauten Bier feiern. Auf dem dreitägigen Fest werden die historischen Traditionen der Kreuzritterzeit neu belebt.

Da Szczytno in unmittelbarer Nähe der herrlichen Waldgebiete der Puszcza Piska/Johannisburger Heide liegt, bietet sich die Stadt auch zum Ausgangspunkt für interessante Wanderungen oder Radtouren in die Umgebung an. Das Dörfchen Klon in der Gemeinde Rozogi, rund zwanzig Kilometer von Szczytno gelegen, gilt als Beispiel für die traditionelle masurische Holzbauweise und ist auf der beschriebenen Fahrradroute von Jurand erreichbar.

Auch Szczytno verfügt über einen schönen Badestrand

Vorwahl: 0 89. Das Orbis-Büro befindet sich in der ul. Żeromskiego 7, Tel: 624 24 62. Auskünfte erhält man auch im Dienstleistungsunternehmen für Fremdenverkehr ›Mazur Pol‹ in der ul. Odrodzenia 18, Tel: 624 31 48.

Eine gemütliche Unterkunft findet man in dem kleinen Hotel ›Krystyna‹, in der Straße ul. Żwirki i Wigury 10, Tel: 624 21 69. Die Einzel- und Zweibettzimmer sind mit Bad und Fernseher ausgestattet. Am Stadtrand von Szczytno liegt das Hotel ›Leśna‹, ul. Ostrolęcka 6. Es verfügt über 56 Übernachtungsplätze in Einzel- oder Zweibettzimmern mit Bad.
In der näheren Umgebung: Sawica ist ein kleines Dorf, welches ungefähr sieben Kilometer vor Szczytno, an der Straße nach Nidzica liegt. Hier gibt es die sehr empfehlenswerte Pension ›Krystyna‹, Sawica 1, Tel: 624 27 84, mit neun Doppelzimmern und zwei Bungalows. Die idyllisch am Waldrand gelegene Pension besitzt sogar einen kleinen privaten See, der von den Hausgästen zum Angeln, Bootfahren und Baden genutzt werden kann.
Vierzehn Kilometer westlich von Szczytno, am Jezioro Świętajno und am Jezioro Brajnickie liegt der Ort Warchały. Hier befindet sich die Bungalowsiedlung ›Rusalka‹, Spolka 21, die von viel Wald umgeben, direkt an den genannten Seen liegt. Die Bungalowanlage hat jährlich vom 1. Mai bis 30. September geöffnet und bietet Übernachtungsplätze in Holzhütten für vier bis sechs Personen. Neben 24 Häuschen älteren Datums stehen auch zehn neugebaute mit allem Komfort (Küche, Fernseher,Bad) ausgestattete Bungalows.
Eine zünftige Übernachtungsmöglichkeit gibt es im Forsthaus ›Dlużek‹ in der gleichnamigen Ortschaft an der Straße Jedwabno – Olsztynek.

Die einzige Jugendherberge befindet sich ebenfalls etwas außerhalb, in der Straße ul. Pasymska 7.

Jedes der genannten Hotels verfügt über ein Restaurant, in denen vor allem solide polnische Küche serviert wird.

In Szczytno führt Tadeusz Piórkowski in der ul. Lipowa Gora Wschod 1, Tel: 624 35 48, ein Reitsportzentrum.

Das Masurische Museum, ul. Sienkiewcza 1, zeigt vor allem Exponate aus der Alltagskultur Masurens, aber auch Kunstwerke. Ein Teil des Museums ist einer naturkundlichen Ausstellung vorbehalten.

Węgorzewo/Angerburg

Am Nordende des Jezioro Mamry/Mauersees liegt die 11 000 Einwohner zählende Stadt Węgorzewo/Angerburg. Hier mündet die Węgonapa/Angerapp nicht etwa in den Jezioro Mamry/Mauersee, sondern sie fließt aus ihm heraus, um schließlich bei Insterburg – also schon auf russischem Gebiet – mit der Inster den Pregel zu bilden. Die Stadt Węgorzewo/Angerburg eignet sich als idealer Ausgangspunkt für Segler und Kanuten, die ihre Tour durch die Masurische Seenkette in Nord-Süd-Richtung unternehmen. Die Angerburger sind es von alters her gewohnt, den Verkehr auf dem Wasserwege abzuwickeln. Bereits 1856 wurde eine Dampfschiffahrtslinie nach Giżycko/Lötzen eingerichtet – lange bevor die Stadt ans Bahnnetz angeschlossen wurde. Noch immer verbindet im Sommer täglich ein Schiff Węgorzewo/Angerburg mit Giżycko.

Die Randlage Węgorzewos/Angerburgs an der Grenze zum russischen Gebiet Kaliningrad/Königsberg wirkte sich für die Entwicklung der Stadt ungünstig aus. Die Zerstörungen des Zweiten Weltkrieges wurden teilweise nur notdürftig beseitigt. Die Peter- und Paulskirche wurde wiederhergerichtet, und auch die Ordensburg ist in leidlichem Zustand. Es soll nicht verschwiegen werden, daß der Reiz des Ortes sich ansonsten auf die herrliche Lage am Mauersee beschränkt.

Literaturfreunde werden die 20 Kilometer in westlicher Richtung in das Dorf Jagławki/Jäglack nicht scheuen, handelt es sich hierbei doch um das ›Jokehnen‹ aus dem Buch von Arno Surminski, ›Jokehnen oder Wie lange fährt man von Ostpreußen nach Deutschland?‹. Das im Buch erwähnte Gutshaus ist allerdings in ziemlich schlechtem Zustand.

Ordensburg in Węgorzewo

Vorwahl: 0 87. Touristische Informationen geben das Orbis-Büro am Plac Wolności 5, Tel: 27 25 70, die Zweigstelle des ›Centrum Mazur‹ in der ul. Sienkiewicza 3, Tel: 27 20 49, und die regionale Touristeninformation der PTTK in der ul. Wańkowicza 5, Tel: 27 32 43.

Besucher Węgorzewos/Angerburgs können sich in dem PTTK-Hotel in der ul. Wańkowicza 3, Tel: 27 24 42, einquartieren.
Komfortabel ist das Hotel des Wassersportzentrums im sieben Kilometer südöstlich gelegenen Ogonki: das ›Wenus‹, Tel: 27 31 87. Ebenfalls in Ogonki befindet sich das Erholungsheim ›Staszic‹, Tel: 27 28 79.
Mehrere Pensionen bieten Quartier: das ›Teresa‹ in Kal/Kehlen 1 a, Tel: 27 32 69, das ›Nautic‹ in der ul. Słowackiego 14, Tel: 27 20 80, oder das ›Pod Dębami‹, ul. Łuczańska 33, Tel: 27 22 18.

Zwei Wanderheime bieten schlichten Komfort: das ›Stanica Wodna‹ in der ul. Wankowicza und das ›Rusałka‹, das an einer Bucht des mit dem Jezioro Mamry/Mauersee verbundenen Jezioro Święcajty/Schwenzait-Sees gelegen ist.
Zahlreiche Privatunterkünfte bereichern das Angebot: Auskünfte erteilen die Touristeninformationen.

Neben zahlreichen Biwakplätzen an den Seeufern lädt der Campingplatz des Wassersportzentrums ›Rusałka‹, Tel: 27 21 91, der auch Bungalows vermietet, zum Verweilen ein. Außerdem bieten die Campingplätze des ›Staszic‹ und des ›Venus‹ sowie der Campingplatz ›Montochem‹ in der ul. Wodociągowa Bungalows und Stellplätze.

Die Hotelrestaurants des ›Wenus‹ in Ogonki, Tel: 27 31 87, des ›Rusałka‹, ul. Leśna 1, Tel: 27 29 49, und des ›Nautic‹, ul. Słowackiego 14, Tel: 27 20 80 stillen den Hunger erschöpfter Wasserwanderer.
Daneben offerieren die Restaurants ›Szkwał‹ in der ul. Wolności 13, Tel: 27 31 84, und das ›Na Skarpie‹ in der ul. Turystyczna 13, Tel: 27 28 42, masurische Gerichte. Für ›internationale Küche‹ sorgen die Pizzeria ›Peperoni‹ in der ul. Zamkowa 10, Tel: 27 10 22, und die ›Bar Chiński‹ in der ul. Pionierów 3, die chinesische, vietnamesische und indische Gerichte anbietet.

Auch die Cafés ›Relax‹ in der ul. Ogrodowa 3, der ›Szwejk Pub‹ in der ul. Ogrodowa 44 und das Café des Hotels ›Nautic‹ warten auf Besucher.

Segel- und Ruderboote werden im ›Rusałka‹-Wassersportzentrum verliehen.

Zahlreiche Seen und Kanäle machen Masuren zu einem beliebten Ziel von Wassersportlern, die unberührte Natur zu schätzen wissen. Dichte Wälder und ausgedehnte Heidegebiete bieten aber auch Wanderern und Fahrradfahrern die Möglichkeit, ausgedehnte Touren zu unternehmen. Wer von der Hektik des Alltags ausspannen will, findet hier Ruhe und Erholung.

Masuren aktiv erleben

... zu Fuß

Für Wanderfreunde bietet Masuren unterschiedliche – sogar widersprüchliche – Angebote: Die Bandbreite reicht von einem Spaziergang auf gut ausgebauten Wanderwegen entlang der Seeufer bis hin zu einem mehrtägigen Marsch durch unberührte Urwaldgebiete. Wanderer sollten sich frühzeitig im klaren darüber sein, welchen Charakter sie ihren Wanderungen geben möchten, und danach entsprechend die Route auswählen und die Ausrüstung zusammenstellen.

Die touristisch gut erschlossenen Gebiete um den Jezioro Sniardwy/Spirdingsee und den Jezioro Mamry/Mauersee ermöglichen ein naturnahes Wandern. Von diesen Gebieten sind auch sehr brauchbare Karten erhältlich, auf denen Wanderrouten eingezeichnet sind. Die Routen können jedoch nur als Anregung dienen, zumal die Wege selbst kaum gekennzeichnet sind. In diesen Gegenden besteht zudem die Möglichkeit, ein festes Quartier zu beziehen und von dort aus eintägige Ausflüge zu unternehmen.

Jede einzelne Tour kann ein Erlebnis für sich sein, so unterschiedlich und abwechslungsreich stellt sich die Natur dar. Eines der beliebtesten Wandergebiete ist die Puszcza Piska/Johannisburger Heide, die sich westlich von Pisz/Johannisburg bis an den Jezioro Nidskie/Niedersee erstreckt.

Natürlich kann es auch in diesen touristisch erschlossenen Gebieten von Vorteil sein, ein kleines Zelt mitzuführen. Die vielen Biwakplätze, die meist an den Seeufern angelegt wurden, bieten eine besonders naturverbundene Übernachtungsmöglichkeit. Leider muß an dieser Stelle auch erwähnt werden, daß die Schönheit der Biwakplätze sehr unter dem Mangel an Umweltbewußtsein leidet, den einige Fuß- und Wasserwanderer an den Tag legen.

Grundsätzlich kann gesagt werden: je weiter südöstlich ein Gebiet gelegen ist, desto weniger komfortabel gestaltet sich die Wanderroute. So wird man wegen fehlender Biwakplätze etwa im Naturpark Puszczta Augustowska und der Puszczta Romincka/Rominter Heide sein Zelt meist in der Wildnis aufschlagen müssen.

Der Naturpark Puszczta Augustowska, der sich östlich des Wassersportzentrums Augustów bis an die weißrussische Grenze erstreckt, ist das größte Gebiet Masurens für Freunde des Trecking. Tagelang kann man hier umherziehen, ohne auf einen anderen Menschen zu treffen. Eine gute Ausrüstung einschließlich Kompaß ist dabei jedoch unerläßlich, zumal präzise Karten des Gebietes nicht erhältlich sind.

Die Puszczta Romincka/Rominter Heide liegt im äußersten Nordosten Masurens. Sie reicht bis an das russische Gebiet Kaliningrad heran. Vielen ›Outdoor-Fans‹ gilt dieses Urwaldgebiet als eines der ursprünglichsten Europas. Zivilisationsmüde westliche Touristen finden sich hier ein zum ›Überlebenstraining‹.

Wer Einsamkeit sucht, wird sie hier finden

Einen besonderen Nervenkitzel stellt es für manche dar, hierbei auch die nur unzureichend gesicherte Grenze zum Gebiet Kaliningrad zu überschreiten. Ein von den Grenzpfosten abgeschraubtes altes sowjetisches Wappenschild gilt als beliebtes Souvenier. Von solchen Abenteuerspielen wird ein echter Naturfreund Abstand nehmen und sich lieber auf die Fotojagd nach seltenen Tieren und Pflanzen begeben. Auch wer nicht fotografieren, sondern die Natur nur beobachten will, kommt auf seine Kosten. Man sollte daher auf jeden Fall einen guten Feldstecher im Gepäck haben.

Der Speisezettel hängt bei diesen Wanderungen selbstverständlich von der Jahreszeit ab. Am abwechslungsreichsten ist er im Frühherbst, wenn sich Wildfrüchte, Wurzeln und frische Pilze mit den noch üppig wuchernden ›Blattsalaten‹

kombinieren lassen. Bei den meisten Touren lohnt es sich, eine kleine Angel im Gepäck zu haben – und natürlich die bei den Touristenbüros erhältliche Lizenz zu ihrer Benutzung.

Viele Trecking-Freunde sind erstaunt, in den polnischen Geschäften für Campingartikel die gleichen Ausrüstungsgegenstände zu finden, die sie von zu Hause mitgenommen haben, und die hier zu einem günstigeren Preis angeboten werden. Bei einer längeren Tour, die ausschließlich Übernachtungen im Freien und abseits der Zivilisation vorsieht, sollte man sich jedoch tatsächlich bereits zu Hause um eine komplette Ausrüstung kümmern. Zu dieser muß unbedingt eine kleine Reiseapotheke gehören. Viele wichtige Arzneimittel sind in Masuren nicht oder nur schwer zu beschaffen.

Wer mit ausreichender Kondition und einer kompletten Ausrüstung bei günstigem Wetter eine mehrtägige Wanderung durch eines der masurischen Waldgebiete unternimmt, dem erschließt sich die Natur auf eine so unvergleichlich intensive Art, daß er von diesem Erlebnis auch in der Heimat noch lange zehren wird.

Der ›Weg der Tartaren‹ (28 km)

Wanderzeit: ungefähr acht Stunden

Ihren Namen verdankt diese Wanderung von Szczytno nach Babięta einem Raubzug der Tartaren, die im Jahre 1656 diesen Weg entlang kamen, um den südlichen Teil der Masuren zu überfallen. Den größten Reiz stellt die Route wohl für jene Menschen dar, die aktive Erholung in Verbindung mit wilder, unberührter Natur zu schätzen wissen.

Vor Beginn der Wanderung ist in Szczytno eine Besichtigung des Masurischen Museums und der Ruinen des Kreuzritterschlosses, das aus der ersten Hälfte des 14. Jahrhunderts stammt, empfehlenswert. Danach läuft man zu der Brücke, um die Schlucht zwischen den beiden Seen Jezioro Domowe Duże und Domowe Małe zu überqueren.

Nach der Brücke führt der Weg rechts am Jezioro Domowe Małe vorbei zur ul. Marii Konopnickiej, an deren Ende sich ein altertümliches masurisches Holzhaus aus der ersten Hälfte des 19. Jahrhunderts befindet. Man läuft die ul. Fryderyka Leyka und ul. Karola Świersczewskiego entlang, vorbei an den Gebäuden der Polizeihochschule und biegt hinter dem Bahnübergang nach rechts in den Waldweg ab. Auf diesem Weg geht es bis zur Gaststätte ›Leśna‹, wo die Wanderung auf der Asphaltstraße bis zu dem ca. einen Kilometer entfernten Parkplatz fortgesetzt wird. Hinter dem Parkplatz führt der Wanderweg links weiter durch einen alten Kiefernwald. Nach dem Waldstück biegt der Wanderer nach rechts. Hier erstreckt sich das Tal des Flußes Wałpusza, der hinter Sędrow in den Omulew übergeht. Kurz nach der Brücke biegt der Weg links ab und bringt den Wanderer durch den Wald bis zu einer Kreuzung, von der ein Weg zum Forsthaus Wykno abgeht. Das Forsthaus steht am See Wałpusz, ca. 300 Meter vom Wanderweg entfernt. Den See bewohnen viele seltene Wasservögel wie Kraniche, weiße Adler oder Rohrdommeln.

Etwa fünf Kilometer weiter befindet sich ein Hegerhaus, an dessen linker Seite sich der Jezioro Marksoby erstreckt, wo schwarze Milane und Schellenten beobachtet werden können. Beim Weiterwandern entlang des Sees Marksoby sind die Überreste von Betonbefestigungen aus dem Zweiten Weltkrieg zu sehen.

Wenn sich der Wanderweg langsam vom See entfernt, kommt man nach Durchqueren des Waldes und der Birkenallee zur Landstraße Dźwierzuty–Świętajno. Die Straße wird überquert.

Der Weg führt weiter durch einige Waldstücke der Puszcza Piska/Johannisburger Heide. An der Landstraße Szczytno–Mrągowo angekommen, biegt man erst rechts und nach ca. 200 Metern wieder links ab. Hier beginnt der landschaftlich schönste Teil der Wanderung.

Hat der Wanderer den Kiesweg, der nach Jeleniów führt, überquert, folgt er dem kleinen Pflasterweg hinunter zum Jezioro Krawno, an dem sich eine Siedlung gleichen Namens befindet.

Dieses Gebiet haben Kraniche und Otter, Biber und Schreiadler zu ihrem Lebensraum erkoren. Auf dem Torfmoor wachsen seltene Arten der Helmblume.

In der Siedlung Krawno biegt man nach links ab in Richtung Babięta. Ungefähr zwei Kilometer bevor man Babięta erreicht, führt ein Sandweg durch ein Waldstück hindurch zum Bootshaus der PTTK am Babięcka Struga.

Das Bootshaus ist unser Ziel und somit auch Ende der Wanderung. Dort ist Gelegenheit zum Ausruhen, bevor der Bus vom Dorf Babięta nach Szczytno zurückfährt.

... mit dem Fahrrad

Masuren ist für den Fahrradfahrer Himmel und Hölle zugleich. Auf der einen Seite bietet es dem eifrigen Pedalritter eine fast jungfräuliche und ebene Naturlandschaft, andererseits bringen ihn die zum Teil katastrophalen Straßen und Wege fast an den Rand der Verzweiflung.

Wenn man es dennoch wagt, dann bietet sich eine Radtour durch Masuren von Mai bis September an. In diesen trocken-warmen Tagen kann man wochenlang im Sattel sitzen, ohne von größeren Regenschauern überrascht zu werden. Staubige Sandwege und Kopfsteinpflaster, mit denen der Radler in Masuren recht häufig in

Kontakt tritt, können die Freude am Radwandern allerdings recht schnell dämpfen.

Wie in keinem anderen Teil Polens trifft der Besucher in Masuren auf viele alte Ordensburgen. Diese sind gerade für Fahrradfahrer, im Gegensatz zu Wasserwanderern, gut zu erreichen. Aber Vorsicht! Wer seinen Drahtesel nachts in der Nähe einer solchen alten Ritterburg stehen läßt, dem kann es ohne weiteres passieren, daß seinem Fahrrad die Luft aus den Reifen gelassen wird. Dorfbewohnern zufolge soll es sich bei den Tätern um die Geister von Rittern handeln, die in den umliegenden Orten allerhand Schabernack treiben.

Für derlei Widrigkeiten entschädigt die wunderschöne Natur mehr als genug: weite, wogende Weizenfelder, blühende Wiesen, tunnelgleiche Alleen – das ist der westliche Teil Masurens. Tiefe Wälder und sanfte Hügellandschaften locken dagegen im Osten.

Überall in Masuren bieten kristallklare Seen eine ideale Gelegenheit zum erfrischenden Bad nach einem anstrengenden Tag im Sattel. Nicht zu unterschätzen ist die geringe Verkehrsdichte: Noch heute begegnet man im ländlich geprägten Masuren vielen einsamen Pferdefuhrwerken.

Die kleinen Dorfläden haben zwar nicht immer alles im Angebot, das Lebenswichtigste bekommt man aber. Trotzdem empfiehlt es sich, einige Lebensmittelreserven schon vorher in die Fahrradtaschen zu packen. Radler sollten sich vorsorglich schon in der Heimat mit Ersatzteilen aller Art eindecken. Diese sind nämlich selbst in der einzigen größeren Stadt Masurens, Olsztyn/Allenstein, kaum erhältlich.

Übernachtungsmöglichkeiten befinden sich in fast jeder Gemeinde (siehe unter den einzelnen Orten). Besonders begehrt sind bei den naturverbundenen Touristen die Biwakplätze, welche meist direkt an malerischen Seen und Flußläufen liegen.

Die Fahrradroute von ›Jurand‹ (95 km)

Szczytno – Jerutki – Powałczyn – Babięta – Nowy Zyzdrój – Spychowo – Niedźwiedzi Kąt – Faryny – Rozogi – Klon – Stare Czajki – Świętajno – Jerutki – Szczytno

Diese lange, aber sehr interessante Fahrradtour führt teilweise durch die herrlichen Waldgebiete der Puszcza Piska/Johannisburger Heide. Dadurch hat der Radwanderer nicht nur die Gelegenheit, herrliche Aussichten zu genießen, sondern kommt gleichzeitig in unmittelbare Berührung mit der Vielfalt der Pflanzen- und Tierwelt dieses Gebietes. Diese Route verläuft zum größten Teil auf gut befahrbaren Wegen.

Der Ausgangspunkt der Tour ist der Parkplatz neben dem Rathaus in Szczytno. Von dort fährt man auf die Straße in Richtung Ostrołęka. Nach viereinhalb Kilometern biegt der Weg nach links in Richtung Jerutki ab, auf die in den Wald führende Asphaltstraße. Die Waldstrecke beträgt rund sechs Kilometer. Ungefähr einen halben Kilometer nach Verlassen des Waldes erreicht man das Dorf Jerutki mit einigen historischen Holzhäusern und seiner schönen Kirche. Kurz vor dem Ende des Dorfes biegt rechts in Richtung Powałczyn ein unbefestigter Weg ab, der wieder in den Wald hineinführt. Drei Kilometer weiter zieht sich beidseitig der Straße eine aus der Kriegszeit stammende Panzersperre. Die bald darauf folgende Kreuzung wird überquert, und geradeaus geht es weiter bis an die nächste Kreuzung. Hier kreuzt man die Straße Świętajno – Miętkie und folgt der Asphaltstraße geradeaus in Richtung des Dorfes Powałczyn. In der Nähe dieses Dorfes befindet sich ein schönes Torfmoor, welches teilweise von Wasser bedeckt ist. Mit etwas Glück kann man hier auch Biber beobachten.

Zahlreiche gut ausgeschilderte Wanderrouten durchziehen Masuren

Hinter Powałczyn fährt der Radwanderer bis zur Straße Szczytno – Mrągowo. Dort biegt er rechts in Richtung Mrągowo ab. Der Weg schlängelt sich fünf Kilometer lang durch ausgedehnte Wälder zur Försterei Babięta. An der Försterei vorbei führt der Weg weiter in Richtung des am Flüßchen Krutynia gelegenen Dorfes Babięta. Ungefähr hundert Meter hinter der Dorfbrücke biegt der Weg rechts in Richtung Ruciane ab. Nach weiteren vier Kilometern zweigt von der Asphaltstraße ein Kiesweg ab, den man in Richtung Nowy Zyzdrój befährt. In dem am See Zyzdrój Wielki liegenden Erholungsdorf Nowy Zyzdrój fährt der Radwanderer bis zu der Weggabelung und nimmt den linken Weg in Richtung Spychowo.

Bald nach Verlassen des Dorfes befindet man sich in den großen Waldgebieten der Puszcza Piska/Johannisburger Heide. Es ist eine Wegstrecke von ca. sechs

Kilometern zu bewältigen, bis die Straße Spychowo – Ruciane erreicht ist, wo man rechts nach Spychowo abbiegen muß.

Durch das Dorf Spychowo geht es weiter in Richtung des Dorfes Rozogi. Man überquert den Bahnübergang der Bahnstrecke Szczytno – Pisz und fährt auf der Asphaltstraße geradeaus in Richtung Rozogi.

Zwei alte Eichen an der linken und eine dicke Kiefer an der rechten Seite der Straße markieren den ausgefahrenen Waldweg, dem der Radler ungefähr anderthalb Kilometer folgt, bevor er nach links abbiegt. (Als Orientierungshilfe dient die Hauptstraße, die leider schlechter befahrbar ist als der beschriebene Waldweg.) Nach weiteren 800 Metern kommt eine Waldwegkreuzung in Sicht. Die Kreuzung wird überquert, wobei man die Siedlung Niedźwiedzi Kąt links hinter sich läßt und ca. 100 Meter geradeaus bis zu einer alten Eiche fährt. Hier kündet eine Spitzsäule vom letzten an dieser Stelle im Jahre 1804 getöteten masurischen Bären. Zur Rückkehr auf die Straße wird der gleiche Weg benutzt. Wieder auf der Straße, biegt man nach links in Richtung des Dorfes Rozogi ab.

Bald kommt das Dorf Faryny in Sicht. An diesem Punkt der Tour sind rund 55 Kilometer der Strecke bewältigt. Hier bestünde die Möglichkeit einer Übernachtung im Gasthaus ›Bocianie Gniazdo‹.

Falls man sich zur Weiterfahrt entschließt, kommt man kurze Zeit später durch die Siedlung Kokoszki und benötigt nun noch rund vier Kilometer, um das Dorf Rozogi zu erreichen.

Die Kreuzung in der Dorfmitte wird überquert und der Radweg führt weiter in Richtung Klon, wobei das Dorf Wilamovo passiert wird.

Das Dorf Klon besticht durch die Schönheit seiner Holzarchitektur. Die vielen altertümlichen Holztüren sind einzigartig in Masuren und stammen zum großen Teil aus dem Anfang des 19. Jahrhunderts. Der Radwanderer schwenkt rechts vor der Dorfkreuzung in einen Schotterweg ab, auf dem er durch Wald und Wiesen nach Kilimany kommt.

Nach Durchfahren des Dorfes Kilimany gelangt er nach weiteren 2,3 Kilometern in das Dorf Czajki Stare. Nun geht es auf asphaltierter Straße weiter über das Dorf Czajki Nowe in Richtung der Straße Szczytno – Ostrołeka.

Ein Stückchen hinter der Waldsiedlung befährt man links den Weg in Richtung Świętajno und muß kurz vor dem Dorf Świętajno einen Bahnübergang überqueren.

An der im Zentrum von Świętajno befindlichen Kirche biegt der Radwanderer zuerst nach links und nach nochmals 100 Metern wieder nach rechts ab. Es geht weiter in Richtung Jerutki. Hinter der Kreuzung in Jerutki fährt er nach rechts weiter in Richtung Szczytno. Von der Straße Ostrołęka – Szczytno biegt der Radler dann wieder rechts ab und erreicht nach etwa anderthalb Kilometern wieder Szczytno.

... mit Kanu und Segelboot

Zu Recht ist Masuren bei Wasserwanderern über die Grenzen Polens hinaus berühmt. Das Land der 3000 Seen bietet aber auch Seglern ein ideales Revier, denn einige der Seen sind so groß, daß sie von den Einheimischen als ›Masurische Meere‹ bezeichnet werden. Der Jezioro Śniardwy/Spirdingsee und der Jezioro Mamry/Mauersee sind die beiden bekanntesten, aber auch eine Unzahl kleinerer Seen, die vielfach mit diesen beiden verbunden sind, können dem Segler empfohlen werden. Natürlich warten auch Motorboote auf zahlungskräftige Charterer, doch werden aus Naturschutzgründen in jüngster Zeit zu Recht viele Gebiete für den Motorbootverkehr gesperrt. Am unmittelbarsten offenbart sich die Schönheit Masurens vom Kanu aus. Dem Wasserwanderer stehen an den schönsten Seeufern Biwakplätze zum Übernachten bereit.

Alle Gewässer Masurens gelten als gefahrlos. Nirgends treten größere Strömungen auf. Dem Kanuten bietet sich bei der Routenplanung der Vorteil, keine Rücksicht darauf nehmen zu müssen, in welcher Richtung eine Strecke befahren wird. Bei den Seen sollte man sich darüber im klaren sein, daß eine Überquerung oft eine ungewohnt lange Strecke darstellt. Im Zweifelsfalle empfiehlt es sich, in Ufernähe zu paddeln. Zwar werden die Touristen oft mit Berichten über mannshohe Wellen auf den großen Seen erschreckt, doch handelt es sich bei diesen Erzählungen um Abschreckungsmaßnahmen der Bootsverleiher, die um ihr Eigentum fürchten. Trotzdem sind auch auf den masurischen Seen alle Sicherheitsregeln einzuhalten. Gewitter und wechselnde Winde auf den großen Seen verursachen Wellen, die ein Boot zum Kentern bringen können. In Ufernähe,

Manchmal ist auch beim Wasserwandern Beinarbeit nötig

besonders am östlichen Ufer des Jezioro Niegocin/Löwentinsees, des Jezioro Dargin/Dargainensees und des Jezioro Śniardwy/Spirdingsees ist auf Steine zu achten, die sich dicht unter dem Wasserspiegel befinden.

Einen funktionierenden Rettungsdienst findet man nur in der Nähe der Wassersportzentren Mikołajki/Nikolaiken, Giżycko/Lötzen, Węgorzewo/Angerburg, Augustów und Suwałki.

Die Charterpreise für Segel- und Motoryachten sind sehr unterschiedlich und hängen nicht nur von der Saison ab. Am sichersten ist es, von zu Hause aus ein Boot zu buchen. Wer sich mehr auf sein Glück verlassen möchte, kann versuchen, vor Ort privat ein Boot zu leihen. Die Preise sind dort mit Sicherheit etwas günstiger. Die polnischen Segler haben sich im Polnischen Segelsportverband, Polskiego Zwiazku Żeglarskiego, organisiert: 00-791 Warszawa, ul. Chocimska 14, Tel: 0 22/49 57 31.

Beliebt ist auch das Eissegeln. Schon vor dem Zweiten Weltkrieg wurden auf den Eisflächen des Schwenzaitsees Meisterschaften ausgetragen. Diese Tradition wird heute wieder fortgesetzt. Es finden Wettkämpfe mit nahmhafter internationaler Beteiligung statt. Aus dem Eissegelklub in Mragowo/Sensburg sind erfolgreiche Eissportler hervorgegangen.

Wasserwanderer, die nicht mit dem eigenen Kanu anreisen wollen, können an einigen privaten und von Freizeitorganisationen betriebenen Ausleihstationen moderne Kanus ausleihen. Die meisten PTTK-Wassersportzentren verfügen über Leihkanus. In der Saison sind sie jedoch oft ausgebucht.

Manche Reisebüros bieten auch geführte Kanutouren an. Deutsche Kanuvereine organisieren viele Vereinsfahrten, meist in Partnerschaft mit polnischen Kanuvereinen. Der Deutsche Kanuverband, Bertaallee 8, 47055 Duisburg, kann Auskunft erteilen. Er unterhält auch eine Infobörse, von der man Gebrauch machen sollte. Die eigenen Erfahrungen werden nach der Kanufahrt diese Infobörse ergänzen. In Polen selbst untersteht das Kanuwesen dem gut organisierten Polnischen Kanuverband Polski Zwiazek Kajakowy, ul. Sienkiewicza 12/14, 00-010 Warszawa, Tel: 0 22/827 49 16.

Die Leihboote bestehen fast alle aus robustem Kunststoffmaterial und sind problemlos zu handhaben. Das Standardmodell, ein zweisitziges Kajak, wurde in einer großen, ehemals staatlichen Fabrik zigtausend Mal gebaut und hat sich seit Jahrzehnten bewährt. Es ist mit integriertem Auftriebskörper ausgestattet. Leider mußte die Fabrik ihre Produktion aus Rentabilitätsgründen einstellen; im Zuge der wirtschaftlichen Umgestaltung war in den Haushalten der überwiegend jüngeren Wassersportbegeisterten kein Geld mehr für ein eigenes Boot übrig. In Polen hat sich das Faltboot, das in Deutschland in den vergangenen Jahren mehr und mehr in eine Außenseiterrolle gedrängt wurde, als Wassersportgerät erhalten, denn nicht jeder Kanute verfügt über ein eigenes Auto zum Transport eines sperrigen starren Bootes. In Polen kann das Faltboot seinen klassischen Vorteil noch ausspielen. Das führende Fabrikat stammt aus Krakau und erinnert verblüffend an die deutschen ›Klepper‹-Boote der früheren Jahre.

Anhand von einigen fast überall in Polen erhältlichen Karten kann der Wassersportler eigene Routen zusammenstellen. Besonders populär sind Fahrten auf dem Augustów-Kanal. Dieser Kanal hat seine wirtschaftliche Bedeutung verloren, ist stark zugewachsen und gibt nur noch dem Wassersportler Raum für sein Hobby. Welcher Streckenabschnitt sich besonders anbietet, hängt von der zur Verfügung stehenden Zeit und dem Wunsch, in andere Gewässer vorzustoßen, ab. Einen generellen Routenvorschlag für den Augustów-Kanal zu machen verbietet sich daher.

Es sei aber auf den Fluß Czarna Hańcza hingewiesen, der sich in scheinbar unendlichen Windungen durch den Naturpark Puszcza Augustowska schlängelt sowie auf den Fluß Biebrza, der eine ähnlich reizvolle Verlängerung des Augustów-Kanals bis in den Weichsel-Nebenfluß Narew ermöglicht.

Neben dem Augustów-Kanal gelten Wasserwanderungen auf der Krutynia/Kruttinna und dem Oberlandkanal als die klassischen Kanutouren in Polen. Nachfolgend seien hier zwei Tourenbeschreibungen aufgeführt, die jedoch nicht zum sturen Nachpaddeln verleiten, sondern als Anregungen zu eigenen Unternehmungen dienen sollen.

In allen größeren Orten bieten Bootsverleiher ihre Dienste an

Die Tour auf der Krutynia/Kruttinna (110 km)

Die bei Wasserwanderern beliebteste Route ist die über den Fluß Krutynia/Kruttinna. Sie ist eine der meistbefahrenen Strecken und bietet an vielen Uferstellen Biwakplätze und Wassersportstationen, an denen die Kanuten Erfahrungen austauschen können. Andererseits hat ihre Beliebtheit dazu geführt, daß man während der Saison nicht immer die erhoffte Ruhe und Abgeschiedenheit findet. Der größte Teil der klassischen Krutynia-Route führt über verschiedene Seen, und nur auf dem letzten Abschnitt bewegt sich der Wasserwanderer auf dem schmalen malerischen Flüßchen selbst.

Die meisten Paddler starten in Sorkwity/Sorqwitten. Hier wurde schon vor Jahren am Ufer des Jezioro Lampackie/Lampatzkisees ein PTTK-Wassersportzentrum errichtet. Es ist mit Campingplatz und Bungalows ausgestattet. Die Leihboote sind während der Saison jedoch meistens ausgebucht.

1. Tag

Der erste Abschnitt der Strecke führt in südlicher Richtung über den Jezioro Lampackie/Lampatzkisee und geht dann in den sich anschließenden Jezioro Lampasz/Lampaschsee über. Dabei sollte der Paddler sich am Ende des Jezioro Lampasz/Lampaschsees hart nach links wenden, um nicht die stark bewachsene Durchfahrt zu verpassen. Der schmale langgestreckte Jezioro Lampasz endet nach gut vier Kilometern in dem Flüßchen Sobiepanka. Es ist in Trockenperioden oft sehr flach, so daß man das Boot wegen des steinigen Grundes stellenweise tragen sollte.

Schon nach kurzer Fahrt mündet die Sobiepanka in den Jezioro Kujno/Kunosee. Dieser wiederum ist am Südufer über einen kleinen Fluß mit dem Jezioro Dłużec/Langendorfersee verbunden. Am Südostufer des langgestreckten Sees liegt die gleichnamige Ortschaft Dłużec/Langendorf. An diesem Ort besteht eine kurze Wasserverbindung vom Jezioro Dłużec/Langendorfersee zum Jezioro Białe/Weißsee. Am Westufer des Jezioro Białe befindet sich das PTTK-Wassersportzentrum Bieńki. Hier kann man eine erste Übernachtung einlegen, wenn man nicht schon vorher auf einem der Biwak- oder Campingplätze, die am Ufer zu erkennen sind, sein Zelt aufgeschlagen hat. Diese erste Etappe führt zwar schon über rund 15 Kilometer, ist aber ohne besondere Probleme zu bewältigen.

2. Tag

Wenn man am nächsten Morgen mit frischen Kräften vom Wassersportzentrum Bienki startet, sollte man sich auch weiterhin am rechten Ufer des Jezioro Białe/Weißsees halten, denn nach kurzer Zeit mündet hier der Fluß Dabrowka ein. Die ebenso kurze wie schöne Strecke führt in den Jezioro Gant/Ganthersee. Auch diesen See befährt der Wasserwanderer wieder in südlicher Richtung, um in den Fluß Babięcka Struga zu gelangen. Erstmals führt die Strecke über einen längeren Flußabschnitt. Die Babięcka Struga durchquert nach etwa fünf Kilometern die Ortschaft Babięta/Babenten. Schon kurz vor dem Ort erkennt man das großzügige PTTK-Wassersportzentrum. Wer hier übernachten möchte, hat zwar nur zwölf Kilometer zurückgelegt, kann aber die Möglichkeit nutzen, in Babięta einzukaufen.

3. Tag
Die Weiterfahrt durch Babieta beginnt am nächsten Morgen mit einem ersten Hindernis: Der Mühldamm versperrt den Weg auf der Babięcka Struga, am rechten Flußufer läßt sich das Boot jedoch leicht umtragen. Nach etwa fünf Kilometern gelangt man in den Jezioro Zyzdrój Wielki/Großen SysdroyseeJezioro Zyzdrój, der sich zusammen mit dem sich anschließenden Jezioro Zyzdrój Maly/Kleinen Sysdroysee sechs Kilometer in südlicher Richtung erstreckt. Kurz vor der Südspitze des Jezioro Zyzdrój Maly/Kleinen Sysdroysees führt die Route in eine Bucht am linken Ufer und endet zunächst an einer stillgelegten Schleuse. Auch die zweite Umtragung des heutigen Abschnitts bereitet keine großen Probleme. Das Boot wird in dem Fluß Spychowska Struga wieder zu Wasser gelassen. Der breite und gemächlich dahinfließende Fluß endet nach drei Kilometern im Jezioro Spychowskie/Puppener See. Vor der Einfahrt in den See befindet sich das PTTK-Wassersportzentrum. Am südöstlichen Ufer des Sees kann man in dem Ort Spychowo/Puppen nicht nur einkaufen, sondern auch gut essen gehen.

4. Tag
Die klassische Streckenführung verläuft in der jetzt folgenden Etappe erstmals nicht mehr in Nord-Süd-Richtung. Vom Jezioro Spychowskie/Puppener See führt ein fünf Kilometer langer Abschnitt des Flusses Spyrowska Struga zunächst nach Osten und dann in einem Bogen zurück in nördlicher Richtung. Der Fluß mündet in den Jezioro Zdrózno/Drusener See. Hier steht der Paddler vor der Wahl, diesen schön gelegenen See ganz zu umrunden und möglicherweise in einer der malerischen Buchten anzulegen, oder ihn nach wenigen hundert Metern am rechten Ufer wieder zu verlassen. Besonders in der Sommer-Saison, wenn der Betrieb auf dieser populären Strecke überhandgenommen hat, lohnt es sich, hier einen Zwischenstop einzulegen und einen Tag Ruhe zu genießen. Andernfalls führt nach kurzer Zeit in einer Bucht des Sees eine kurze Wasserverbindung in den schmalen Jezioro Uplik/Uplicksee, der sich, umgeben von den mächtigen Hochwäldern der Puszcza Piska/Johannisburger Heide, nach Norden erstreckt. Das Graureiher-Reservat am rechten Ufer wird der umweltbewußte Wasserwanderer schonen und sich die drei Kilometer lange Strecke über auf der linken Seeseite bewegen. An

der Nordspitze angekommen, muß man nach rechts abbiegen, um durch eine kurze Seenge in den Jezioro Mokre/Muckersee zu gelangen. Der acht Kilometer lange See ist mit über 50 Metern der tiefste der Strecke. Schon nach einem Kilometer Fahrt am rechten Ufer entlang liegt der Ort Zgon/Hirschen. Auch hier kann man einkaufen und in einem PTTK-Wassersportzentrum übernachten. Die Ufer des Jezioro Mokre bieten aber auch Biwak- und Campingplätze, die sich für eine naturnahe Übernachtung anbieten. Auf einigen der zahlreichen Inseln des Sees sind gleichfalls Biwakplätze eingerichtet.

5. Tag

Der nächste Morgen wartet mit einer Anstrengung auf: Bei der Ausfahrt aus dem Jezioro Mokre/Muckersee ist ein Wehr zu umtragen. Wenn man stets am rechten Ufer entlang paddelt, ist dieser in einer kleinen Bucht gelegene Ausgang nicht zu übersehen. Hinter dem Wehr beginnt ein Ausläufer des Jezioro Krutyńskie/Kruttinner Sees. Aus dem östlichen Teil des von Wäldern umgebenen Sees tritt nach gut zwei Kilometern der Fluß Krutynia/Kruttinna aus. Endlich hat der Fluß hier den Namen, der diese Kanustrecke berühmt gemacht hat. Die Krutynia verläuft in malerischen Windungen in südlicher Richtung. Zunächst gelangt man nach zwei Kilometern in den Ort Krutyń/Kruttinnen, am linken Ufer gelegen. Direkt am Wasser kann man hier im PTTK-Wassersportzentrum sein Zelt aufschlagen oder auch nur in einem Restaurant am Ufer essen. Die wenigsten Paddler wird es bei schönem Wetter lange hier halten, lockt doch als nächstes eine traumhaft schöne Strecke, auf der der Fluß sich durch hohen Wald schlängelt und man sich wie in einem grünen Dom bewegt.

Wer weiter paddelt, wird nach drei Kilometern eine Brücke hinter sich lassen, die zu dem links der Kruttinna gelegenen Dorf Krutyńskie Piecek/Kruttinner Ofen führt. Kurz darauf versperrt ein Mühldamm den Wasserweg. Er läßt sich auf dem rechten Ufer leicht umtragen. Im weiteren Verlauf der Krutynia finden sich mehrere Biwakplätze, so daß eine Übernachtung keine Probleme bereitet.

6. Tag

Die Krutynia/Kruttinna schlägt etwa zwei Kilometer hinter dem Mühldamm eine andere Richtung ein und windet sich nun nach Nordosten. Wenn man sechs Kilometer in dieser Richtung gepaddelt ist, besteht kurz vor Wojnowo/Eckersdorf die Möglichkeit, einen Abstecher in den Jezioro Dus/Duß-See zu unternehmen. Der schmale Abzweig am rechten Ufer ist stark verkrautet und nur mit einiger Mühe zu finden. Dennoch lohnt der drei Kilometer lange Umweg, denn am Ufer des Jezioro Dus läßt sich das Nonnenkloster der Philipponen besichtigen.

Nach diesem Ausflug und auf demselben Wege zurück in die Krutynia/Kruttinna sind es nur noch drei Kilometer bis zur Ortschaft Ukta. Hinter dem Ort steht am rechten Flußufer das Bootshaus der PTTK. Eine Übernachtung – empfehlenswert die komfortablen Bungalows – bietet sich hier an, zumal die Biwakmöglichkeiten in der Umgebung aus Naturschutzgründen stark eingeschränkt sind.

7. Tag

An diesem Tag schlängelt sich die Krutynia/Kruttinna durch offenes Gelände. Die starke Verkrautung hindert streckenweise das Vorankommen. Das intensive Naturerleben entschädigt sicher dafür. Sieben Kilometer nach dem Ausgangspunkt Ukta erreicht man ein weiteres PTTK-Bootshaus. Es liegt hinter einer Brücke, die in das Dorf Nowy Most/Neubrück führt. Nach vier weiteren Kilometern auf der Kruttinna mündet der Fluß in den Jezioro Gardyńskie/Gartensee. Nach Einfahrt in diesen See gelangt der Paddler rechter Hand durch eine kurze Seenge in den benachbarten See Jezioro Malinówko. Man kann den Gartensee auch entlang seines linken, ebenfalls malerischen Ufers umrunden. Das verlängert die Fahrt aber um zwei Kilometer. Das Ostufer des kleinen Malinówkosees ist ein Paradies für Vögel, sogar Graureiher kann man hier beobachten.

Die Kanustrecke führt nur wenige Meter über den Malinówkosee, denn schon kurz hinter der Seenge, durch die der Wasserwanderer hineingepaddelt ist, leitet ihn eine weitere Enge in den sich links anschließenden schmalen Jerzewkosee. Von diesem Seezugang bis zu dem kleinen Ort Iznota an seinem entgegengesetzten Ende sind es etwa drei Kilometer. Auf dieser Strecke bieten mehrere kleine Biwakplätze Gelegenheit zum Übernachten.

Paddler auf der Krutynia

8. Tag
Die Verbindung zwischen dem Jerzewkosee und dem Jezioro Bełdany/Beldahnsee ist der letzte, zwei Kilometer lange Abschnitt. Die Kruttinna wird hier aber meist Iznota oder auch Czarna Rzeka genannt. Wenn der Paddler diesen kurzen Abschnitt zurückgelegt hat, befindet er sich in der Bucht Iznota am Westufer des Beldahnsees. Von hier aus stehen ihm viele mögliche Routen offen.

Der Beldahnsee mündet auch in den weit verzweigten Jezioro Śniardwy/Spirdingsee, der fast die gesamte Masurische Seenplatte erschließt. Die meisten Paddler werden aber zunächst dem Endpunkt dieser klassischen Route zustreben, dem am Südende des schmalen Beldahnsees gelegenen Wassersportzentrum Ruciane-Nida. Um dorthin zu gelangen, muß man nur den Beldahnsee in südlicher Richtung hinunterpaddeln. An seinen Ufern wurden mehrere gut ausgestattete Biwakplätze eingerichtet, so daß man hier vorher noch einmal übernachten kann.

Wer in Ruciane-Nida angekommen ist, hat bei diesem Routenvorschlag eine Strecke von etwa 110 Kilometern zurückgelegt und wird sicher gern die Gelegenheit wahrnehmen, sich hier an den Strand zu legen. Ruciane-Nida kann auch als Ausgangspunkt für weitere Wasserwanderungen dienen.

Kanutour auf dem Oberlandkanal (100 km)

Der Oberlandkanal verbindet Ostróda/Osterode am Jezioro Drwęckie/Drewenzsee mit Elbląg/Elbing am Frischen Haff. Eine wirtschaftliche Bedeutung besitzt der 1848 auf Anordnung Kaiser Friedrich Wilhelm I. erbaute Kanal zwar nicht mehr, aber die Vorrichtungen zum Schiffstransport über Land, für die der Oberländische Kanal berühmt ist, sind immer noch funktionsfähig. Sie werden ausschließlich von der Wasserkraft des Kanals betrieben und kommen ohne Fremdenergie aus.
Auf der 81 Kilometer langen Strecke überwinden die Schiffe einen Höhenunterschied von zusammen fast hundert Metern. Der Kanal ist stark zugewachsen und stellt, zumal er durch mehrere Seen führt, nicht nur für Technikbegeisterte, sondern auch für naturverbundene Kanuten ein lohnendes Ziel dar.

1. Tag
Als Ausgangspunkt empfiehlt sich dem Wasserwanderer das Wassersportzentrum Piławki an der Nordspitze des Jezioro Drwęckie/Drewenzsee. In diesem von Ostróda/Osterode acht Kilometer entfernten Ort ist das Wasser des Sees deutlich

Der Neptunbrunnen vor dem Artushof in Danzig

MAZUREK-1

sauberer als an der Promenade von Ostróda, obwohl man sein Boot natürlich auch dort zu Wasser lassen kann.

Zunächst führt die Route in Richtung Süden am rechten Ufer des Drewenzsees hinunter. Nach sieben Kilometern umrundet der Paddler die sich in den See vorschiebende – ›Grünortspitze‹ genannte – Landzunge, von der aus die Eisenbahn über den See nach Ostróda führt. Wenn man sich weiterhin an der rechten Seite des Ufers hält, gelangt man nach weiteren drei Kilometern in den ersten Abschnitt des Oberlandkanals, für den die findigen Erbauer hier den Flußlauf der Liwa genutzt haben.

Paddler mit guter Kondition werden sich als Tagesziel die von hier aus sechs Kilometer entfernte Schleuse Zielona/Grünort vornehmen. Bei der Suche nach Übernachtungsmöglichkeiten ist der Paddler auf Spürsinn und Improvisationsgabe angewiesen.

2. Tag

Wer die Schleuse Grünort nicht bereits am Abend des ersten Tages überwunden hat, dem steht die Prozedur am heutigen Morgen bevor. Der Höhenunterschied beträgt jedoch kaum mehr als einen Meter, somit ist das Hindernis relativ leicht zu umtragen.

Die darauffolgende Schleuse bei Miłomłyn/Liebemühl ist fünf Kilometer entfernt und stellt trotz eines Höhenunterschiedes von drei Metern ebenfalls keine besonderen Anforderungen an die Konstitution der Kanuten. Gleich hinter der Schleuse mündet von links ein Stichkanal in den Oberlandkanal. Dieser Stichkanal führt zum Jezioro Jeziorak/Geserichsee und sorgt damit für eine Wasseranbindung der am Südende des langgestreckten Sees gelegenen Stadt Iława/Deutsch Eylau. Natürlich stellt auch Iława einen beliebten Startpunkt für Wasserwanderer dar. So ist es kein Wunder, daß sich an dieser Einfahrt Kanuten aus Ostróda und Iława begegnen, um den weiteren Weg nach Elbląg gemeinsam zurückzulegen. Die aus Iława Kommenden haben bis hier schon eine Strecke von über 30 Kilometern zurückgelegt und dabei mindestens eine Nacht auf einem der malerischen Biwakplätze am Ufer des Jezioro Jeziorak/Geserichsees verbracht.

Nach drei Kilometern gelangen alle Paddler, die auf dem Oberlandkanal in Richtung Norden unterwegs sind, in den großen Jezioro Ilinsk/Eylingsee. Der Oberlandkanal nutzt diesen See jedoch nur auf einer kurzen, zwei Kilometer langen Strecke am Westufer, um dann wieder in das künstliche Kanalbett einzumünden, das sich gleich darauf noch einmal zu zwei kleinen Seen erweitert. Der ver-

Bauernhaus bei Augustów
Auf dem JezioroNiegocin

zweigte Jezioro Ilinsk selbst bietet an seinen Ufern einige schön gelegene Biwakplätze, so daß eine Einfahrt in ihn zum Übernachten lohnt.

3. Tag
Wer in einer der Buchten des Jezioro Ilinsk/Eylingsees übernachtet hat, wird zunächst die Strecke zurück zum Kanal paddeln und dort die drei Kilometer bis zur Einfahrt in den nächsten großen See bewältigen müssen. Es ist der faszinierende Jezioro Ruda Woda/Röthloffsee, ein Schulbuchbeispiel eines Rinnensees: Obschon zwölf Kilometer lang, mißt seine Breite an manchen Stellen nicht einmal 500 Meter. Für diesen See sollte man auf jeden Fall einen ganzen Tag einplanen. An seinem Ufer wurden ebenfalls Biwakplätze zum Übernachten eingerichtet.

Für Naturfreunde bietet sich hier ein besonders lohnender Abstecher an. Nach etwa vier Kilometern ist am rechten Ufer ein weiterer kleiner Stichkanal zu erkennen. Es ist der Duckie-Kanal, der zum nicht einmal tausend Meter entfernten Jezioro Bartężek/Bärtingsee führt. Der von Wäldern gesäumte See verfügt über keine ausgebaute Zufahrt von Land aus und konnte daher seinen urwüchsigen natürlichen Charme erhalten.

Weniger naturverbunden, aber komfortabler, bezieht man Quartier im PTTK-Wassersportzentrum Małdyty/Maldeuten. Der Ort Maldeuten liegt an einem vier Kilometer langen Kanalstück zwischen dem Jezioro Ruda Woda/Röthloffsee und dem sich im Norden anschließenden Jezioro Sambród/Samrodisee.

4. Tag
Nachdem der Wasserwanderer in Małdyty/Maldeuten seinen Proviant ergänzt hat, paddelt er den Jezioro Sambród/Samrodisee zur Hälfte hinunter, um auf die Eisenbahnlinie zu stoßen, die diesen See zweiteilt: Der Eisenbahndamm nimmt fast die gesamte Breite des Sees ein, bietet aber eine Durchfahrt am rechten Ufer. Bald danach geht der See in ein breites Kanalstück über, um kurz darauf von der Europastraße 77 überbrückt zu werden. Der Kanalverlauf schließt danach den kleineren Jezioro Piniewo/Pinnausee ein, folgt aber bald wieder dem künstlichen Kanalbett. Die Strecke paddelt sich wegen des verlandenden Ufers und der malerischen Bewachsung recht angenehm. Etwa nach weiteren fünf Kilometern erfährt die Paddelei erst einmal ein abruptes Ende. Hier endet nämlich der erste Kanalabschnitt, und bevor die Reise auf dem nächsten Kanalabschnitt fortgesetzt werden kann, müssen die Boote mit einer Transportanlage auf dem Landweg dorthin verbracht werden.

Der Landweg, den man mit Hilfe der ersten Anlage bewältigt, beträgt ungefähr 250 Meter und man überwindet einen Höhenunterschied von 21 Metern. Da die Anlagen nur bis etwa 17 Uhr in Betrieb sind und sich hier auch die Möglichkeit

bietet, sein Zelt aufzuschlagen, übernachten viele Paddler an dieser Stelle. Sie haben von Maldeuten bis zur Überlandstrecke insgesamt 14 Kilometer zurückgelegt.

5. Tag

An diesem Tag läßt sich die gesamte Strecke bis zur fünften schiefen Ebene gut zurücklegen. Die Entfernung beträgt zehn Kilometer. Davon führen zwei Kilometer über Land. Die Schiffe werden bei diesen Anlagen auf Gleitkarren verfrachtet, welche auf Schienen die schiefe Ebene herauf und herunter gezogen werden. Der Antrieb der Anlagen geschieht durch den Wasserdruck des Kanals. Bei der Beförderung gilt die Regel, daß größere Boote vorrangig behandelt werden. Paddelboote werden meist nur gruppenweise befördert. Während der Saison stellt sich das jedoch nicht als Problem dar. Die Prozedur selbst nimmt etwa eine halbe Stunde in Anspruch.

Nach der Überwindung aller Ebenen erwartet den Wasserwanderer auf den letzten sieben Kilometern, die auf dem Kanal noch bis zum Jezioro Druzno/Drausensee zurückzulegen sind, keine erwähnenswerte Besonderheit mehr. Daher sollte man sich darauf konzentrieren, nach einem romantischen Schlafplatz Ausschau zu halten. Am Ufer des Drausensees selbst ist zur Schonung der Vogelbrutgebiete das Zelten verboten.

6. Tag

Der Abschluß dieser Tour ist eine fast 20 Kilometer lange Strecke zum Zielpunkt, dem PTTK-Wassersportzentrum in Elbląg/Elbing. Sie führt größtenteils über den

Jezioro Druzno/Drausensee. Der See ist stark verlandet und bietet in seinem breiten Schilfgürtel Wasservögeln ein ideales Refugium. Die Fahrrinne ist durch Pfähle markiert. Zwar stellt es für die Paddler kein Problem dar, ihren Weg auch außerhalb dieser Rinne zu finden, doch sollte der Gedanke an den Schutz der Natur bei der Streckenführung nicht vernachlässigt werden. Die Fahrrinne selbst weist einige Zeit nach dem Einfahren in den See auf der linken Seite einen Abzweig auf, der zu dem Jezioro Dzierzgoń/Sorgesee führt. Wenig später mündet der Wąska-Fluß, an dem auch Preußisch Holland liegt, in den See ein.

Nachdem man nach etwa zehn Kilometern in der Fahrrinne den Drausensee durchquert hat, paddelt man in den Elbing-Fluß hinein. Kurz vor dem Ende der Reise bietet sich die Möglichkeit, den nach links abbiegenden Tejna-Kanal, der eine Verbindung zur Nogat herstellt, für eine Tour durch das Weichseldelta zu nutzen. Auch die Fiszewka/Fischau mündet noch in den Elbing-Fluß, bevor der Paddler an der PTTK-Station anlegt.

Diese in sechs Tagen zu bewältigende Tour bietet die Chance, einige sehr interessante Abstecher zu unternehmen, so daß manche Paddler sie auf bis zu drei Wochen ausdehnen. In der hier beschriebenen Form werden knapp 100 Kilometer zurückgelegt. Ein besonderer Reiz ergibt sich bei dieser Tour, wenn man den Rückweg nach Ostróda/Osterode mit seinem Boot auf demselben Wege zurücklegt – dieses Mal jedoch an Bord eines der täglich zwischen Elbing und Osterode verkehrenden Ausflugsschiffe. Sie nehmen nach Maßgabe des vorhandenen Platzes Kanus an Deck.

Wasserwanderung auf dem Omulew (48 km)

Eine solche Flußfahrt bietet dem Naturfreund die Möglichkeit, die reiche Pflanzen- und Tierwelt in Masuren aus nächster Nähe zu erleben. Der Omulew ist einer der schönsten und trotzdem noch wenig bekannten Wasserwege und gewährleistet ob seiner Länge mehrere Tage aktiver Erholung inmitten unberührter Natur.

1. Tag (13 Kilometer)
Es erweist sich als günstig, das Boot am Anlegeplatz des Erholungszentrums Gawra (Nähe Forsthaus Wikno im Nordosten des Sees Omulew) zu Wasser zu lassen. Danach paddelt man in nordöstlicher Richtung los und läßt linker Hand das Dorf Wikno hinter sich.

Der Paddler passiert nach drei Kilometern die Landzunge und fährt in der Nähe des rechten Ufers weiter, wo auf einer mit Wald bewachsenen Insel die Nester von Seeraben zu sehen sind. Die größte Insel des Jezioro Omulew kommt nach weiteren 100 Metern in Sicht.

Zwischen den Inseln biegt man nach rechts ab und fährt durch die schmale Fahrrinne in Richtung Osten, vorbei am Dorf Jabłonka. Die Fahrrinne wird hier wieder breiter, und in der südöstlich gelegenen Bucht ist noch eine Insel zu sehen.

Bald erreicht der Wassersportler die Bucht, wo der See in den Fluß Omulew übergeht. Der Fluß hat dort eine Breite von ca. zehn Metern, seine Ufer sind sumpfig und nicht begehbar.

Sobald die Waldbrücke erreicht ist, wird der Fluß seichter. An der Brücke fährt man vorbei. Auch hier sind die Ufer des Flußes unzugänglich, mit Schilf bewachsen. Der Fluß schlängelt sich hier durch ein sumpfiges Tal. Nach einiger Fahrzeit bleiben die Sumpfgebiete zurück, das Gelände wird höher und der Fluß ist von Hochwald umgeben. Hier muß der Paddler auf aus dem Wasser ragende Baumstümpfe aufpassen, die jedoch leicht zu umfahren sind.

Die Dörfer Nidzica und Jedwabno sind mittels einer Brücke verbunden, unter der man hindurch paddelt. Bei der Durchfahrt ist erneut auf im Wasser befindliche Baumstümpfe zu achten. Ungefähr anderthalb Kilometer nach der Brücke sind die ersten Häuser der Ortschaft Kot zu sehen. Es bietet sich an, dort zu übernachten, um am folgenden Tag ausgeruht, die nächste Etappe anzugehen.

2. Tag (12 Kilometer)

Das Dorf Kot ist die größte Ortschaft, die bei dieser Paddeltour passiert wird. Der Fluß wird hier enger, die Strömung stärker, das Wasser ist klar. Man sollte sich vor im Wasser liegenden Gesteinsblöcken in acht nehmen. Die nächste Gefahrenquelle der Wasserstraße verbirgt sich unter einer ziemlich niedrigen Straßenbrücke. Dort befindet sich eine Schwelle aus spitzen Steinen im Wasser und die Strömung ist sehr schnell. Es ist am ungefährlichsten diese Stelle von der rechten Seite der Brücke zu umfahren oder das Hindernis zu Fuß zu überqueren, um das Boot nicht zu beschädigen. Hat man das Dorf Kot hinter sich gelassen, wird der Fluß wieder breiter. Seine Ufer sind mit Erlen, Hängeweiden und zunehmend auch mit Schilfrohr und Seebinsen bewachsen und deshalb nicht begehbar.

Bald kommt die Forstwirtschaft Dębowiec (früher Przysowy) in Sicht. Dort befinden sich auch eine alte Wassermühle und die Überreste eines Dammes. Da sich der Fluß unterhalb des Dammes stark verengt und die Flußufer dicht mit Wasserpflanzen bewachsen sind, ist man gezwungen, das Boot über einen etwas höher gelegenen Weg umzutragen.

Dort, wo sich früher das kleine Dorf Dębowiec Mały befand, verbindet ein schmaler Steg die beiden Ufer des an dieser Stelle seichten Omulew.

Der Bach Czarna Rzeka, der dem See Czarny bei Czarny Piec entspringt, mündet linker Hand in den Omulew. Das Tal des Flußes erweitert sich an dieser Stelle und der Fluß wird breit und tief. Rechts und links des Flußlaufes erstreckt sich ein niedriges Torfmoor.

Nach ca. dreieinhalb Kilometern verengt sich das Flußbett. Die aus dem Wasser ragenden Überreste einer alten Brücke erschweren zusätzlich das Paddeln. Ist diese schwierige Stelle bewältigt, erreicht man ein breites Flußtal. Je nach Kräfteverschleiß, könnte der Paddler eventuell hier die nächste Ruhepause einlegen und einen geeigneten Biwakplatz suchen.

3. Tag (13 Kilometer)
Zwei Kilometer weiter muß man unter einer kleinen, niedrigen Brücke hindurch. Der Omulew fließt nun durch ein enges, sumpfiges Tal. In der nächsten Verengung wird abermals eine alte Brücke passiert. Unterhalb der Brücke wird der Fluß wieder breiter, und beidseits erstreckt sich das Naturschutzgebiet Małga, eine der schönsten Sumpflandschaften der Masurischen Seenplatte. Es umfaßt eine Fläche von 147 Hektar und ist Lebensraum von Bibern und Fischottern, Kranichen, Wildenten und Sumpfgeiern.

Wieder passiert man eine seichte Stelle des Flußes, wo die Überreste einer alten Brücke zu sehen sind. Eine Verengung des Flußtals kündigt die nächste Brücke an, deren Durchfahrt gewisse Geschicklichkeit beim Paddeln erfordert.

Auf einem kurzen Abschnitt verbreitert sich die Wasserstraße. Hier mündet der Wasserlauf Rekownica, welcher der im Wald gelegenen Seenkette um Rekownica und Pidunia entspringt, in den Omulew. Nach weiteren fünf Kilometern Flußfahrt erreicht der Paddler die Waldsiedlung Kolonia Wesołowo, wo die Möglichkeit zur Übernachtung besteht.

4. Tag (10 Kilometer)
Am nächsten Morgen paddelt man zu dem am linken Flußufer gelegenen Dorf Wesołowo und fährt unter der Straßenbrücke hindurch. Ist diese Stelle bewältigt, verläuft der Fluß ziemlich parallel zur Landstraße Wielbark-Jedwabno. Am linken Ufer ist das Dorf Głuch zu sehen. Wieder passiert man eine Straßenbrücke.

Der Fluß schlängelt sich durch einen grünen Erlentunnel und führt an der Zierbäumeschule des Forstbezirkes Wielbark entlang. Der Wasserwanderer läßt den Baumtunnel hinter sich, und weiter geht die Fahrt inmitten des nun von Weiden gesäumten Flußes. Nach zwei Kilometern hat man Wielbark erreicht. Vor der Brücke an der Straße Szczytno – Warszawa in Wielbark endet die Paddeltour.

Wasserwanderung auf der Sapina (34 km)

Für diese Tour sind wenigstens drei Tage Reisezeit einzuplanen. Der Wasserwanderer startet entweder in Węgorzewo/Angerburg oder direkt an der Einmündung der Sapina – 500 Meter nördlich von Ogonki/Schwenten.

Segler in der Schleuse bei Ruciane-Nida

1.Tag
Es empfiehlt sich, das Boot an der Schiffsanlegestelle in Węgorzewo/Angerburg zu Wasser zu lassen und durch die Seenenge südlich der Halbinsel Kal/Kehlen auf den See Jezioro Święcajty/Schwenzaitsee zu paddeln. Man überquert den gut fünf Kilometer langen See, dessen nördliches Ufer zum Teil mit Wald bestanden ist.

An diesem Ufer befindet sich der Friedhof ›Jägerhöhe‹ mit dem Grab der im Ersten Weltkrieg in der Schlacht an den Masurischen Seen gefallenen Soldaten. Wer sich für Geschichte interessiert, sollte den Friedhof unbedingt besuchen.

Nördlich von Ogonki/Schwenten, im westlichen Teil des Jezioro Święcajty erreicht der Paddler einen kurzen Kanal, der den Jezioro Święcajty mit dem Jezioro Strięgiel/Strengelner See verbindet. Die Route führt durch diesen Kanal auf den sich über vier Kilometer erstreckenden Jezioro Strięgiel. Zahlreiche Buchten und Halbinseln kennzeichnen diesen See. Im südlichen Teil wird eine kleine Insel passiert.

Beim Weiterpaddeln entlang des rechten Seeufers gelangt man zu der Stelle, an der der Fluß Sapina/Sapine einmündet. Die Fahrt wird nun auf der Sapina fortgesetzt. Die Flußufer sind beidseitig mit dichtem Wald bewachsen. Nach zwei Kilometern Flußfahrt gelangt der Wasserwanderer an einen schön gelegenen Campingplatz, der auf der linken Flußuferseite zu finden ist. Hier bietet sich eine gute Möglichkeit zur Übernachtung.

2. Tag
Nachdem der Tag mit einer ca. vier Kilometer langen Flußfahrt begonnen hat, mündet der Fluß in den Jezioro Pozezdrze/Großgartensee. Der See hat eine Längenausdehnung von drei Kilometern. Das südwestliche Seeufer ist sumpfig. Auf der östlichen Seite des Sees erreicht man nach ca. 1,5 Kilometern Fahrt wieder den Flußlauf der Sapina. Der Fluß bringt den Wassersportler bald zu zwei kleineren Seen. Zuerst wird der Jezioro Brzas/Braunichsee, danach der Jezioro Wilkus/Wilkussee überquert.
Nun befindet man sich wieder auf der Sapina. Auf diesem dritten Flußabschnitt ist eine Brücke zu passieren und wenig später eine Schleuse, wo es angebracht ist das Boot umzutragen. Nach 1,5 Kilometern mündet die Sapina in den vier Kilometer langen Jezioro Gołdopiwo/Goldapgarsee. In seiner nördlichen Ausdehnung ist der See mit dem Jezioro Zabinki/Hochseer See verbunden. An dieser Uferseite des Sees befinden sich auch zwei Zeltplätze, die man für eine Fahrtunterbrechung nutzen könnte. Diese Zeltplätze bieten nicht nur einen bequemen Übernachtungsplatz, sondern auch die Gelegenheit die Landschaft zu Fuß zu erkunden. Von den Biwakplätzen führen in nördlicher Richtung Wanderwege zu einigen kleinen, malerisch in die Landschaft eingebetteten Seen.

3.Tag
Vom Jezioro Zabinki fährt der Paddler zurück auf den Jezioro Gołdopiwo. Am südlichen Ende des Sees entspringt ein Bach, der den Jezioro Gołdopiwo mit dem Jezioro Kruklin/Kraukelner See verbindet. Leider ist dieser kleine Wasserlauf nicht immer problemlos nutzbar. Zu niedriger Wasserstand, umgefallene Bäume oder im Flußbett liegende Steine können sich als Hindernisse erweisen.

Ist das Flüßchen passierbar, erreicht man nach fünf Kilometern Fahrt den Jezioro Kruklin, dessen Ufer von großer landschaftlicher Vielfalt sind. Beispielsweise befindet sich im westlichen Seeteil das bekannte Vogelreservat Jezioro Kożuchy.

Hier, auf dem Jezioro Kożuchy/Allenbrucher See, endet diese Paddeltour.

... mit Auto und Motorrad

Wenngleich sich die Landschaft Masurens am besten zu Fuß oder auf dem Wasser erschließen läßt, ist doch oft genug ein motorisiertes Fahrzeug von Vorteil. Zwar werden fast alle Orte der Region von öffentlichen Bussen angefahren, doch wenn man gezielt eine der Sehenswürdigkeiten bei einem Tagesausflug besichtigen möchte, bietet das Auto größere Unabhängigkeit.

Bei Motorradfahrern ist Masuren längst kein Geheimtip mehr. Viele organisierte Touren führen hierhin. Aber auch für Individualtouristen mit dem Motorrad haben die Redakteure der Motorradzeitschriften interessante Routen ausgearbeitet und beschrieben.

Die Fahrt von Deutschland nach Polen ist für Auto- und Motorradfahrer weniger anstrengend als viele befürchten. Die meisten Fernverkehrsstraßen sind gut ausgebaut. Man sollte sich überlegen, welche Orte man auf dem Weg nach Masuren möglicherweise noch besuchen will. Reisenden aus Süddeutschland, die über Tschechien einreisen, bietet sich die Möglichkeit, der polnischen Metropole Warschau einen Besuch abzustatten. Vor allem im Sommer ist eine Anreise entlang der Ostseeküste, bei der man sich die Zeit zu einigen Abstechern an den Strand nehmen sollte, eine schöne Einstimmung auf den Urlaub. Daher sei an dieser Stelle auf das TRESCHER-Reisehandbuch ›Die polnische Ostseeküste – unterwegs zu den Naturschönheiten zwischen Stettin und Danzig‹ hingewiesen, das den Weg zu den Naturschönheiten weist und konkrete Übernachtungshinweise gibt.

Eine andere Strecke von Deutschland nach Masuren folgt der alten Verbindung Berlin – Königsberg, der heutigen polnischen Fernstraße Nummer 22. Sie beginnt im pommerschen Gorzów/Landsberg und führt nach Malbork/Marienburg. Diese Route ist weniger befahren als andere Fernstraßen und führt durch viele typische Kleinstädte in Pommern.

Die Straßenverhältnisse in Masuren sind besser, als es sich wohl die meisten deutschen Touristen vorstellen. Viele Landstraßen sind gut asphaltiert. Wegen des geringen Verkehrsaufkommens kommt man viel streßfreier als in dichter besiedelten Regionen Polens voran.

Die herrlichen Alleen, in denen man wie in einem grünen Tunnel fährt, laden zu einem entspannten und gemächlichen Fahren ein. Es ist sicher ein leichtes, die Geschwindigkeitsbeschränkung von 90 Kilometer pro Stunde einzuhalten. Bisweilen werden die Chausseen von froschreichen Gräben flankiert, die ein beliebtes Revier für die vielen masurischen Störche darstellen. Bei einem überraschenden Start der großen Vögel kann es vorkommen, daß der Storch in der tunnelartigen Chaussee so niedrig fliegt, daß er mit einem Auto zusammenstößt. Diese für deutsche Verhältnisse eher kuriosen Unfälle zwischen einem tieffliegenden Storch und einem fahrenden Auto haben schon mehrere Opfer gefordert.

Es werden zwar ständig neue Tankstellen errichtet, dennoch sind sie in Masuren noch verhältnismäßig dünn gesät. Vor allem Fahrer, deren Auto auf bleifreies Benzin angewiesen ist, sollten stets einen gefüllten Reservekanister mitführen. In den meisten größeren Städten, so in Olsztyn/Allenstein, Mrągowo/Sensburg, Suwałki und Augustów, bereitet das Bleifrei-Tanken kein Problem.

Die Ersatzteilversorgung für die meisten Automarken ist problemlos. Lohnintensive Reparaturen – Schweiß- und Lackierarbeiten – sind günstig, so daß manch westlicher Autobesitzer die Gelegenheit wahrnimmt und sein Fahrzeug während des Urlaubs überholen läßt.

Straßenkarten sind sowohl in Masuren als auch in Deutschland im gut sortierten Handel oder in Bibliotheken erhältlich. Die meisten davon sind sehr präzise. Probleme bereitet jedoch die teilweise sehr mangelhafte Ausschilderung. Viele Hinweistafeln zu Campingplätzen und Wassersportzentren sind verwittert oder von Gebüsch verdeckt.

Bei der Ausarbeitung einer Autoreiseroute durch Masuren muß man zwar nicht so präzise vorgehen wie etwa bei einer Fahrradtour oder einer Wasserwanderung, doch ist auch hier eine Planung nützlich, wenn man unnötige Wege vermeiden und Zeit sparen will. Als Anregung werden hier zwei Tourenvorschläge gemacht.

Die erste Rundroute beginnt in Malbork/Marienburg, dem Endpunkt der Nationalstraße 22. Sie bietet sich daher besonders für Reisende an, die über das nördliche Polen gefahren sind. Von Malbork aus gelangt man in südlicher Richtung nach Iława/Deutsch Eylau (70 Kilometer). Die weitere Route folgt jetzt zunächst der Nationalstraße 16 – sicherlich die touristisch interessanteste Fernstraße. Sie führt zunächst in östlicher Richtung über Ostróda/Osterode (32 Kilometer) nach Olsztyn/Allenstein (42 Kilometer).

Von hier aus gelangt man auf einer besonders schönen Strecke nach Mrągowo/Sensburg (63 Kilometer). Dabei durchquert sie kurz vor Mrągowo das nicht nur bei Wasserwanderern bekannte Sorkwity/Sorquitten. Nach einer kurzen Fahrt ist man im masurischen Wassersportzentrum Mikołajki/Nikolaiken (22 Kilometer). Weiter führt die Strecke in östlicher Richtung über das eher trostlose Orzysz/Arys nach Ełk/Lyck (60 Kilometer), dem östlichsten Punkt dieser Tour. Hier verläßt die Route die Nationalstraße 16.

Auf malerischen Nebenstrecken gelangt man zurück in nordwestlicher Richtung nach Giżycko/Lötzen (50 Kilometer). Nur 32 Kilometer weiter westlich liegt Ketrzyn/Rastenburg – der nächste Ort touristischen Interesses. Ausreichend Zeit soll sich der Fahrer für die folgende Strecke nach Lidzbark/Heilsberg (60 Kilometer) nehmen. Er hat die Möglichkeit, auf Nebenstrecken auch den Wallfahrtsort Swięta Lipka/Heiligelinde und das für seine vorbildlich renovierte Burg bekannte Städtchen Reszel/Rößel zu besuchen. Letzte Station der Rundreise bildet Elbląg/Elbing (70 Kilometer). Von Elbląg aus läßt sich mühelos ein Abstecher ans Frische Haff oder auf die Frische Nehrung unternehmen.

Wer davon keinen Gebrauch macht, ist nach kurzer Fahrt in nordwestlicher Richtung wieder an seinem Ausgangspunkt Malbork/Marienburg (33 Kilometer) angelangt. Für diese über 400 Kilometer umfassende Rundroute sollte man sich mindestens eine Woche Zeit nehmen. Ein näheres Eingehen auf die architektonischen und landschaftlichen Schönheiten auf dem Weg verlangt aber sehr viel mehr Zeit. Die Route erschließt das gesamte masurische Gebiet, mit Ausnahme der östlich gelegenen Region Suwałki – Augustów.

Die zweite Route konzentriert sich auf das östliche Masuren und bietet sich für Reisende an, die aus südlicher Richtung – in der Regel aus Warschau – nach Masuren fahren. Ausgangspunkt der Rundreise ist das Wassersportzentrum Augustów. Wer die Strecke weiter nach Norden fährt, erreicht nach 31 Kilometern Suwałki. Noch nördlicher, an der Grenze zum Gebiet Kaliningrad/Königsberg, liegt der Ort Gołdap (72 Kilometer). In westlicher Richtung verläuft die Route nach Węgorzewo/Angerburg (49 Kilometer). Wieder nach Süden fährt man, um nach Giżycko/Lötzen (26 Kilometer) und weiter nach Pisz/Johannisburg (54 Kilometer) zu gelangen. Von hier aus hat man die Wahl, in südlicher Richtung nach Warschau weiterzufahren oder über das in östlicher Richtung gelegene Ełk/Lyck (55 Kilometer) nach Augustów (42 Kilometer) zurückzukehren.

Auf gut 300 Kilometern lernt der Reisende bei dieser Route einen landschaftlich besonders reizvollen Teil Masurens kennen und kann dabei auch architekturhistorisch interessante Besichtigungen unternehmen. Wieviel Zeit man für diese Reise veranschlagt, hängt im wesentlichen davon ab, wie intensiv man sich auf die Natur einlassen will. Vor allem in Augustów bietet sich wegen der wald- und seenreichen Umgebung ein längerer Aufenthalt an.

In allen genannten Orten stehen Unterkunftsmöglichkeiten und oft auch Campingplätze zur Verfügung.

Das historische Danzig, einst ein Zentrum des friedlichen Zusammenlebens verschiedener Nationalitäten, wurde im Zweiten Weltkrieg fast völlig zerstört.

Daß ein Ausflug nach Danzig dennoch zu den Höhepunkten einer Polenreise gehört, ist den Denkmalpflegern und Restauratoren zu verdanken, die durch den Wiederaufbau der alten Hansestadt verdientermaßen zu Weltruhm gelangten.

Ein Ausflug nach Gdańsk/Danzig

Geschichte

Die alte Hansestadt Danzig feierte im Jahre 1997 ihr tausendjähriges Bestehen. In diesen tausend Jahren war die Stadt immer ein Schnittpunkt zwischen Ost und West, ein Ort des wirtschaftlichen und kulturellen Austausches. Zeiten der Blüte wechselten sich ab mit verheerenden Zerstörungen und gesellschaftlichen Umbrüchen.

In den achtziger Jahren unseres Jahrhunderts tauchte der Name der bedeutenden Ostseestadt Danzig fast immer in Zusammenhang mit der Lenin-Werft auf, die als Geburtsort der Gewerkschaft Solidarność (›Solidarität‹) gilt. Inzwischen hat die Schiffswerft ihren Namen und ihre wirtschaftliche Bedeutung eingebüßt, und die Kämpfe der unabhängigen Gewerkschaft sind in die Geschichte eingegangen.

Die ökonomische Bedeutung Danzigs hat zwar nachgelassen, aber die Stadt büßte nichts von ihrer touristischen Attraktivität ein. Mit Danzig lieferten die polnischen Denkmalspfleger ihr Meisterstück ab. Der Wiederaufbau Danzigs gilt auf der ganzen Welt als vorbildlich. Polnische Denkmalspfleger werden heute um Beratung gebeten, wenn es gilt, eine historische Stadt im Sinne ihrer alten Baumeister neu entstehen zu lassen.

Bei den Wiederaufbauarbeiten beschränkten sich die Restauratoren nicht allein darauf, die im Krieg fast völlig zerstörten alten Stadtviertel so wiederherzustellen, wie sie vor dem Krieg bestanden. Es gelang ihnen sogar unter Zuhilfenahme der alten Stadtarchive – und unbehindert von Eigentumsansprüchen privater Spekulanten –, das ursprüngliche Gesicht der Stadt zu rekonstruieren. Vieles Stilfremde konnte dabei beseitigt werden.

Alte Danziger, die in den vergangenen Jahren das neue, alte Danzig besichtigten und einen Vergleich des heutigen Stadtbildes mit dem vor dem Krieg anstellen konnten, waren überwältigt von dem jetzigen Antlitz ihrer Heimatstadt.

Es versteht sich von selbst, daß auch die weitgehend zerstörten Industrie- und Hafenanlagen wieder aufgebaut wurden und neue Wohnviertel errichtet werden mußten. Dieses moderne Danzig steht oftmals in einem erschreckenden Gegensatz zu den dekorativen alten Stadtgebieten. Aber Danzig ist eben nicht nur ein riesiges architekturhistorisches Museum, sondern eine lebendige und pulsierende Großstadt.

Erste Erwähnung fand die Stadt 997 unter dem Namen Gyddanzyc im ›Leben des heiligen Adalbert‹ als Wehrburg an der Mündung der Wisła/Weichsel in die Ostsee. Sie soll Sitz slawischer Fürsten gewesen sein. Bald darauf wurde Danzig häufiger als Herrschaftssitz der Fürsten von Danzig und Pomerellen genannt. Die Stadt war wegen ihrer ökonomisch und strategisch günstigen Lage zu einem wichtigen Siedlungs- und Handelspunkt geworden.

Blick vom Mariendom über die Altstadt

Im Jahr 1227 erhielt Danzig das Lübecker Stadtrecht, denn die Stadt war als internationales Handelszentrum bedeutend geworden. Als das Geschlecht der Herzöge von Danzig und Pomerellen ausstarb, wurde die Ostseemetropole zum Streitobjekt verschiedener Herrscher. 1308 brachte der Deutsche Orden die Stadt in seinen Besitz und gründete an ihrer Südgrenze eine neue Siedlung, der er 1343 das Magdeburger Stadtrecht verlieh. Diese Siedlung wird im später vereinigten Danzig als Rechtsstadt/Glowne Miasto bezeichnet. Bald darauf folgten die Gründung der Neustadt/Nowe Miasto und die Wiedererrichtung der alten pommerschen Stadt, später Altstadt/Stare Miasto genannt. Zuletzt wurde die Alte Vorstadt/Stare Przedmiescie unter Leitung des Ordens wiederaufgebaut. Trotz der übergeordneten Herrschaft des Ordens blieben die vier Städte mit jeweils eigener Verwaltung selbständig.

Im Jahr 1454 ergriffen die Danziger die Chance, sich vom inzwischen geschwächten Orden loszusagen, der eine eigenständige Handelspolitik der vier Städte durch ständige Eingriffe in die Verwaltung unmöglich machte und sich auf Kosten Danzigs finanziell sanieren wollte. Danzig unterstellte sich freiwillig der polnischen Krone. Die Danziger konnten dabei neben der politischen Eigenständigkeit ihrer jetzt vereinigten Stadt zahlreiche Privilegien aushandeln. Danzig erhielt unter anderem das polnische Monopol für den Seehandel mit Holz und Getreide.

Bald erlebte die Ostseestadt mit ihrem Hafen eine ungeheure wirtschaftliche Blüte. Im 16. und 17. Jahrhundert war Danzig die größte Stadt Polens. Prachtvolle Bauwerke entstanden und zeugten von Macht und Reichtum der Bewohner. Schiffswerften und Tuchmanufakturen mehrten den Wohlstand.

Im Zuge der sich über Europa ausbreitenden Reformationsbewegung wurde Danzig protestantisch. Die polnische Krone tolerierte die protestantische Insel im katholischen Reich und sicherte der Stadt 1557 den Protestantismus brieflich zu. Die Toleranz wurde belohnt: In den nordischen Kriegen versuchten die protestantischen Schweden immer wieder, Danzig mit religiösen Argumenten auf ihre Seite zu ziehen. Doch die Stadt stand loyal zum polnischen König.

1793 wurde Danzig preußisch, bei der Zweiten Teilung Polens in diesem Jahr konnten die Danziger nicht mehr über ihr Schicksal mitbestimmen. Die Stadt wurde vom Weichsel-Hinterland wirtschaftlich abgeschnitten. Die Blütezeit nahm abrupt ein Ende.

Nach Napoleons zunächst siegreichem Heerzug gen Osten wurde Danzig 1807 zur ›Freien Stadt‹ erklärt, allerdings unter französischem Protektorat. Aber schon 1814 übernahmen die Preußen wieder die Herrschaft und brachten Danzig später ins Deutsche Reich ein.

Der Versailler Vertrag, der nach Ende des Ersten Weltkrieges die politische Neuordnung Europas festlegte, sah für Danzig eine verzwickte Konstruktion vor: Danzig einschließlich der umliegenden Gebiete des Weichselwerders erhielt den Status einer ›Freien Stadt‹ unter Kontrolle des Völkerbundes, jedoch in Zollunion mit Polen. Wenngleich von vielen Beteiligten des Völkerbundes als Musterbeispiel des polnisch-deutschen Zusammenlebens geplant, so entwickelte sich die ›Freie Stadt‹ doch zum genauen Gegenteil. Die faschistischen Parolen der Nazis fanden bei der deutschen Bevölkerung regen Zuspruch, und die fortschreitende Polarisierung der beiden Bevölkerungsgruppen fand am 1. September 1939 ihren Höhepunkt, als der deutsche Panzerkreuzer ›Schleswig-Holstein‹ das polnische Militärdepot auf der Halbinsel Westerplatte unter Feuer nahm. Zur gleichen Zeit tobte schon ein Bürgerkrieg um das von deutschen Faschisten eingeschlossene polnische Postamt.

Im März 1945 rückten gemeinsame Verbände der Roten Armee und der polnischen Armee in die von den Deutschen erbittert verteidigte Stadt ein. 90 Prozent der historischen Innenstadt wurden dabei zerstört.

Die astronomische Uhr in der Marienkirche

ELZBIETA

Sehenswürdigkeiten

Heute ist die Innenstadt dank der großen Aufbauleistung der polnischen Restaurateure wiedererstanden. Sie gliedert sich in mehrere Viertel, die aus den ursprünglich selbständigen Städten entstanden sind. Bei dem Besucher kann daher Verwirrung entstehen, wenn er auf einem kleinen Gebiet mehrere Rathäuser findet und die Reste von Stadtmauern und Verteidigungswällen sich im Zentrum einer Stadt ausmachen lassen. Das bedeutendste Viertel bildet die Rechtsstadt. Dieses 1343 vom Deutschen Orden gegründete Viertel umfaßt die historischen Prachtbauten des alten Danzig. Die meisten Profanbauten ließen wohlhabende Patrizierfamilien errichten.

Die Hauptstraße durch dieses Viertel war der sogenannte Königsweg, eine repräsentative Einzugsstrecke in die Stadt. Der Weg beginnt beim Hohen Tor/Brama Wyźynna, durch das die Herrscher in die Stadt einritten. Von der Spitze dieses 1588 errichteten Prachtbaus schauen reich gegliederte bildhauerische Dekorationen auf die Besucher herab. Sie enthalten traditionell die Wappen Polens, des Königreiches Preußen und Danzigs. Auf der stadteinwärts gerichteten Seite findet sich ein spätgotischer Turm, der sogenannte Stockturm. Er bildet gemeinsam mit der wiederhergestellten Folterkammer einen Rest der ehemaligen Wehranlage.

Der Königsweg führt über die Langgasse/ul. Długa und den Langmarkt/Długi Targ, auf dem einmal im Jahr im August ein Dominikanerjahrmarkt stattfindet, durch das Goldene Tor/Brama Złota aus dem 17. Jahrhundert, vorbei am spätgotischen Sankt-Georgs-Hof, einst Gesellschaftshaus der Sankt-Georgen-Bruderschaft. Auf der rechten Seite führt ein Weg zum Zeughaus/Zbrojownia, einem herrlichen Renaissance-Bau, der 1945 ausbrannte und, wiedererrichtet, heute die staatliche Kunsthochschule beherbergt. Der Langmarkt wird beherrscht vom Rechtsstädtischen Rathaus aus dem 14. Jahrhundert mit seinem 82 Meter hohen Turm, in dem sich ein Glockenspiel befindet. In dem herrlich rekonstruierten Gebäude wurde ein Museum für die Geschichte der Stadt eingerichtet.

Das bekannteste Gebäude des Königswegs ist jedoch der berühmte Artushof/Dwór Artusa, ein gotisches Bauwerk mit manieristischer Stirnfassade und einem großen Versammlungssaal, der einst den herrschenden Patriziern als Tagungsstätte diente und heute für Ausstellungen genutzt wird. Charakteristisch für die Renaissance-Fassade sind die großen, über zwei Stockwerke gehenden Fenster. Vor dem Artushof befindet sich der Neptunbrunnen aus dem 17. Jahr-

Das Grüne Tor in Danzig
In der ul. Mariacka

hundert. Der Königsweg endet am Grünen Tor/Brama Zielona aus dem Jahre 1568. Dieser Torbogen im Stil der Renaissance schließt den Langmarkt zum Ufer der Motława/Mottlau hin ab.

Längs der Mottlau zieht sich der alte Hafen von Danzig hin. Er war bis zum 19. Jahrhundert in Betrieb. In der Kaigasse/Długie Pobrzeźe sind die gotischen Tore Brotbänkentor/Brama Chlebnicka, Frauentor/Brama Mariacka, in dem jetzt das archäologische Museum untergebracht ist, und das Heiligen-Geist-Tor/Brama Świętego Ducha aus dem 15. Jahrhundert zu besichtigen. Das berühmteste aber ist das Krantor/Wielki Źuraw, das Wahrzeichen Danzigs. Dieses Tor mit seinem eingebauten Holzkran, 1443 errichtet, beherbergt heute nach dem Wiederaufbau das Marinehistorische Museum. Hier werden die Fundstücke ausgestellt, die in den letzten Jahrzehnten von Tauchern aus der Ostsee geborgen wurden. Darunter befinden sich mehr als zwei Dutzend Kanonenkugeln, die im Laufe der Jahrhunderte auf die Stadt abgefeuert wurden.

Am anderen Flußufer ist die Wyspa Spichrzów/Speicherinsel zu sehen, die früher das Zentrum des polnischen Getreidehandels war. Auf ihr lassen sich die Reste einer alten Befestigungsanlage aus dem 15. Jahrhundert erkennen, die von einem Tor überragt werden, das wegen seiner beiden mächtigen runden Türme Milchkannentor/Brama Stągiewna genannt wird.

Am nordöstlichen Rand der Rechtsstadt steht eine alte gotische Bastei. Sie verweist auf Reste der ehemaligen Wehranlage um dieses Viertel. In der Nähe steht wiedererbaut das Gebäude der ehemaligen polnischen Post, in dem am 1. September 1939 mehr als 50 polnische Postbeamte einen heldenhaften, aber aussichtslosen Kampf gegen die faschistischen Belagerer von der Danziger Untergrund-SS führten. Obwohl ohne architekturhistorische Bedeutung, wird dieses Gebäude daher bei organisierten Stadtbesichtigungen jedem Besucher gezeigt.

Die gotische Sankt-Johannes-Kirche/Kościół święty Jana stammt aus dem 14. Jahrhundert und weist mit einem 69 Meter hohen Turm dem Besucher den Weg zu einer Sammlung historischer Skulpturen. Diese Sammlung könnte heute um ein Vielfaches größer sein, wäre nicht ein Großteil der Kunstschätze der Stadt ein Opfer des letzten Krieges geworden.

Dominierendes Bauwerk Danzigs aber ist ein anderes Gotteshaus. Die Marienkirche/Kościół Mariacki ist eine gotische Hallenkirche und mit einer Länge von über hundert Metern und einer Gewölbehöhe von fast 30 Metern eines der größten Gotteshäuser Europas und die größte Kirche Polens. Sie bietet 25 000 Gläubigen Platz. Bei einem Brand im Jahre 1945 stürzten die meisten der schönen Gewölbe ein. Der Wiederaufbau nahm viel Zeit und Mühe in Anspruch und wurde erst vor kurzem beendet. Der Kirchturm ist 78 Meter hoch.

Bei dem gotischen Kruzifix im Inneren handelt es sich um ein Original aus von 1415, das zu den wenigen Kunstschätzen dieser Kirche gehört, die den Krieg

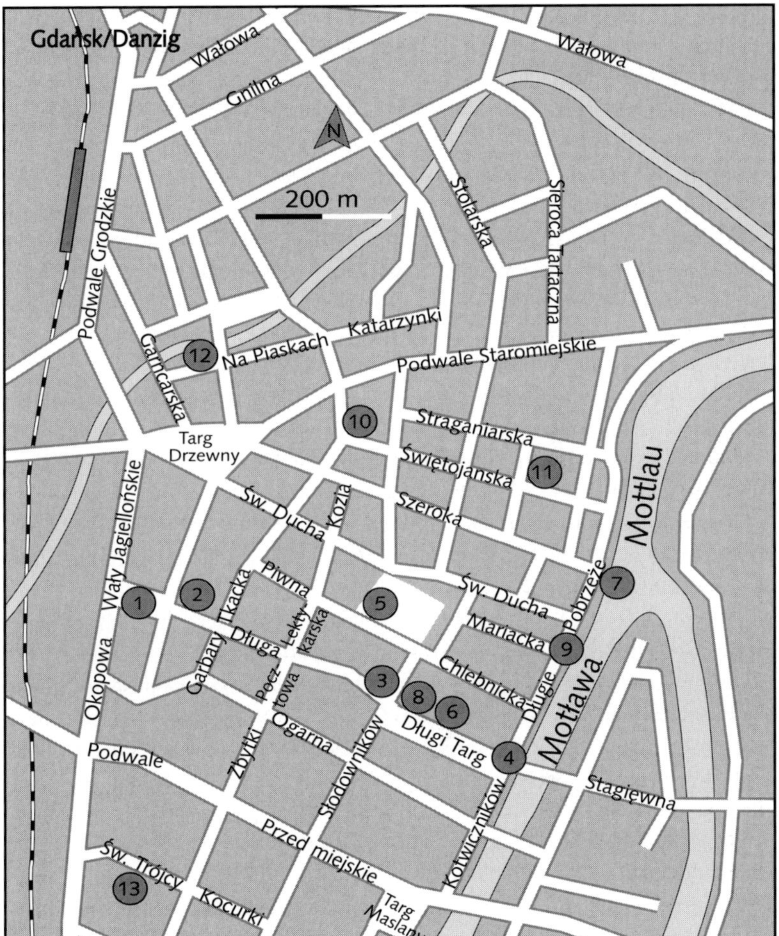

1 Hohes Tor/Brama Wyżynna
2 Goldenes Tor/Brama Złota
3 Rechtsstädtisches Rathaus
4 Grünes Tor/Brama Zielona
5 Marienkirche/Kościół Mariacki
6 Goldenes Haus
7 Krantor/Wielki Źuraw
8 Artushof/Dwór Artusa
9 Frauentor/Brama Mariacka
10 Sankt-Nikolai-Kirche/Kościół święty Mikolaja
11 Sankt-Johannes-Kirche/Kościół święty Jana
12 Altstädtisches Rathaus
13 Heilige-Dreifaltigkeits-Kirche/Kościół święty Trójcy

unbeschadet überstanden haben. Auch dem berühmten Triptychon von Hans Memling konnten die Feuersbrünste nichts anhaben, es befindet sich aber jetzt im pommerellischen Nationalmuseum im ehemaligen Franziskanerkloster. Hier in der Marienkirche ist nur eine Nachbildung zu sehen. Am linken Portal kann ein technisches Wunderwerk bestaunt werden: Eine große astronomische Uhr aus dem Jahre 1470. Nachdem der Uhrmacher seine Arbeit beendet hatte, stachen ihm die Danziger Auftraggeber – so sagt die Überlieferung – beide Augen aus, um zu verhindern, daß er auch anderen Städten eine solch einmalige Kostbarkeit anfertigen könne. Als die Uhr bald darauf beschädigt wurde, rächte sich diese Grausamkeit. Niemand konnte die Uhr in Gang setzen. Bis heute bemüht sich die Danziger Uhrmacherzunft vergeblich, die astronomische Uhr zu reparieren.

Neben der Marienkirche nehmen sich die barocke Königskapelle und das spätgotische Pfarrhaus unscheinbar aus. In der Königskapelle, die 1681 von Jan III. Sobieski gestiftet wurde, konnten die wenigen Katholiken ihre Gottesdienste abhalten, nachdem Danzig und somit auch die Marienkirche protestantisch geworden waren.

Die nur ein paar hundert Meter nördlich gelegene gotische Sankt-Nikolai-Kirche/Kościół święty Mikolaja stammt aus dem 14. und 15. Jahrhundert und wurde als Begrüßungsgeschenk für die aus Krakau nach Danzig übersiedelnden Dominikanermönche errichtet. Die Innenausstattung, die die unterschiedlichen Stilelemente aus Gotik, Barock und Rokoko aufweist, blieb vom Krieg verschont. Bei archäologischen Ausgrabungen wurden unter dem heutigen Gotteshaus Spuren einer romanischen Kirche entdeckt. In direkter Nähe erhebt sich ein alter Festungsturm aus der Zeit des Deutschen Ordens, der ›Kiek in de Kök‹. Seinen Namen verdankt er dem Umstand, daß sich vom Turm aus leicht in die Küche der Dominikaner blicken ließ.

Die Heilige-Dreifaltigkeits-Kirche/Kościół święty Trójcy in der Alten Vorstadt wurde zwischen 1420 und 1514 erbaut. Sie ist die zweitgrößte Kirche Danzigs und bildet mit der anschließenden Sankt-Anna-Kapelle von 1484 und einem Fachwerkhaus aus dem 17. Jahrhundert einen zusammenhängenden Komplex. Nebenan wurde in einem ehemaligen Franziskanerkloster aus dem 16. Jahrhundert das Museum für pommerellische Kunst eingerichtet. Neben Werken der Malerei und Bildhauerei werden viele Stickereien aus der Renaissance gezeigt.

Aber selbst solche Touristen, die das Zentrum der alten Rechtsstadt nicht verlassen, können lebendige Architekturgeschichte studieren. Denn hier befindet sich das größte zusammenhängende Ensemble alter Patrizierhäuser in Polen. Auf einer Strecke von über 400 Metern reiht sich in der Frauengasse/ul. Mariacka ein architekturhistorisches Juwel an das andere. Das meistfotografierte Haus ist dabei vermutlich das Löwen-Haus, das seinen Namen von dem mit Löwen verzierten Portal herleitet. Das Gebäude ist im Stil der italienischen Renaissance gehalten. Wie

Alte Bürgerhäuser im Zentrum von Danzig

auch das Ferber-Haus und das Uphagen-Haus weisen fast alle Patrizierhäuser die für Danzig so typischen Beischläge auf. Das sind kleine terrassenähnliche Vorbauten an der Frontseite der Häuser, auf denen die Bürger standen und saßen, um die Vorbeigehenden anzuschauen und zu grüßen. Unter den Beischlägen befanden sich ursprünglich die zur Gasse hin erweiterten Speicherkeller. Heute sind hier meist kleine Andenkenläden – vor allem solche für Bernsteinschmuck – untergebracht.

Eines der berühmtesten Restaurants Europas ist das 1704 gegründete ›Gasthaus zum Lachs‹. In diesem Lokal trafen sich nicht nur die reichen Danziger Kaufleute, sondern auch Abgesandte der anderen Hansestädte kehrten hier regelmäßig ein. Der Ruhm des von einem Holländer betriebenen Hauses reichte von Hamburg bis Nowgorod. Traditionsgemäß trank man einen für Danzig charakteristischen Kräuterlikör, in dem Blattgold gelöst war.

Noch heute ist das ›Danziger Goldwasser‹ eine Spezialität. Das Restaurant ist bei Touristen wie Einheimischen gleichermaßen beliebt. Eine Tischreservierung ist jedoch zu empfehlen. Das hohe Niveau der Küche – bemerkenswert ist die reichhaltige und kunstvolle Garnitur der Gerichte – wird nur von dem der Preise übertroffen.

In der Altstadt am Ufer des Radunia-Kanals steht heute wieder die im 16. Jahrhundert von den Ordensrittern erbaute Große Mühle/Wielki Młyn. Sie war bis zu ihrer Zerstörung 1945 in Betrieb. Die benachbarte Kleine Mühle/Mały Młyn wurde im Jahre 1400 erbaut. Hinter den Mühlen erhebt sich die dreischiffige Sankt-Katharinen-Kirche/Kościół święta Katarzyny aus dem 14. Jahrhundert mit ihrem spätgotischen Turm. In der Kapelle unter dem Turm befindet sich ein wertvolles Triptychon, das auf den Anfang des 16. Jahrhunderts datiert. Geht man weiter am Radunia-Kanal entlang, so trifft man bald auf das Altstädtische Rathaus und das Haus der Äbte von Pelplin. Beide Gebäude wurden im Renaissance-Stil errichtet und haben den Krieg nahezu unbeschadet überstanden. In derselben Straße stehen sich zwei Kirchen aus dem 15. Jahrhundert gegenüber: Die Sankt-Josephs-Kirche/Kościół święty Jozefa und die Sankt-Elisabeth-Kirche/Kościół święta Elzbiety.

Gegenüber dem alten Stadtzentrum bilden die alte und die neue Mottlau neben der Speicherinsel eine weitere Insel namens Ołowianka. Auf dieser Insel befindet sich ein alter Speicher von 1620, der sogenannte Königsspeicher/Spichlerz Królewski.

Zu einer Besichtigung Danzigs gehört unbedingt auch der Besuch der Westerplatte. Auf dieser dem Hafen vorgelagerten Halbinsel kämpfte die nur 182 Mann umfassende polnische Wachmannschaft des Militärdepots im September 1939 sieben Tage lang gegen eine starke Übermacht der Nazi-Truppen. Heute befindet sich hier ein gewaltiges Denkmal, das an die Verteidiger der Westerplatte und die

Die Marienkirche

anderen Opfer des Krieges erinnert. Von diesem Denkmal, das man besteigen kann, hat man eine schöne Aussicht auf die Danziger Bucht und die alte Stadt.

In der Vorstadt Oliwa/Oliva, einst eine selbständige Stadt, die man jetzt mit Bus und Straßenbahn vom Zentrum aus leicht erreichen kann, steht die berühmte Kathedrale von Oliwa. Das Bauwerk geht auf die erste Hälfte des 13. Jahrhunderts zurück und weist heute Elemente aus Renaissance, Barock und Rokoko auf. Die 1788 gefertigte Orgel ist weltberühmt. Der Ruhm beruht jedoch nicht nur auf dem Instrument selbst, sondern auf der hervorragenden Akustik des Gotteshauses. Während der Touristensaison finden regelmäßig kurze Demonstrationskonzerte statt. Jährlich kommen Organisten aus aller Welt zu einem internationalen Orgeltreffen hierher.

Die Kathedrale selbst ist von einem malerischen Park umgeben, an den sich ein botanischer Garten mit Palmenhaus und Aquarium anschließt. In einem der Kathedrale benachbarten Äbtepalast ist ein ethnographisches Museum untergebracht.

Vorwahl: 0 58. Die Büros des Gdańsker Fremdenverkehrsamtes helfen bei Fragen gerne weiter. Das Büro der it befindet sich in der ul. Heweliusza 8, Tel: 31 03 38, gegenüber dem Hauptbahnhof; das der Touristeninformation in der ul. Heweliusza 27, Tel: 31 43 55, Fax: 31 66 37; und das der PTTK in der ul. Długa 45, der ehemaligen Langgasse, Tel: 31 13 43, 31 91 51. Ein Zimmernachweis wird in der ul. Elźbietańska 10/11, Tel: 31 26 34, geführt.

Im touristisch voll erschlossenen Gdańsk gibt es keinen Mangel an Unterkunftsmöglichkeiten. Da es aber eine vielbesuchte Stadt ist, empfiehlt es sich, im voraus zu reservieren. Unter den Hotels gibt es allein vier Vier-Sterne-Häuser: Das zentral gelegene, aber sehr teure ›Heveliusz‹, ul. Heweliusza 22, Tel: 31 56 31/39, Fax: 31 19 22, das ›Marina‹, ul. Jelitkowska 20, Tel: 53 20 79, Fax: 53 04 60, das ein umfassendes Unterhaltungs- und Sportangebot organisiert, das ›Novotel‹, ul. Pszenna 1, Tel: 31 56 11, Fax: 31 56 19, und das ›Posejdon‹, ul. Kapliczna 30, Tel: 53 18 03, Fax: 53 02 28.

Das ›Jantar‹, ul. Długi Targ 19, Tel: 31 35 29, Fax: 31 35 29, verbirgt sich hinter den prachtvollen Fassaden einiger Häuser am Langmarkt; leider hält das renovierungsbedürftige Innere nicht, was sein Äußeres verspricht. Die herrliche Lage und die niedrigen Preise machen das Haus dennoch attraktiv. Ein Wanderheim ist das ›Nauczyciela‹, ul. Uphagena 28, Tel: 41 49 10, Fax: 41 49 17.

Daneben bieten einige Jugendherbergen Besuchern ihre Betten an: Die Herberge in der ul. Wałowa 21, Tel: 31 23 13, zeichnet sich durch ihre zentrale Innenstadtlage in der Nähe des Hauptbahnhofs aus. Weitere Häuser befinden sich in der ul. Kartuska 2451, Tel: 32 60 44, und in der al. Grunwaldzka 238/240, Tel: 41 16 60; diese bei Oliwa in einem Sportzentrum gelegene Herberge hat allerdings nur während der Saison geöffnet.

Campingplätze liegen in den Stadtteilen Sobieszewo, ul. Lazurowa 5, Tel: 38 07 39, und Brzeźno, ul. gen. Hallera 234, Tel: 43 55 31.

Nicht nur Studenten können in der Saison günstig in den Studentenhotels übernachten. Das Studentenreisebüro ›Almatur‹ in der Langgasse/Długi Targ 11, im 1. Stock, Tel: 31 29 31, erteilt Auskunft.

Das ›Pod Łososiem‹/›Zum Lachs‹, ul. Szeroka 51/54, Tel: 31 76 52, Fax: 31 56 48, hat von 12 bis 23 Uhr geöffnet . Weitere, wenn auch nicht ganz so berühmte, empfehlenswerte Restaurants sind das ›Tawerna‹, ul. Powroźnicza 19/20, Tel: 31 41 14, in der Altstadt und das ›Newska‹, ul. Grunwaldzka 99/101, Tel: 41 46 46, mit seiner russischen und kaukasischen Küche, geöffnet von 10 bis 22 Uhr, das ›Pod Wieźa‹, ul. Piwna 51, Tel: 31 39 24, ein kombiniertes Café und Restaurant, das ›Palowa‹, ul. Długa 47, Tel: 31 55 32, ein Café im Rathaus, das verschiedene Kaffee-Zubereitungen anbietet, aber auch mit einigen schmackhaften Gerichten, etwa Forellen vom Grill, den schnellen Hunger der anspruchsvollen Touristen stillt.

Außerdem bieten sich an: das ›Cristal‹, ul. Grunwaldzka 105, Tel: 41 34 35, das ›Retman‹, ul. Stagiewna 1, Tel: 31 92 48, und das ›Kubicki‹, ul. Wartka 5, Tel: 31 00 50. Die beiden letzteren sind auf traditionelle polnische Küche spezialisiert.

Den Museen in Gdańsks sollte man einen Besuch abstatten. Das Nationalmuseum befindet sich in der ul. Toruńska 1 und das Historische Museum der Stadt Danzig in der ul. Długa 47, im Eintrittspreis ist die Turmbesichtigung enthalten und das Museum der Polnischen Post/Poczta Polska in der ul. Obroncow Poczty Polskiej 1/2. Das Archäologische Museum liegt in der ul. Mariacka 25/26, und ein Museumsschiff findet man an der Motława/Mottlau, an der ehemaligen Langen Brücke/Długie Pobreże.

Wer sich die reiche Geschichte Königsbergs vor Augen hält, wird bei einem Besuch in der russischen Exklave Kaliningrad sicherlich erst einmal enttäuscht sein. Dennoch lohnt sich ein Abstecher ins Kaliningrader Gebiet.

In der Stadt selbst lassen sich noch einige Zeugnisse der Vergangenheit aufspüren.
Und den Schönheiten der Ostseeküste und der Kurischen Nehrung konnten die Zeitläufte ohnehin nichts anhaben.

Ein Abstecher nach Kaliningrad/Königsberg

Kaliningrad heute

Königsberg/in Preußen war bis 1945 nicht nur die östlichste Großstadt Deutschlands, sondern auch ein architektonisches Juwel mit einer einzigartigen Geschichte: Prußen, Ritter des Deutschen Ordens, Polen, Litauer, Schweden und Russen kämpften jahrhundertelang um die Vorherrschaft im Königsberger Gebiet.

Als Universitätsstadt, Krönungsstätte der preußischen Könige und Geburtsort des Philosophen Imanuel Kant wurde die Hansestadt am Pregel weltweit bekannt. Künstler und Schriftsteller wie E. T. A. Hoffmann, Käthe Kollwitz, Agnes Miegel, Leopold Jeßner und Elisabeth Schulz-Semrau sind Kinder dieser Stadt. Der 1917 in Tilsit geborene Schriftsteller Johannes Bobrowski beschrieb seine Heimat einmal als eine ›Multi-Kulti-Gesellschaft‹ von Deutschen, Litauern, Polen und Russen, unter denen die Juden lebten. Die 1920 eröffnete Ostmesse zeigte Königsberg noch als Brücke zwischen West- und Osteuropa.

Erst der Zweite Weltkrieg mit den britischen und amerikanischen Bombardements, dem sinnlosen Ausbau der Stadt zur deutschen Festung und unzähligen Opfern unter der Zivilbevölkerung besiegelte das Ende der deutschen Geschichte Königsbergs. Am 9. April 1945 kapitulierten die Deutschen nach erbitterten Kämpfen mit der Roten Armee. 1946 wurde der Kaliningradskaja Oblast gegründet, alle deutschen Orte erhielten 1947 neue russische Namen. Die letzten Deutschen mußten 1948 ihre Heimat verlassen.

Das ehemalige Ostpreußen wurde als Folge des Zweiten Weltkrieges zweigeteilt. Während die südliche Hälfte an Polen fiel, und damit für westliche Besucher zugänglich war, gliederte die Sowjetunion den nördlichen Teil mit der alten Hauptstadt Königsberg in ihr eigenes Staatsgebiet ein. Königsberg wurde nach dem Zweiten Weltkrieg, im Zuge der Neuordnung Deutschlands nach dem Potsdamer Abkommen, Teil der RSFSR (Russische Sozialistische Föderative Sowjetrepublik) und erhielt 1946 den Namen Kaliningrad – zu Ehren des Staatsoberhauptes der UdSSR Michail I. Kalinin. Und das, obgleich schon seit 1931 eine andere Stadt – das ehemalige Tver, nordwestlich von Moskau – den Namen Kalinin erhalten hatte.

Wegen seiner strategischen und politischen Bedeutung war der Oblast Kaliningrad/Kaliningrad fast 50 Jahre lang wie kaum ein anderer Ort Osteuropas abgeriegelt. Selbst für Bürger der Sowjetunion war das Gebiet jahrelang nur mit Sondergenehmigung zugänglich.

Mit dem Zerfall der Sowjetunion steht seit 1991 auch das Gebiet Kaliningrad westlichen Touristen offen. Besonders Besucher Masurens werden sicherlich die Gelegenheit wahrnehmen, die so lange geschlossene Stadt zu besuchen, zumal die Strecke zwischen der jetzigen Grenzstadt Bagrationovsk, dem alten Preußisch Eylau, und Kaliningrad nicht einmal 40 Kilometer beträgt. Per Auto, Bus, Bahn oder Fähre bietet sich daher ein Tagesausflug an, aber auch für einen längeren Aufenthalt gibt es viel zu entdecken: Die einst mondänen Badeorte entlang der ehemals ostpreußischen Ostseeküste – der Samlandküste – laden auch heute noch zu einem Besuch ein. Die Naturschönheiten der Ostseeküste haben die Stürme der Geschichte unbeschadet überstanden. Touristen, die eine persönliche Beziehung zu Ostpreußen haben, werden sicher auch gern die Orte des Hinterlandes besuchen. An dieser Stelle sollen daher vor allem Kaliningrad/Königsberg und die samländische Ostseeküste mit der Kurischen Nehrung eine nähere Beschreibung erfahren.

Für den Touristen besteht der Reiz Kaliningrads in der persönlichen Erinnerung, im geschäftlichen Interesse oder im Abenteuer. Wer zuvor in Masuren erlebt hat, mit wieviel Engagement polnische Restaurateure die alten deutschen Baudenkmäler wieder hergerichtet haben, wird leider feststellen, daß in Königsberg eine entgegengesetzte Politik betrieben wurde: Das Wenige an historischer Bausubstanz, das den Krieg überdauerte, walzte man rigoros nieder. Nichts sollte mehr an die geschichtliche Bindung an das verhaßte Deutschland erinnern.

Wer also heute als westlicher Besucher ins einstige Königsberg kommt, wird sich inmitten einer Ansammlung architektonisch einfallsloser Plattenbauten wiederfinden, wie sie den sozialistischen Baustil von Magdeburg bis Wladiwostok kennzeichnen. Es bedarf eines nicht unerheblichen Spürsinns oder besser noch eines kundigen Begleiters, um die wenigen noch erhaltenen Spuren deutscher Geschichte ausfindig zu machen.

Es gab aber auch immer wieder Russen, die versucht haben, die deutsche Geschichte und ihre Menschen zu verstehen. Der Schriftsteller Lew Kopelew widersetzte sich 1944/45 den Schikanen der Roten Armee gegen die Zivilbevölkerung in Ostpreußen. Als 1968 auf Geheiß Breshnews die Ruinen des Schlosses in Kaliningrad gesprengt wurden, gab es monatelange Proteste der russischen Intelligenzija. Frau Olga Feodosewna Krupina gründete 1974 das Kantmuseum; sie war für diese Sache so engagiert, daß sie als Witwe Kants bezeichnet wurde. Der ehemalige Vorsitzende des Kaliningrader Schriftstellerverbandes, Mgr. Juri Iwanow, setzte sich lange vor Perestroika und Glasnost für eine objektive Geschichtsbetrachtung und eine Aussöhnung mit den Deutschen ein.

Heute ist das Interesse der Kaliningrader an Deutschland weiter ungebrochen groß, viele Einwohner sprechen schon die Sprache Goethes oder lernen sie. 1993 wurde das Deutsch-Russische Haus als Begegnungsstätte eröffnet. Endlich, seit Juni 1997, gibt es auch eine deutsche Konsularabteilung für die Kaliningrader. Bis vor kurzem fuhr man für ein deutsches Visum noch ins 1200 km entfernte Moskau.

Aber auch die Deutschen haben einen Lernprozeß durchmachen müssen, sahen sie doch vor allem die Greueltaten der Sieger und die Schrecken der Vertreibung

Rußland – ein Rätsel?

Rußland kann man nicht mit dem Verstand begreifen – so meinen jedenfalls viele Russen. Eher mit der Seele.
Ein Land in dem hundert Kilometer keine Entfernung, hundert Jahre kein Alter und hundert Gramm kein Wodka sind, ist für Westeuropäer schwer zu fassen.
Hier gehen die Uhren anders.
Kreml, Roter Platz, Sowjets, Wodka, russische Seele, Kosmonauten, Mafia, Moskauer Metro, Bolschoi Theater, Zaren, Lenin, Stalin und Gorbatschow, Rote Armee, Samowar, Transsibirische Eisenbahn und Balalaika sind einige der Klischees, an die viele Menschen im Westen beim Stichwort Rußland denken.
Im größten Land der Erde mit seinen reichen Bodenschätzen läßt es sich bis heute nicht gut leben, Westeuropäer erfahren oft einen Kulturschock. Mißwirtschaft, Bürokratie, mangelnde Fachkompetenz und schlechte Fremdsprachenkenntnisse, große Entfernungen sowie unzählige andere Probleme lassen westliche Investoren abwarten. Aber die Entfremdung Rußlands von Westeuropa liegt viel weiter zurück. Als im Jahre 988 die Kiewer Rus den orthodoxen Glauben annahm und das kyrillische Alphabet eingeführt wurde, entfernte man sich immer mehr von der Kultur Westeuropas mit ihren lateinischen Ursprüngen.
Erst durch Zar Peter den Großen fanden dringend notwendige Reformen statt, wurde mit St. Petersburg ein Fenster nach Europa aufgestoßen. Spätestens seit dieser Zeit war die Gesellschaft gespalten: in die ›Westler‹, diejenigen, die sich an den Werten Westeuropas orientierten, und in die nur in russischen Traditionen denkenden Menschen.
Bis 1861 herrschte noch die Leibeigenschaft bei vielen russischen Bauern. Auf der anderen Seite entwickelte sich eine gebildete Oberschicht, die französisch und deutsch sprach und bedeutende Gelehrte, Wissenschaftler, Maler, Schriftsteller und Komponisten hervorbrachte.
Mendelejew, Puschkin, Lermontow, Dostojewski, Lew Tolstoi, Rimski-Korsakow, Tschaikowski, Schischkin, Repin oder Ziolkowski sind nur einige bedeutende Namen. Diese strahlten auch nach Westeuropa aus, wo viele Russen, vor allem seit dem 19. Jahrhundert, lebten. Russische Kirchen in Potsdam, Wien, Karlsbad, Paris, München, Berlin, Dresden und Leipzig zeugen davon. Dennoch fanden westliche Werte wie Demokratie, Meinungsfreiheit und Bürgerrechte nur schwer Zugang ins Russische Reich.
Mit der Oktoberrevolution im Jahre 1917 entfernte man sich jedoch noch weiter von der westlichen Welt und ihren Ideen. Nur eine Minderheit der Russen konnte

noch ins Ausland reisen. Die sowjetischen Grenzen, selbst zu den ›sozialistischen Bruderländern‹ Polen oder Rumänien, zählten zu den undurchdringlichsten der Welt. Und wer als Ausländer ins ›Arbeiterparadies‹ reiste, durfte dies meist nur im Rahmen einer Gruppe, mit sowjetischer Betreuung rund um die Uhr. Der Ausgang des über 70jährigen Experiments ist bekannt, seine Folgen werden noch Jahrzehnte spürbar sein.

Der heutige Besucher der Russischen Föderation trifft auf eine eigenartige Mischung aus postsozialistischem Alltag und Marktwirtschaft russischer Prägung. Er sieht ein Land voller Kontraste: auf der einen Seite Herzlichkeit, ehrliche Gastfreundschaft und eine ›Lesenation‹ mit einer beeindrukkenden Kunstszene. Andererseits bedrückende Armut, zerfallene Gebäude, Kriminalität und Mangelwirtschaft. Doch schon jetzt zählen fast zehn Prozent der Moskauer und drei Prozent der St. Petersburger zu den ›Neuen Russen‹, die sich BMW und Mercedes, die teuersten Restaurants, Elitetschulen für ihre Kinder in England, Luxuswohnung und Datscha sowie Urlaub auf Zypern oder in Amerika leisten können.

Oder ein anderes Beispiel: Die gelangweilte, unfreundliche Verkäuferin kann privat eine entzückende, charmante und gastfreundliche Dame sein. In quietschenden und verschmutzten Trolleybussen auf schlaglochdurchsetzten Straßen vor bröckelnden Häuserfassaden fahren modisch und chic gekleidete junge Leute, die aufgeschlossen fragen und zuhören können. Sie werden ein neues europäisches Haus mitgestalten, in dem das moderne Rußland seinen Platz finden muß und finden wird.

aus den Ostgebieten. Kaum einer lernte freiwillig Russisch, Polnisch oder Tschechisch, und nur wenige interessierten sich für osteuropäische Kultur und Geschichte. Durch Helsinki, Perestroika und Glasnost wichen die Feindbilder, wurde Verständigung möglich. 1990 erkannte die Bundesrepublik ihre heutigen Ostgrenzen völkerrechtlich an. Nicht alle Deutschen haben sich damit abgefunden. Aber immer wieder wird von offizieller deutscher Seite betont, daß von einer ›Regermanisierung‹ des Kaliningrader Gebietes keine Rede sein kann.

Auch die Vertriebenenverbände verbinden heute ihr Heimatgefühl mehr und mehr mit Toleranz gegenüber den neuen Bewohnern. Interessant ist zum Beispiel, daß beim Deutschlandtag der Ostpreußen im Mai 1997 in Düsseldorf das russische Folkloreensemble ›Ajuschka‹ aus Kaliningrad sowie polnische und litauische Chöre gerne gesehene Gäste waren. Unzählige karitative Projekte, vor allem für Krankenhäuser und Kindereinrichtungen, werden von deutschen Helfern seit Jahren betreut. Darunter sind auch viele gebürtige Ostpreußen.

Neue Akzente bekommt das Kaliningrader Gebiet durch den verstärkten Zuzug von Rußlanddeutschen, vor allem aus Kasachstan und Sibiren seit 1988. Die meist evangelischen Rußlanddeutschen siedeln sich oft als Farmer an und bekommen teilweise von deutscher Seite Unterstützung – Hilfe zur Selbsthilfe. Wenn die Zuwanderer ein Stück zum Verständnis von Deutschen und Russen beitragen könnten, wäre dies ein wichtiges Hoffnungszeichen.

So liegt Kaliningrad, die westlichste Stadt Rußlands, nicht nur geographisch, sondern auch in anderer Hinsicht manchmal näher zu Berlin und Warschau als zu Moskau und St. Petersburg.

Mit der Auflösung der Sowjetunion hat sich auch ein grundlegender Wandel in der wirtschaftlichen Situation Kaliningrads ergeben: Durch die wiedererlangte Unabhängigkeit der baltischen Staaten Estland, Lettland und Litauen ist das Gebiet Kaliningrad von Rußland, zu dem es weiterhin gehört, abgetrennt. Die Exklave läßt sich auf dem Landweg nur über Polen oder über das Gebiet des litauischen Staates erreichen.

Wie durch ein Brennglas gebündelt, zeigen sich hier die ökonomischen Probleme des Post-Sozialismus. Verschärft wird die Situation dadurch, daß sich das relativ übersichtliche Wirtschaftsgebiet fest in der Hand der ehemaligen Sowjetbürokratie und auch teilweise der Mafia befindet. In der vom russischen Hinterland abgetrennten Exklave liegen die Preise auf dem freien Markt in der Regel um ein Viertel höher als in den übrigen russischen Gebieten. Andererseits ist das Gebiet jetzt stärker wirtschaftlich mit Polen verbunden, dessen Bürger visafrei nach Kaliningrad einreisen dürfen, wodurch es auch preiswerte polnische Import-

In Rybatschij auf der Kurischen Nehrung

Der Kaliningrad-Express verkehrt täglich zwischen Berlin und Kaliningrad

waren gibt. Ebenso finden sich Produkte aus den baltischen Staaten und alle erdenklichen westeuropäischen Importwaren – von Bier, über TV-Technik bis zu Strumpfhosen – meist aber kräftig überteuert. Rund 82 Prozent der Waren in den Kaliningrader Geschäften waren 1997 ausländischer Herkunft. So ist für die heimische russische Wirtschaft das Ende der Talfahrt noch nicht in Sicht.

Eine der ersten Überlegungen nach der Wende in der Sowjetunion war, das Gebiet Kaliningrad zur Freihandelszone zu erklären. In- und ausländische Ökonomen träumten von einem ›Singapur an der Ostseeküste‹. Wirtschaftliche Planspiele zur Zukunft Kaliningrads wurden Anfang 1994 in Straßburg angestellt: Das Europa-Parlament verlangte von den Mitgliedsstaaten der Europäischen Union eine verstärkte Zusammenarbeit mit der russischen Exklave. Kaliningrad müsse von einem ›Hinterhof an der Ostsee‹ zu einer ›Brücke zwischen Westeuropa, Weißrußland, Rußland und dem Baltikum werden‹. Damit verbanden sich Hoffnungen auf die Entwicklung einer Art Euroregion. Doch die hochfliegenden Träume scheiterten bislang an unklaren gesetzlichen Grundlagen einer korrupten Bürokratie und auch daran, daß die herrschende Mafia um ihren Einfluß fürchtet.

In der Puszcza Rominta
Strand auf der Kurischen Nehrung

Auf dem Busbahnhof in Kaliningrad

Die Stimmung in der Stadt ist entsprechend – die kurzzeitige Euphorie ist inzwischen Skepsis oder allgemeiner Resignation gewichen. Im Frühjahr 1997 gab es schon über 20 000 Arbeitslose in der Region, die oft monatelang auf ihre kärgliche Unterstützung warten müssen. Auch die Spannungen mit den Baltischen Staaten, vor allem mit Litauen, erschweren die wirtschaftliche Entwicklung. Erst Anfang 1997 hat Litauen die Bahntarife für den Gütertransport zu den Kaliningrader Häfen fast verdoppelt.

Immerhin gibt es seit Mai 1997 eine offizielle Vertretung der Stadt Kaliningrad in Brüssel. Aufgabe des Vertreters ist es, Kaliningrad verstärkt in Projekte und Programme der EU einzubeziehen. Die bedeutendste Investition in die Wirtschaft Kaliningrads vollzog der südkoreanische Automobilkonzern KIA. Im Mai 1997 wurde auf der Kaliningrader Werft ›Jantar‹ ein Montagewerk eingeweiht, in dem jährlich 50 000 Wagen produziert werden sollen. Schon im Herbst des gleichen Jahres erzielten die preiswerten Wagen von KIA BALTIKA große Beachtung auf dem Moskauer Internationalen Automobilsalon.

Symptomatisch für die Orientierungslosigkeit der Kaliningrader ist die Debatte um den Namen ihrer Heimat, zumal die Stadt Kalinin schon seit Jahren wieder Tver heißt. Auch das zweite russische Kaliningrad, ein kleiner Ort in der Nähe Moskaus, wurde 1996 in Koroljow umbenannt. Den Namen Kalinins möchten fast alle – außer den Vertretern der postsowjetischen Bürokratie – von der Landkarte getilgt wissen. Viele wünschen sich als neuen alten Namen das deutsche ›Königsberg‹. Meist wollen sie damit auch eine politische und wirtschaftliche Hinwendung zum Westen zum Ausdruck bringen. Andere wiederum halten eine Rückbenennung in Königsberg für eine an den geschichtlichen Realitäten vorbeigehende Aktion. Sie plädieren stattdessen für die geschichtlich neutrale Bezeichnung Jantargrad – zu deutsch ›Bernsteinstadt‹. Aber auch der Name Kantgrad – zu Ehren des hier geborenen deutschen Philosophen – war und ist im Gespräch.

Bezeichnend ist, daß das einstige Wahrzeichen Königsbergs, der mächtige Dom, heute wieder als solches angesehen wird. Nachdem er jahrzehntelang als pittoreske Ruine auf der Pregel-Insel stand, wird seit 1992 verstärkt an der

Instandsetzung des Gotteshauses gearbeitet – vor allem mit deutschem Geld. Immerhin war 1995 der Kirchturm wieder so weit instand gesetzt, daß die Domuhr mit neuen Zifferblättern den Kaliningradern die Zeit anzeigen kann.

Beim Besuch der Dominsel hat der Tourist einen guten Blick auf die grünen Ufer des Pregel-Flusses (Pregolja/Преголя), und auf dem nördlichen Ufer läßt sich eines der wenigen gut erhaltenen und restaurierten Gebäude aus früherer deutscher Zeit erblicken: die alte Börse. Heute dient der neoklassizistische Bau von 1875 als Kulturhaus für Seeleute. Im Zuge der vielen Überlegungen, was die wirtschaftliche Entwicklung des Gebietes angeht, soll das Gebäude wieder seinem ursprünglichen Zweck zugeführt werden. Schon jetzt hat man dort eine kleine Warenbörse eingerichtet, aber auch verschiedene Kulturveranstaltungen finden dort statt.

Geschichte

Die Frühgeschichte des Kalinigrader Gebietes wurde erst zu einem Teil dem Nebel der Geschichte entrissen. Inzwischen gilt aber als archäologisch gesichert, daß schon seit der Jungsteinzeit hier verschiedene baltische Stämme siedelten. Aus der Art, wie sie ihre Toten bestatteten, schließen Wissenschaftler, daß sie bereits an ein Leben nach dem Tod geglaubt hatten.

Um das Jahr 1200 vor Christus hatte sich hier der Stamm der Prußen etabliert. Der spanische Weltreisende Ibrahim ibn Ja'qub hatte dieses kleine Volk um 890 erstmals als ›Pruß‹ – als die östlichen Nachbarn der Slawen – bezeichnet. Die Etymologie des Namens ist ungeklärt. Durch den Handel mit Bernstein standen die Prußen schon früh in engem wirtschaftlichen – und damit auch kulturellem – Kontakt mit vielen anderen Völkern und Regionen.

Besonders intensiv gestaltete sich allerdings die Beziehung zu ihren westlichen Nachbarn: Die zum Christentum bekehrten Bewohner Masowiens wurden von den Prußen regelmäßig mordend und brandschatzend heimgesucht. Im Jahre 1226 sah sich der Herzog Konrad von Masowien durch die prußischen Überfälle so sehr in die Enge getrieben, daß er den Deutschen Orden um Hilfe gegen die Heiden bat.

Die militärischen Auseinandersetzungen zwischen den Prußen, die sich in einem losen Stammesverband zusammengefunden hatten, und dem perfekt organisierten Ritterorden dauerten von 1231 bis 1283. Von diesem Jahre an galt das Gebiet als Ordensland. Flucht, Vertreibung und Zwangstaufe waren das Schicksal der einst so selbstbewußten Prußen.

Auf ihren Feldzügen hatten die Ordensritter auch eine hölzerne Festung der Prußen, die am Ufer des Pregel den Bernsteinhandelsweg sichern sollte, erobert und niedergebrannt. An dieser strategisch günstigen Stelle, auf einer Anhöhe gelegen, errichteten sie 1255 ihre eigene Burg, die sie nach dem böhmischen König Ottokar II., der diesen Feldzug angeführt hatte, Königsberg nannten. Das Jahr 1255 gilt daher als das offizielle Gründungsjahr Königsbergs.

Um die Burg herum entwickelte sich in geradezu rasantem Tempo eine Stadt. Schon bald war das Gelände zwischen Burgberg und Pregel trockengelegt und mit einem Netz von Straßen durchzogen. 1286 erhielt die Stadt Kulmer Recht. Südlich der ursprünglichen Stadt gründeten eingewanderte deutsche Handwerker kurze Zeit später ihre eigene Stadt und nannten sie Löbenich.

Auch Kaufleute folgten dem Ruf der Ordensritter und hofften im Osten auf gute Geschäfte. Sie errichteten auf der Pregelinsel ihre Speicherhäuser, aus denen sich auch bald eine kleine eigenständige Stadt entwickelte, die den Namen Kneiphof erhielt, abgeleitet von der prußischen Bezeichnung ›Knipaw‹ für die Pregelinsel.

Die Handwerkerstadt erhielt 1300, die Kaufmannsstadt 1327 eigenes Stadtrecht. Und obwohl alle drei Städte direkt nebeneinander lagen und gemeinsam dem Orden unterstanden, behielten sie doch ihre Unabhängigkeit über viele Jahrhunderte hinweg: Erst 1724 wurden sie auf Veranlassung Friedrich Wilhelms I. zusammengeschlossen.

Nachdem die Ordensritter in ihren westlichen Gebieten empfindliche Niederlagen hatten einstecken müssen, verlegten sie 1457 den Sitz des Hochmeisters nach Königsberg.

Im Jahre 1525 – der Orden hatte als politischer Machtfaktor endgültig ausgedient – wurde Preußen zu einem weltlichen Herzogtum unter Albrecht von Brandenburg. Selbstverständlich war Königsberg die Hauptstadt, und so tat der Niedergang des Ordens der Stadt keinerlei Abbruch. Vielmehr bemühte sich Albrecht von Brandenburg, seine Residenzstadt zu einem kulturellen Mittelpunkt auszubauen. Die nach ihm benannte Universität Albertina von 1544 ist der deutlichste Beweis dafür.

Als allerdings 1618 Preußen durch Personalunion mit Brandenburg vereinigt wurde, verlagerte der brandenburgische Landesherr seine Residenz in die unbedeutende brandenburgische Provinzstadt Berlin.

Dem angeschlagenen Selbstbewußtsein der Königsberger tat es daher gut, als sich 1701 Friedrich I. in ihrer Stadt zum ersten König von Preußen krönen ließ. Jetzt war Königsberg königliche Residenz, wenngleich nicht Hauptstadt. Das bewahrte die Stadt aber nicht davor, daß wenige Jahre später ein anderer, grausamer Regent hier Einzug hielt: Zwei Jahre regierte der Schwarze Tod, die Pest, in Königsberg und forderte zahllose Opfer.

Doch schon unter dem zweiten Friedrich hatte die Stadt sich wieder erholt und kam zu neuer Blüte. Die Bedeutung Königsbergs blieb sogar von den Wirren des

Der Dom zu Kaliningrad

Siebenjährigen Krieges 1756-1763, einem verheerenden Großbrand im Jahre 1764 und der Besetzung durch die Truppen Napoleons im Jahre 1807 unangetastet. Auch der spätere deutsche Kaiser, Wilhelm I., ließ sich 1861 in Königsberg zum König von Preußen krönen.

Mit der fortschreitenden Technisierung entwickelte sich die ostpreußische Kulturmetropole auch zu einem bedeutenden Wirtschaftsstandort. Die Einrichtung einer Eisenbahnverbindung von Berlin nach Königsberg, die Erweiterung des Hafens und die Errichtung der damals größten Siloanlagen der Welt waren der Grundstein für den wirtschaftlichen Aufschwung, in dessen Folge die Bevölkerungszahl vor dem Ersten Weltkrieg auf über 150 000 Menschen anstieg. Die 1920 eröffnete Ostmesse, die bis zum Jahre 1940 stattfand, legte Zeugnis ab von der ungebrochenen wirtschaftlichen Bedeutung der Stadt auch noch nach dem Ersten Weltkrieg.

Es gibt viele Dokumente darüber, daß Königsberg, trotz der Trennung vom Deutschen Reich durch den Polnischen Korridor, eine blühende Stadt blieb. Das ist besonders dem Engagement des seit 1919 tätigen Oberbürgermeisters, Herrn Dr. Hans Lohmeyer zu verdanken, der 1933 von den Nazis abgesetzt wurde. Anfang der 30er Jahre gab es allein in Königsberg dreizehn Hoch- und Fachschulen. Elf evangelische und vier katholische Kirchen sowie drei Synagogen sprachen vom geistlichen Leben der Stadt und ihrer Toleranzbereitschaft. Kunstsammlungen gab es im Schloß, in der Kunsthalle am Wrangelturm und in der Kunstakademie zu besichtigen.

Opern und Operetten gab es im Königsberger Opernhaus am Paradeplatz zu sehen, während Schauspielfreunde im Neuen Schauspielhaus an der Hufenallee auf ihre Kosten kamen. Dazu sorgten acht Lichtspieltheater sowie Kabaretts und

Varietés für Unterhaltung. Bücherfreunde fanden hier in Königsberg mit ›Gräfe und Unzer‹ die größte Buchhandlung Europas, bis sie in jener unseligen Bombennacht im August 1944 durch englische Bomber in Flammen aufging.

Ältere Einwohner Königsbergs werden sich sicher sehnsuchtsvoll nach den vielen Restaurants, Cafés und Konditoreien zurücksehnen, die man im heutigen postsowjetischen Kaliningrad leider vergebens sucht. Die Kneiphöfschen Bier-Stuben, das berühmte Weinrestaurant ›Blutgericht‹ im alten Schloßhof oder die Kant-Konditorei boten für verwöhnte Geschmäcker fast alles. Aber auch fünf ›Alkoholfreie Volksspeisehäuser‹ gab es im Vorkriegs-Königsberg. Zahlreiche Hotels und Pensionen – wie der Berliner Hof, das Central und Continental Hotel – und unzählige Fremdenheime zeugten von der touristischen Bedeutung der Stadt.

Ließen sich doch von hier aus herrliche Ausflüge in die nähere und weitere Umgebung unternehmen: zu den Badeorten des Samlandes, auf die Frische Nehrung, zu den Masurischen Seen, in die Rominter Heide, nach Marienburg oder zum Nationaldenkmal der Schlacht von Tannenberg. Besonders lohnenswert war ein Ausflug auf die Kurische Nehrung. Mit einem litauischen Bädervisum konnte man auch zu den memelländischen Bädern Nidden, Schwarzort und Sandkrug gelangen.

Und noch etwas war wichtig: Königsberg war früher verkehrstechnisch wesentlich schneller und leichter erreichbar als heute – sowohl auf nationalem als auch auf internationalem Wege. Fünf Züge täglich fuhren alleine nach Berlin über Danzig und Stettin. Dazu gab es noch vier extra Personenzüge nach Danzig und zwei Schnellzüge nach Breslau. Zweimal pro Tag konnte man über Kaunas nach Riga fahren, viermal täglich über Tilsit nach Memel und auch einmal nach Moskau.

Ein dichtes Regionalverkehrsnetz verband die Orte des Hinterlandes und der samländischen Küste mit der ostpreußischen Hauptstadt. Der Seedienst Ostpreußen und die Binnenschifffahrt ermöglichten eine angenehme Schiffspassage beispielsweise nach Danzig, Memel, Tapiau, Rossitten und Swinemünde. Vom

1 Südbahnhof
2 Philharmonie
3 Alte Börse
4 Dominsel
5 Hotel Kaliningrad
6 Kantdenkmal
7 Bunkermuseum
8 Museum für Geschichte
9 Dohnaturm
10 Roßgärter Tor
11 Nordbahnhof
12 Dramentheater
13 Schillerdenkmal
14 Zoo
15 Stadtverwaltung

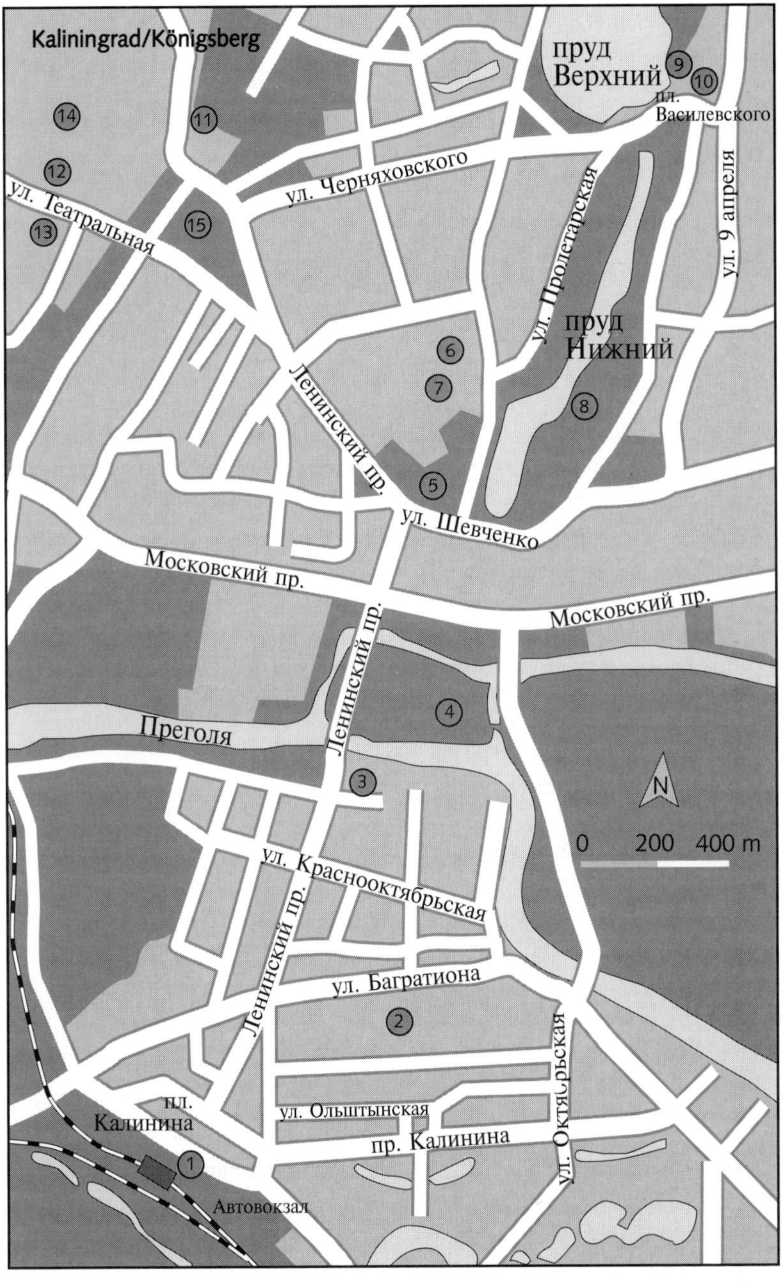
Kaliningrad/Königsberg
пруд
Верхний
пл.
Василевского
ул. Черняховского
ул. Театральная
ул. Пролетарская
ул. 9 апреля
пруд
Нижний
Ленинский пр.
ул. Шевченко
Московский пр.
Московский пр.
Ленинский пр.
Преголя
N
0 200 400 m
ул. Краснооктябрьская
Ленинский пр.
ул. Багратиона
ул. Октябрьская
ул. Ольштынская
пр. Калинина
пл.
Калинина
Автовокзал
1
2
3
4
5
6
7
8
9
10
11
12
13
14
15

Flughafen Devau gelangte man schnell nach Berlin, Danzig, Kaunas, Helsingfors, Moskau, Leningrad, Riga und Tallinn.

Erst als Ergebnis des Zweiten Weltkrieges ging Königsberg – eine Stadt, die Jahrhunderte deutscher Kultur mitbestimmt hatte und zum Symbol des deutschen Ostens geworden war – unter.

Die Russen, die nach der Flucht und Vertreibung der wenigen überlebenden deutschen Bewohner die Trümmerwüste in Besitz nahmen, hatten große Probleme, die verlassene Stadt als neue Heimat zu empfinden. Erst heute macht sich bei den Bewohnern Kaliningrads – zu 78 Prozent Russen, neun Prozent Weißrussen, sechs Prozent Ukrainer, vier Prozent Litauer und ca. ein halbes Prozent Deutschstämmige – so etwas wie Lokalpatriotismus breit.

Jetzt regt sich auch als Folge der Öffnung nach Westen ein Interesse an der Geschichte der Stadt, und zur eigenen Identitätsfindung möchten viele an die untergegangene deutsche Tradition anknüpfen. Das bedeutet auch, daß nun mit den wenigen Zeugnissen deutscher Vergangenheit entsprechend sensibel umgegangen wird und sie dem Touristen, zumal wenn er aus Deutschland stammt, gern präsentiert werden.

Sehenswürdigkeiten

Erster Anlaufpunkt für deutsche Touristen ist in der Regel die erwähnte Pregelinsel, der ehemalige Kneiphof mit dem Dom (Kafedralnyj sobor/Кафедральный собор). Sie wird dominiert von der mächtigen Domruine, die jedoch zielstrebig aufgebaut wird. Bald wird das Domdach fertiggestellt sein, schon 1994/1995 konnte der Turm wieder instand gesetzt werden, eine Turmuhr mit historischen Ziffernblättern kam aus Deutschland, und vier neue russische Glocken zeigen jede viertel Stunde an. Ein kleines Dommuseum wurde vor kurzem im Turm eingeweiht. Desweiteren befinden sich im Dom eine orthodoxe Kapelle und ein Kammermusiksaal. Eine evangelische Kapelle, eine Bibliothek und das berühmte Immanuel-Kant-Museum sollen bald folgen. Seit Juni 1997 müssen die Touristen für den Dombesuch ein Eintrittsgeld bezahlen, es werden Führungen in Deutsch, Englisch und Russisch angeboten, ebenso kann man Konzertkarten direkt am Dom kaufen.

Der Dom wirkte sogar als Ruine noch majestätisch und zeugte von dem gestalterischen Willen seiner Baumeister. Auf der Dominsel selbst, einst das Gebiet der Kaufmannsstadt Kneiphof, wurden alle übrigen Gebäudereste niedergewalzt. Über den Trümmern wurde von den Russen eine monoton wirkende Grünanlage angelegt. In dieser Grünanlage hat man Plastiken zeitgenössischer Kaliningrader Künstler aufgestellt, so daß man vom ›Skulpturenpark‹ spricht. Es gibt aber auch

Die alte Börse

Überlegungen, den einst dicht bebauten Kneiphof historisch getreu wieder aufzubauen.

Touristengruppen, selbst wenn sie nicht aus philosophisch Interessierten bestehen, werden beim Besuch der Dominsel meist zunächst zum Grabmal Immanuel Kants (1724-1804) geleitet. Der große Philosoph fand an der nördlichen Außenmauer des Doms seine letzte Ruhestätte. Über all die Jahre hinweg wurde das Grab sowohl von offizieller Stelle als auch von Kaliningrader Kant-Verehrern gepflegt und oft mit Blumen geschmückt.

Im Gegensatz zu den anderen großen Söhnen und Töchtern der Stadt Königsberg hat Kant, dem man als Meister der Dialektik in der marxistischen Philosophie eine Schlüsselrolle zuspricht, auch unter den neuen gesellschaftlichen Verhältnissen in Kaliningrad ungebrochene Anerkennung gefunden. Im Jahre 1724 als Sohn eines Sattlermeisters geboren, wurde der junge Kant trotz seiner niederen Herkunft zum Studium an der berühmten Universität von Königsberg zugelassen, später lehrte und wirkt er dort. Obwohl Kant seine Heimatstadt kaum jemals verließ, revolutionierte und bestimmte er die philosophische Gedankenwelt Europas. Als 1781 die ›Kritik der reinen Vernunft‹ dem Denker zu seinem Durchbruch verhalf, war eine neue philosophische Richtung begründet. Kant stellte die gesamte vorherige Metaphysik als unkritisch und dogmatisch in Frage und stieß damit die Philosophie als ›Königin der Wissenschaften‹ von ihrem Thron.

Kantianer haben auf der Dominsel noch einen weiteren Anlaß zu einer Gedenkminute: Etwas abseits der Domruine, doch von ihr aus gut sichtbar ist jetzt wieder ein Findling aufgestellt, der an den Theologen und Freigeist Julius Rupp (1809-1884) erinnert. Rupp versuchte, die Gedanken Kants für das Leben der Christen anwendbar zu machen – ein Bemühen, das ihn sein geistliches Amt kostete. An dem Ort, an dem jetzt der Gedenkstein steht, befand sich einst das Haus, in dem Rupp im Schatten des mächtigen Domes lebte. Der mit einem Bronzerelief Rupps geschmückte Stein ist eine Nachbildung eines Mahnmals, das ihm schon 1909 von seiner künstlerisch tätigen Enkelin gesetzt wurde: Käthe Kollwitz schuf das Relief. Auch das Denkmal Walthers von der Vogelweide, einst von Georg Fuhg geschaffen und im Tiergarten aufgestellt, hat jetzt auf der Dominsel einen neuen Platz gefunden.

Bei der jetzigen Gestaltung der Dominsel mag man darüber streiten, ob die Anlage, die den Ruinencharakter so überdeutlich zum Ausdruck bringt, und die karge Ausführung des Skulpturenparks dem historischen Schicksal der Stadt angemessen oder nur von Sparsamkeit und Zweckmäßigkeit geprägt ist. Ein gestalterischer Frevel hingegen ist zweifellos die graue Hochstraße, die auf ihren Betonsäulen beide Pregelarme und den Westteil der Dominsel überspannt.

Die von der Dominsel aus sichtbare alte Börse (Torgowaja birsha/Торговая бирша) am Südufer des Pregels zeigt sich als einziges Gebäude heute noch mit demselben Antlitz wie vor siebzig Jahren – wenn man sich die übermannshohen kyrillischen Lettern wegdenkt, die den Betrachter darüber informieren, daß hier heute das Kulturhaus der Seestreitkräfte untergebracht ist. Der Bau befindet sich in einem für Kalinigrader Verhältnisse geradezu verblüffend guten Zustand.

Solange der Kulturbetrieb noch existiert, sollte man versuchen, eine Karte für eine der Veranstaltungen zu ergattern. Wenngleich manches fremd bleibt, so lohnt doch zumindest die für westliche Kulturinteressierte exotisch anmutende Atmosphäre einen Besuch. Leider wird man kaum einen jungen Matrosen finden, der Deutsch oder Englisch spricht. Dennoch macht die Hilfsbereitschaft, gepaart mit unverhohlener Neugier, die Verständigung gar nicht so schwer.

Nördlich der Dominsel dehnt sich ein öder Platz, heute ›Zentralplatz‹ (Zentralnaja plotschad/Центральная площадь) genannt, der eigentlich so etwas wie einen urbanen Mittelpunkt darstellen sollte. Einst erhob sich an dieser Stelle der prächtige Bau des Schlosses. Im Krieg wurde das Gebäude stark beschädigt, doch hätte man es wieder aufbauen können. Die Ruine gemahnte noch bis 1969 an die Geschichte des alten Königsbergs; dann wurde sie gesprengt und abgetragen. Angeblich geht die Sprengung auf eine Anordnung des damaligen Staats- und Parteichefs Leonid Breshnew zurück, der sich bei einem Kaliningrad-Besuch über dieses Relikt ›preußischen Ungeistes‹ mokiert hatte.

Das Schloß selbst war aus einem zunächst provisorischen Bau der Ordensritter hervorgegangen. Sein späteres Gesicht hatte es aber durch die vielen Umbauten und Erweiterungen nachfolgender Herrscher erhalten. Ursprünglich als Festungsbau konzipiert, wurde die Anlage im Laufe der Jahrhunderte mehr und mehr zu einem Repräsentationsbau. Berühmt war die 1701 angefügte Krönungskirche der preußischen Könige; und der Moskowitersaal war mit einer Breite von 18 Metern und einer Länge von 83 Metern lange Zeit der größte Saal des Reiches. 1942 gelangte das weltbekannte Bernsteinzimmer in das Königsberger Schloss. Die berühmten Kisten mit dem Bernstein wurden zu Kriegsende 1945 das letzte Mal gesehen – bisher suchte man sie vergebens zwischen Thüringen und Kaliningrad. Auf all dies und auch auf manche Anekdoten, die sich um das geschichtsträchtige Gebäude ranken, machen heute die Kaliningrader Fremdenführer aufmerksam, wenn sie auf dem öden Platz vor den ausländischen Besuchern sprechen.

Das Stadtbild des heutigen Kaliningrad wird von einem ganz anderen Gebäude geprägt, das dennoch ebenso wie das Schloß Ausdruck weltlicher Herrschaft ist: Das Haus des Stadtsowjets erhebt sich als großer grauer Klotz über die eintönige Betonwüste. Es spiegelt nicht nur den Stil, sondern auch den gegenwärtigen Zustand des postsozialistischen Gemeinwesens wider. Leere Fensterhöhlen gähnen dem Betrachter entgegen. Das Haus des Stadtsowjets wurde nie ganz vollendet. Eigentlich ist es eine zwanzigjährige Bauruine. Die Tagträume der Kaliningrader Ökonomen sehen den Bau allerdings schon als internationales Handelszentrum. Doch bis dahin wird noch viel Wasser den Pregel hinunterfließen.

Am anderen Ende des Zentralplatzes erhebt sich das Hotel Kaliningrad, von außen sowjetisch anmutend, innen jedoch renoviert und westlichen Ansprüchen genügend. Wichtige Denkmäler der Königsberger Geschichte erwarten den Besucher nördlich vom Hotel, am früheren Paradeplatz (heute: ul. Universitetskaja/ул. Университетская). Seit 1992 steht wieder das berühmte Kantdenkmal vor der Universität. Das Original schuf 1857 der bekannte Bildhauer Christian Daniel Rauch. Am Ende des Krieges verschwand die Statue spurlos. Marion Gräfin Dönhoff stiftete Anfang der 90er Jahre einen bedeutenden Betrag, und so konnte der Berliner Bildhauer Harald Haake 1992 eine Bronzekopie vom Denkmal des großen Philosophen fertigen. Haake schuf schon 1989 die Nachbildung des Ännchen von Tharau, welche vor dem Dramentheater in Klaipeda/Memel steht.

In unmittelbarer Nähe des Kantdenkmals findet man das Bunkermuseum (Muzej Blindash/Музей Блиндаж). Hier befand sich der unterirdische Befehlsstand der Wehrmacht zur Verteidigung Königsbergs – bis am 9. April 1945 General Otto Lasch in aussischtsloser Lage die Kapitulationsurkunde unterschrieb. Die dazu benutze Schreibmaschine befindet sich neben historischen Fotos und Modellen der Königsberger Kämpfe im historisch interessanten Museum.

Geht man an der Universität vorbei Richtung Osten, gelangt man zum langen, schmalen Schloßteich (Prud Nishnij/Пруд Нижний), der sich nördlich des Zentralplatzes erstreckt. Die Schloßteichbrücke wurde in den achtziger Jahren wiedererrichtet, und die Uferpromenade des Schloßteiches lädt bei schönem Wetter zum Spaziergang ein, ebenso können hier Ruder- und Tretboote ausgeliehen werden. Wer gut zu Fuß ist, kann auch versuchen, den sich weiter nördlich anschließenden Oberteich (Prud Werchniij/Пруд Верхний) zu umrunden. Auf jeden Fall sollte man aber den Resten der einstigen Festungsanlage, die einst zwischen den beiden Teichen verlief, einen Besuch abstatten (pl. Wassilewskogo/пл. Василевского).

Westlich des Platzes befindet sich der Wrangelturm, den man innen leider nicht besichtigen kann, an der Ostseite sind der Dohnaturm und das sich daran anschließende Roßgärter Tor (Gorodskie worota Rosgartenskie/Городские ворота Росгартенские) erhalten geblieben. Im Dohnaturm ist heute das Bernsteinmuseum (Muzej Jantarja/Музей Янтаря) untergebracht. Es zeigt die Vielfalt der Möglichkeiten, das legendäre ›Gold der Ostsee‹ künstlerisch zu verarbeiten und beherbergt eine der größten und schönsten Bernsteinsammlungen der Welt. Und wer als Tourist auf den Geschmack an Bernstein gekommen ist, findet an den Verkaufsständen sowohl innerhalb des Dohnaturmes als auch bei den fliegenden Händlern vor dem Museumseingang ein breites Angebot vor.

Erinnerungen an die deutsche Vergangenheit und Zeugen der sowjetischen Epoche, die heute auch schon wieder Geschichte ist, vermengen sich im Nordwesten des Stadtkernes.

In unmittelbarer Umgebung des Nordbahnhofes (Severnyj Vokzal/Северный вокзал), dessen Hauptgebäude heute als Seemannsherberge dient, lassen sich auf dem Gelände der einstigen Ostmesse – heute zu einer Parkanlage umgestaltet – nur noch die Reste des einst imposanten Hauses der Technik erkennen. Um so deutlicher erhebt sich am ehemaligen Eingang der Ostmesse das Lenin-Monument über den früheren Hansaplatz (heute: pl. Pobedy/пл. Победы). In wenigen Jahren wird hier die Christi-Erlöser-Kathedrale der Russisch-Orthodoxen Kirche erstehen, deren prachtvoller Bau mit über 50 Meter hohen Türmen mindestens 110 Millionen DM kosten wird. So wird die neue orthodoxe Hauptkathedrale für das Kaliningrader Gebiet ein Symbol für das neue Rußland sein, welches die Traditionen des alten, ›Heiligen Rußlands‹ fortsetzt. Das repräsentative Gebäude am Hansaplatz, das frühere Stadthaus, dient auch heute noch als Verwaltungssitz. Hier hat die Deutsche Botschaft eine Außenstelle eingerichtet.

Ein weiteres Gebäude, das sowohl in seiner Substanz als auch in seiner Funktion dem Wandel von Königsberg zu Kaliningrad getrotzt hat, ist das 1912 erbaute Theater, nur einige Fußminuten weiter westlich. Einst als ›Neues Schauspielhaus‹ bezeichnet, wurde es von den sowjetischen Stadtvätern nach umfangreichem Wiederaufbau als ›Dramatischeskij Teatr‹ (Драматический театр) fortgeführt. Einige Architekturelemente erinnern sogar an das Bolschoi-Theater in der russsischen Hauptstadt. Die Gastspiele der berühmtesten Moskauer Ensembles konkurrierten hier mit eigenen Inszenierungen. Allerdings beklagen Kaliningrads Theaterfreunde in den letzten Jahren das Absinken des ehemals renommierten Hauses auf das Niveau einer Provinzbühne. Dennoch ist ein Theaterbesuch für Königsberg-Besucher auch heute noch ein besonderes Erlebnis. Deutschlands Dichterfürst Friedrich Schiller schaut mit interessiertem Blick von seinem Sockel gegenüber dem Theater herüber ...

Geht man noch weiter nach Westen, kommt man zum Eingang des berühmten Königsberger Zoos. Der 1896 gegründete Zoo feierte vor kurzem sein hundertjähriges Jubiläum. Vor dem Ersten Weltkrieg gab es hier schon über 2100 Tiere, und der Tierpark gehörte zu den bedeutendsten in Europa. Jetzt finden sich im Kaliningrader Zoopark 2000 Tiere in über 360 Arten. Daß es dem Zoo finanziell nicht so gut geht, ist heute nicht zu übersehen. Ein Besuch – vor allem mit Kindern – wird aber sicher trotzdem zum Ereignis.

Kaliningrad hat neben dem Dramentheater noch zwei weitere interessante Orte für Kulturveranstaltungen: Um in der offiziell atheistischen Sowjetunion Kirchen vor dem Zerfall zu bewahren oder sie nicht als Lagerhalle oder ähnliches zu entfremden, baute man in Kaliningrad zwei alte deutsche Kirchen um: Die 1907 erbaute Kirche zur Heiligen Familie wurde 1980 zum Konzertsaal und die 1901 entstandene Königin-Luise-Gedächtniskirche im Hufenviertel 1975 zum Puppentheater. Letzteres ist für Kinder bestimmt ein Höhepunkt – auch ohne Russischkenntnisse!

Von den vielen einstigen deutschen Gotteshäusern in Kaliningrad stehen neben den genannten Kirchen noch die Kreuzkirche, die Kirchen in Ponarth und Rosenau, die Adalbertkapelle und die Juditter Pfarrkirche. Letztere ist wirklich ein altehrwürdiges Kleinod der Architektur, weswegen heute beim Fotografieren oder Videofilmen gerne eine Gebühr genommen wird. Schon 1288 wurde die Kirche gebaut, später erhielt sie einen freistehenden Turm. Fresken und die berühmte Plastik ›Muttergottes auf dem Halbmond‹ (Königsberger Madonna) schmückten das Innere der Kirche. Wie durch ein Wunder wurde sie nicht im Krieg zerstört und kann bereits seit 1985 von der russisch-orthodoxen Gemeinde benutzt werden. Die Juditter Kirche (heute: Swjato Nikolskij Sobor/Св. Николский Собор) befindet sich im Kaliningrader Vorort Mendelejewo, auf der ul. Tenistaja 39/ул. Тенистая.

Zu touristischen Fragen gibt die Touristeninformation ›Tourist‹ (Bjuro Puteschestwi i Exkursij) am Leninski Prospekt 28/ Ленинский пр., Tel: 43 10 31, 43 27 67, Auskunft.

Die Firma IDEAL SERVICE/ИДЕАЛ СЕРВИС – ein russisch-deutsch-litauisches Joint Venture mit deutschsprechenden Mitarbeitern – vermittelt touristische Dienstleistungen wie Einladungen zur russischen Visaerteilung per Fax, Hotelbuchungen, Genehmigungen für Sperrgebiete und litauische Visa – ul. Schtschewtschenko 11/ул. Щевченко, in unmittelbarer Nähe des Hotels ›Kaliningrad‹. Tel: 43 23 34, Fax: 43 06 38.

Leider ist Kaliningrad allen Absichtsbekundungen zum Trotz noch nicht genügend touristisch erschlossen, viel wurde aber in den letzten Jahren getan: Das größte und modernste Hotel der Stadt ist das ›Hotel Kaliningrad‹/Калининград am Leninski Prospekt 81, Tel: 46 94 40, Fax: 46 95 90. Das günstig nahe des Zentralplatzes gelegene Hochhaus vermittelt zwar von außen einen wenig einladenden Eindruck, doch verfügen die an Westtouristen vermieteten Zimmer über einen relativ hohen Standard.

EZ ca. 60 DM, DZ ca. ab 100 DM. Ein Zeitungskiosk, Souvenirladen, Restaurants, ein Tourismusbüro, Wechselstube und Taxis vervollkommnen das Angebot.

Auch das ›Hotel Tourist‹/Турист ist trotz des Namens, der an ein Billig-Quartier gemahnen läßt, modern eingerichtet, was nicht zuletzt deutschen Investoren, die an der Betreibergesellschaft beteiligt sind, zu verdanken ist. Die Lage in der ul. Alexandra Newskowo 53/ул. А. Невского, Tel: 46 08 01, Fax: 45 18 23, ist zwar nicht ganz so günstig wie beim ›Kaliningrad‹, doch läßt sich das Gebäude mit öffentlichen Verkehrsmitteln von der Innenstadt aus bequem erreichen. EZ 60 DM, DZ ca. 100 DM.

Das Hotel ›Baltika‹/Балтика profitiert von einem deutsch-russischen Joint-Venture. Die über einhundert Zimmer sind solide eingerichtet, und alle Nebeneinrichtungen zeigen einen für russische Verhältnisse verblüffend guten Standard. Das Haus befindet sich im Stadtteil Issakowo verkehrsgünstig am Moskowskij Prospekt-Zaozere pereulok/Московский пр. Заозере пер., Tel: 45 55 30, Fax: 45 35 43. EZ ca. 55 DM, DZ ca. 90 DM.

Als eine der besten Übernachtungsmöglichkeiten gilt bei deutschen Touristen das Hotelschiff ›Hansa‹/Ганза. Das österreichische Unternehmen Vienna International hat ein russisches Flußkreuzfahrtschiff gekauft und von der Wolga an den Pregel gebracht. Das Hotelschiff befindet sich in der Nähe der alten Börse, Nabereshnaja Marshala Bagramjana/наб. Маршала Баграмяна, Tel: 43 37 37, Tel/ Fax: 43 38 06. EZ 75 DM, DZ 140 DM. Kreditkarten werden akzeptiert.

Jugendherbergen gibt es leider noch nicht in Kaliningrad, dafür einige preiswerte Hotels für den Touristen, der nicht so große Ansprüche stellen wird: Das einfache Motel ›König Auto‹/Кениг Авто ist eine Filiale des gleichnamigen Reisebusunternehmens und liegt an der Straße nach Gwardejsk, Moskowskij prospekt 184/ Московский пр., Tel: 46 76 52, Fax: 46 07 22. Zimmer ab 15 DM. Gegenüber dem Zoo, in einem großen, noch nicht sanierten Bürohaus befindet sich das Hotel ›Moskwa‹/Москва, in dem man schon ab 13 DM unterkommen kann, die besten DZ kosten 40 bis 60 DM. Prospekt Mira 19/ пр. Мира, Tel: 27 20 89.
Das ›Dohna‹/Дона am Dohnaturm (Bernsteinmuseum) befindet sich am Pl. Wassilewskogo/пл. Василевского und ist ein weniger schöner Betonblock aus sowjetischer Zeit.

Touristen, die mit dem Zelt nach Kaliningrad reisen wollen, finden auf dem neben dem Hotel ›Baltika‹/Балтика gelegenen ›Campingplatz Königsberg‹/Кемпинг am Moskowskij Prospekt einen bequemen und gut bewachten Platz an einem See mit Paddelbootverleih. Betrieben wird der Platz von derHotelverwaltung, Tel: 45 55 30, Fax: 45 35 43. Erwachsene bezahlen ca. 7 DM, Kinder 4 DM. Wohnmobile mit Strom- und Wasseranschluß ca. 12 DM.

Die explodierenden Preise in den Kaliningrader Gaststätten bedeuten zwar für russische Normalverdiener, daß heute fast nur noch zu Hause gegessen wird, andererseits aber für den Touristen, daß er jetzt relativ problemlos an einen freien Platz im Restaurant kommen kann. Die Qualität der Speisen und der Service sind allerdings sehr unterschiedlich und schwanken von Tag zu Tag.
Die Lektüre der Speisekarte kann schwierig werden, wenn sie nur in kyrillisch abgefaßt ist. Besser ist es auf jeden Fall, sich auf die Empfehlungen des Obers einzulassen. Die Öffnungszeiten der Restaurants stellen einen weiteren Stolperstein dar. Meist sind die Gaststätten zur Mittagszeit geöffnet, schließen am Nachmittag und öffnen am Abend erneut; manchmal wird abends auch Live-Musik und Tanz geboten.
Die Restaurants der Hotels stellen das Rückgrat der gastronomischen Versorgung der Touristen dar. Das

›Baltika‹ in dem genannten Hotel genießt unter ihnen einen besonders guten Ruf. Ebenso gut wie teuer ist das Restaurant des Hotelschiffes ›Hansa‹. Das Restaurant pflegt eine etwas eigenartige Mischung aus österreichischer und russischer Küche. Bei der Wahl des Weines sollte man ruhig die Gewächse aus den Weinbaugebieten der ehemaligen Sowjetunion probieren. Vor allem grusinischer Wein schmeckt hervorragend – er ist in Deutschland so gut wie nicht zu bekommen. Auch das Restaurant im Hotel ›Kaliningrad‹ – ansprechend renoviert – ist zu empfehlen, auch wenn es nicht mehr so preiswert wie vor einigen Jahren ist.
Den netten Italiener von nebenan findet man jetzt auch in Kaliningrad, in der ›Italy Bar‹ auf dem Leninskij Prospekt 27. Tel: 43 07 53, täglich 10.00 bis 02.00 Uhr. Die Speisekarte dazu gibt es auf Italienisch und Englisch.
Das ›Valencia/Валенция‹ ist das spanische Pedant. Man findet es auf dem Pl. Pobedy 1, Tel: 43 38 20, täglich 13.00 bis 03.00 Uhr. Geschäftsleute kehren gerne hier ein.
Abends bietet das Restaurant in der alten Börse, das ›Brigantina‹ nicht nur den Seeleuten Unterhaltung und solide Speisen und Getränke. Falls man einmal überprüfen möchte, ob die polnische Küche auch in Kaliningrad ›polnisch‹ schmeckt, empfiehlt sich ein Besuch des ›Olsztyn‹/Ольштын in der ul. Olsztynskaja 1, Tel: 44 46 35, täglich von 12.00 bis 02.00 Uhr. Im ersten Stock gibt es eine kleine, gemütliche Kaffeebar. Auf jeden Fall genießt das Lokal bei den Einheimischen einen guten Ruf.
Das Restaurant ›Rus‹/Русь, in der Nähe des Oberteiches, auf der ul. Tschernjachowkogo 78; tgl. 12.00 bis 24.00 Uhr, ähnelt einem russischen Landgasthaus und lädt abends zum Tanz ein.

Wer nur auf Kaffee und Kuchen oder zu einem kleinen Gericht einkehren möchte, kann zwischen zahlreichen Cafés wählen: Das ›Vstretcha u Maksa‹/Встреча у Макса (Treff bei Max), Prospekt Mira 10/12, ist ein gemütliches und nettes Lokal für den kleinen Hunger zwischendurch, täglich von 11.00 bis 23.00 Uhr;
Wer es etwas nobler mag, ist im Café ›Baltinvest‹/Балтинвест, Leninskij prospekt 28, tgl. von 11.00 bis 15.00 und von 16.00 bis 23.00 Uhr, gut aufgehoben, denn es befindet sich im gleichnamigen Einkaufszentrum in der Nähe des Hotels ›Kaliningrad‹.
Etwas zwangloser geht es im ›Café Kamenny Zwetok‹/Каменный цветок in der ul. Klinitschenskaja 25, wo sich jugendliche Besucher abends auf der Tanzfläche austoben können.

Die Buchhandlung ›Znanije‹/Знание auf dem Leninskii prospekt 103 führt neben einem breiten Sortiment russischer Bücher und touristischer Literatur auch deutsche sowie englische Titel.
In dem Buchladen Jantarny Skaz/Янтарный сказ auf der ul. Karla Marxa 18/ул. Карла Маркса findet man auch deutsche Reiseführer zum Kaliningrader Gebiet.

Das Museum für Geschichte und Kunst, in der ul. Klinitscheskaja 21/ул. Клиническая, täglich geöffnet von 10.00 bis 18.00 Uhr, außer Montags, Tel: 45 38 44, befindet sich in der 1912 erbauten und 1991 rekonstruierten Stadthalle.
Das Bernsteinmuseum (Muzej Jantarja/Музей Янтаря) befindet sich im Dohnaturm am pl. Wassilewskogo 1/пл. Василевского. Täglich 10.00 bis 18.00 Uhr. Liebevoll und anschaulich gestaltete Ausstellung des Ostseegoldes in vielen Varianten – sehr zu empfehlen!
Das Bunkermuseum (Muzej Blindash/Музей Блиндаж) in der ul. Universitetskaja/ул. Университетская ist täglich von 10.00 bis 18.00 Uhr geöffnet.
Tel: 46 05 93. Der historisch Interessierte kann hier die letzten Stunden der deutsschen Stadt Königsberg vor der Kapitulation am 9. April 1945 nacherleben.
Im Friedländer Tor (Gorodskije worota Fridlandskije/Городские ворота Фридляндские) findet man ein besonderes Museum. Schon Ende der 80er Jahre begannen junge geschichtsinteressierte Russen Zeugnisse der deutschen Vergangenheit zusammenzutragen: Reklame- und Straßenschilder sowie Hausrat. Ein Zeichen der Versöhnung.
Prospekt Kalinina/Пр. Калинина
ZOO/Зоопарк, Prospekt Mira 12/пр. Мира, täglich 9.00 bis 13.00 und 14.00 bis 16.30 Uhr, Tel: 21 89 24.

Das Schauspielhaus (Dramatitscheskij teatr/Драматический театр), Prospekt Mira 4/пр. Мира, Tel: 21 24 22.
Philharmonie-Konzertsaal/Филармония-Концертный зал in der umgebauten Kirche zur Heiligen Familie – ul. Chmelnickogo 61 a/ул. Хмельницково, Tel: 44 88 90.
Das Deutsch-Russische Haus, ul. Jaltinskaja 2a/ул. Ялтинская, 236001 Kaliningrad, Tel/Fax: 46 96 82, ist seit 1993 eine Begegnungsstätte für Deutsche und Russen. Ausstellungen, Vorträge und Kulturveranstaltungen gehören zum Programm des engagierten Teams um den Direktor Friedemann Höcker.

Die Samlandküste

Wer als Tourist nach Königsberg kommt, wird sicher gern die Möglichkeit wahrnehmen, auch einige der Badeorte entlang der ehemals ostpreußischen Ostseeküste – der Samlandküste (Semlandskij poluostrow/Семландский полуостров) – zu besuchen. Cranz, Rauschen, Palmnicken, Neukuhren und Pillau sind die bekanntesten Städte an der Samlandküste. Die einst so mondänen Badeorte wurden in der Sowjetzeit zu Arbeitererholungszentren ausgebaut. Heute stehen einige der schmucklosen Erholungsheime leer. In Zukunft wird man an den malerischsten Abschnitten der Küste vielleicht wieder die Reichen und die Schönen promenieren sehen können. Tourismusexperten träumen davon, an die alten Zeiten anzuknüpfen und der Oberschicht der künftigen Freihandelszone ein weltläufiges Ambiente zu bieten. Schon heute kommen vor allem viele deutsche Besucher mit Reisebussen an die Küste. Aber auch für Individualreisende gibt es eine Menge zu entdecken.

Selenogradsk/Cranz

Ein klassisches Beispiel für die Anpassung eines Ortes an die gesellschaftlichen Gegebenheiten stellt das einst noble Seebad Cranz dar, nur ca. 30 km von Kaliningrad entfernt: Schon vor dem Zweiten Weltkrieg war aus dem Ort, der auf sein 1816 verliehenes Prädikat ›königliches Seebad‹ so stolz war, der meistbesuchte Badeort der samländischen Küste geworden. Feriengäste aus ganz Deutschland führten hier den Königsberger Tagesausflüglern die neueste Bademode vor.

Besonders ab 1885 wurde Cranz, heute Selenogradsk/Зеленоградск (Übersetzung: Stadt im Grünen) – zur ›Badewanne‹ der Königsberger. Die neue Bahnverbindung brachte die Königsberger in einer halben Stunde an die Ostsee. Eine hölzerne Strandpromenade, ein Kurpark, ein Warmbadehaus, viele Tanzmöglichkeiten sowie Ausflugsdampfer in Richtung Memel sorgten für die nötige Unterhaltung der Städter. Heute fährt die Elektritschka – ein Vorortzug von Kaliningrad aus, ebenso ist die Anreise mit dem Bus möglich. Damals der östlichste Badeort Deutschlands ist Cranz/Selenogradsk heute – so ändern sich die Zeiten – zusammen mit Rauschen der westlichste Badeort Rußlands.

Nach dem Krieg eroberten ›Helden der Arbeit‹ die Promenade. Der Glanz, den die Haute Volée dem Ort verliehen hatte, verblaßte zwar, doch behielt auch unter sowjetischen Besuchern Selenogradsk seinen guten Klang. Sanatorien und noch viele gut erhaltene Gebäude aus der Vorkriegszeit prägen das lebendige Rajonzentrum. Teile der Altstadt sind für den individuellen Autoverkehr gesperrt, um den Kurortcharakter zu betonen.

An der Strandpromenade von Selenogradsk/Cranz

Aus der einst hölzernen Strandpromenade wurde eine etwas zu breit geratene Betonpromenade, an der es leider kaum Einkehrmöglichkeiten gibt.

Diese finden sich eher in der ul. Lenina/ул. Ленина, der ehemaligen Königsberger Straße im Zentrum der Stadt. Hier steht auch das gut erhaltene Post- und Telegrafenamt aus deutscher Zeit in der Nähe des Bahnhofes. Die ehemalige

Vorwahl nach Selenogradsk innerhalb Rußlands: 82 50; aus Deutschland: 007-0 11 50. Für den Besuch der Kurischen Nehrung ist aus Naturschutzgründen eine ›Genehmigung‹ erforderlich, die aber sofort ohne Probleme erteilt wird. Diese kann man am Schlagbaum hinter Cranz oder im Reisebüro in der ul. Moskovskaja 34/ул. Московская, Tel: 310 92/315 33, kaufen. Auch eine Zimmervermittlung wird von diesem Reisebüro betrieben.

Mit etwas Glück und russischen Sprachkenntnissen kann man in einem der Sanatorien für ca. 30 bis 40 DM pro Person unterkommen.
Hotel ›Margarita‹/Маргарита – ein gutes Mittelklassehotel in Strandnähe, ul. Pugatschowa/ ул. Пугачева, Tel 313 47. Mit ca. 30 DM pro Person ist man dabei.
Buchung und Auskunft auch über Firma ›Jantar Tours‹: ul. Safronow 3-6, Kaliningrad, Tel: (von Deutschland) 007/01 12/27 94 11, Fax: 46 95 90.

evangelische Kirche St. Adalbert gehört nun der russisch-orthodoxen Gemeinde. Es gibt noch viele Zeugnisse der alten deutschen Zeit in der Stadt, obwohl die nunmehr verwendete Fassadenfarbe typisch russisch aussieht.

Selenogradsk ist außerdem der Ausgangspunkt für den Besuch der malerischen Kurischen Nehrung, die kurz hinter der Stadt beginnt.

Die günstige Bahnverbindung mit Kaliningrad bietet für die Zukunft gute Aussichten, den Ort wieder zu einem beliebten Ziel auch für die erhofften Westtouristen zu machen. Von dem Optimismus der Tourismusverantwortlichen zeugen die regen Restaurierungsarbeiten.

Swetlogorsk/Rauschen

Zwar nicht ›königlich‹, aber nicht minder beliebt als Selenogradsk/Cranz ist das Seebad Swetlogorsk/Светлогорск, zumal es mit einer Lage am schönsten Abschnitt der samländischen Steilküste aufwarten kann. Die Besucher Rauschens legen heute wie früher mehr Wert auf Naturschönheit als auf Eleganz. Obwohl fast 60 Kilometer von Kaliningrad entfernt, läßt sich auch Swetlogorsk problemlos mit der Bahn erreichen. Der Ort ist zweigeteilt. Am Bahnhof Swetlogorsk I sollte man noch nicht aussteigen, denn hier befindet man sich in einer gewöhnlichen Kleinstadt. Das Seebad selbst – einst Rauschen-Düne – trägt heute den Namen Swetlogorsk II. Hier herrscht typische Badeatmosphäre. Autos müssen vor dem Ortseingang abgestellt werden, dafür beleben unzählige Kurgäste die Promenaden. Im Stadtzentrum sieht man das imposante Gebäude des Warmbades aus deutscher Jugendstilzeit, das vor einigen Jahren sogar auf einer sowjetischen Briefmarke abgebildet war. Die Gebäude bestehen fast ausschließlich aus Sanatorien, Cafés und recht zahlreich erhaltenen schmucken hölzernen Ferienhäusern der Jahrhundertwende.
Und Rauschen ist eine Stadt im Grünen – über 100 m^2 Wald und Grünflächen kommen auf einen Einwohner. Wo gibt es das noch? Es lohnt sich einen Spaziergang durch das Städtchen, zwischen Strand, Kurpromenade und Kurpark zu machen. Dort und am Strand findet man auch Skulpturen des deutschen Bildhauers Hermann Brachert (1890-1972), der hier lebte und wirkte.

In Georgenswalde (heute: Otradnoje/Отрадное), nicht weit von Rauschen, gibt es seit Anfang der 90er Jahre sogar ein kleines Museum zum Wirken Hermann Bracherts.

Um in Rauschen an den Strand zu gelangen, kann man auf den malerischen Serpentinenwegen, die sich die Steilküste herunterwinden, spazieren oder aber einen Aufzug benutzen. Ein weitere Möglichkeit stellt die Seilbahn dar. Schon vor dem Kriege war es möglich, den Strand auf diese Weise zu erreichen. Von der

Vorwahl aus Rußland: 82 53, Telefon aus Deutschland: 007-0 11 53

Mehrere Pensionen und Hotels stehen dem Besucher offen. Eine der bekanntesten Unterkünfte mit Komfortzimmern ist das renovierte Drei-Sterne-Hotel ›Rauschen‹/Раушен, ul. Kaliningradskaja 70b/ул. Калининградская, Tel: 32 29, Fax: 32 88.
Dem Besucher stehen ein bewachter Parkplatz, eine Wechselstube und ein Restaurant zur Verfügung. Pro Person ab 55 DM.
Gleich in der Nähe, sei das Hotel ›Wolna‹/Волна empfohlen: ul. Kaliningradskaja 68 b, Tel: 37 33, ab 60 DM für einen Gast. Immerhin gibt es hier etwas Nachtleben mit einem kleinen Casino.
Wer preiswerter übernachten möchte, findet eine ›sowjetische‹ Herberge namens Baltika, besser von der Bahnstation Swetlogorsk erreichbar: ›Baltika‹/Балтика, ul. Vereshtschagina 8/ул. Вережчагина, Tel/Fax: 30 82. Im DZ ab 30 DM pro Person

Das originellste und witzigste Restaurant in Rußlands westlicher Region findet man hier in Rauschen: ›Lahmer Gaul‹ (Chromaja loschad/Хромая лошадь). Das Ambiente erinnert an Lateinamerika. Ein Kamin, viele Reitutensilien, eine nette deutschsprechende Bedienung und exotische Speisen lassen die rechte Stimmung aufkommen. Es befindet sich in der ul. Oktjabrskaja 23/ул. Октябрская, Tel: 35 13, täglich von 12.00 bis 03.00 Uhr.
Im Hotel ›Rauschen‹/Раушен, ul. Kaliningradskaja 70 b, Tel: 37 29, findet man ein modernes Restaurant mit 79 Plätzen, einem breiten Speisen- und Getränkeangebot, und abends spielt sogar ein Orchester.
Sie wollen direkt an der Uferpromenade mit Meeresblick speisen? Im Restaurant ›Seestern‹/Зеештерн direkt an der Uferpromenade ist dies täglich von 10.00 bis 23.00 Uhr möglich. Das Haus steht unter deutscher Leitung und die Speisekarte ist in deutscher und englischer Sprache verfaßt.

damaligen Seilbahn ist nichts mehr übrig; die Konstruktion aus sowjetischen Zeiten wurde hundert Meter weiter errichtet.

Viele der Sanatorien werden gleichfalls für Westtouristen geöffnet. Schon jetzt befinden sich einige in verblüffend gutem Zustand – handelt es sich bei ihnen doch um Einrichtungen, die der einstigen Nomenklatura vorbehalten waren.

Geht man die breite Treppe zum Strand hinab gelangt man zu einer Sonnenuhr aus Mosaiksteinchen – sie soll die größte in Europa sein.

Naturliebhabern bieten sich neben Strandwanderungen entlang der Steilküste auch mehrere relativ gut ausgeschilderte Wanderwege in die waldreiche Umgebung an.

Baltijsk/Pillau

Für deutsche Heimatvertriebe aus Ostpreußen hat der Name Pillau einen ganz besonderen Klang: Von diesem Hafen auf einer Landzunge gegenüber der Frischen Nehrung gingen im Winter 1945 die Flüchtlingsschiffe ab. Nicht alle – aber immerhin über eine halbe Million Menschen – erreichten die rettende schleswigholsteinische Küste. Die Flucht über die Ostsee stellt ein bis heute in den Erinnerungen der Beteiligten lebendig gebliebenes Kapitel deutscher Kriegsgeschichte dar. Heute heißt der Hafen Baltijsk/Балтийск und beheimatet die Ostseeflotte der russischen Kriegsmarine. Daher war das Gebiet Jahrzehnte selbst für Russen nur mit Sondergenehmigung zu betreten. Aber seit 1995 darf die Stadt – außer einiger militärischer Sperrbezirke – auch von westlichen Touristen besucht werden. Die einstige ruhmreiche baltische Flotte leidet heute – das ist überall in Baltijsk sichtbar – unter dem Moskauer Geldmangel. Durch gemeinsame Manöver mit NATO-Staaten und den Besuch westeuropäischer, ja sogar amerikanischer Marineschiffe versucht man wenigstens das Prestige aufzubessern.

Der ursprünglich von prußischen Fischern gegründete Ort verdankt sein für Militäranlagen typisches Schicksal der strategisch günstigen Lage, von der aus sich der Zugang zum Frischen Haff und nach Kaliningrad kontrollieren läßt. Seit 1679 wird hier Flottengeschichte geschrieben, als der Große Kurfürst mit dem Aufbau einer eigenen brandenburgisch-preußischen Flotte begann. Im Jahre 1996 beging man den 300. Jahrestag der russischen Flotte – auch im Kaliningrader Gebiet. Immerhin ist es schon ein großer Fortschritt, daß die Stadt jetzt auch für westliche Touristen geöffnet wurde, denn bis Anfang der 90er Jahre durfte Baltijsk nur einmal im Jahr – am Tag der Flotte – besichtigt werden.

Leider ist die Stadt am Ende des Zweiten Weltkrieges fast vollständig zerstört worden. Ein Wahrzeichen der Stadt, der Leuchtturm von 1813, steht aber noch im alten Glanz und kann besichtigt werden. Sein Bau geht auf Pläne von Karl Friedrich Schinkel zurück. Die berühmte alte Zitadelle kann leider nur von außen betrachtet werden, da im Inneren noch ein Armeestab arbeitet.

In der ul. Kronstadtskaja/ул. Кронштадская befindet sich das Museum der Baltischen Flotte, die auch Führungen und Vorträge zum Thema anbietet. Eine Schiffahrt auf dem Haff kann den Pillau-Besuch ausklingen lassen. So sieht man die Stadt von einer ganz anderen Perspektive – vorausgesetzt man läßt sich von der Präsenz russischer Marineschiffe nicht abschrecken.

Jantarnyj/Palmnicken

In Jantarnyj/Янтарный wird – der Name läßt es vermuten – Bernstein gefördert. Der einzige Bernstein-Tagebau der Welt wird hier seit 1913 betrieben. Schon 1872 war ein Bergwerk angelegt worden. Heute werden in Jantarnyj offiziellen Angaben zufolge 94 Prozent der Weltproduktion an Bernstein gewonnen. Angeblich sollen die Vorräte noch 300 Jahre (!) reichen. Kein Wunder, wenn die Behörden streng darauf achten, daß niemand Unbefugtes die Gelegenheit erhält, sich ein paar Brocken des ›baltischen Goldes‹ in die Tasche zu stecken. Inzwischen ist es jedoch möglich das Bergwerk ›Russkij Jantar‹ mit einer besonderen Genehmigung der Bergwerksverwaltung und im Rahmen einer bewachten Gruppe zu besichtigen. Danach kann man seine Rubel, Dollar oder DM im Geschäft der Bernsteinmine loswerden.

Viele Russen haben mit Beginn der Wirtschaftskrise Anfang der 90er Jahre selber begonnen, in der Nähe von Jantarnyj und Kaliningrad (Dorf Muromskoje) nach Bernstein zu suchen. Man sprach vom ›Bernsteinrausch‹. Für ein Kilogramm Rohbernstein werden ca. 200 DM gezahlt. Aber solche ›Riesen‹ findet man kaum, und es ist eine mühevolle und gefährliche Arbeit, in der Erde nach Bernstein zu suchen. Dabei kam es auch schon zu tödlichen Unfällen. Etwas leichter, dafür dreckiger ist es, am Abflußrohr der Bernsteinmine in Jantarnyj zu stehen. Mit Fischernetzen wird der Bernstein aus dem Abwasser ›gefiltert‹.

Den filigran verarbeiteten, in Silber und Gold eingefaßten Bernsteinschmuck kann man zwischen Kaliningrad, Jantarnyj, Swetlogorsk und Kurischer Nehrung überall preiswert von Händlern kaufen.

Bernsteinmuseum der Mine ›Russkij Jantar‹: Voranmeldung über Telefon Kaliningrad: 45 04 58, Fax: 46 67 29, oder von Deutschland aus: 007-01 12.

Das Geschäft der Bernsteinmine: Jantarnyj, ul. Sowetskaja 1/ ул. Советская, von Mo bis Fr, von 8.00 bis 12.30 und 13.00 bis 17.00 Uhr.

Die Kurische Nehrung

Ein Ausflug auf die Kurische Nehrung/Куршская коса gehört sicher zu den bleibendsten Erinnerungen eines Besuches im Königsberger Gebiet. Schon Wilhelm von Humboldt, berühmter Weltreisender und Wissenschaftler meinte dazu 1812: »Die Kurische Nehrung ist so merkwürdig, daß man sie eigentlich ebenso wie Spanien oder Italien gesehen haben sollte, wenn einem nicht ein wunderbares

Bild in der Seele fehlen sollte.« Was ist so reizvoll und einmalig an diesem 98 km langen Naturgebilde zwischen Rußland und Litauen, mit einer Breite von 400 Metern bis maximal vier Kilometern?
Die Kurische Nehrung ist eines der letzten, ursprünglichen Naturparadiese Europas. Hier gibt es keine Industrie, wenig Autoverkehr, und der Tourismus steckt noch in den Kinderschuhen. Dafür hat sich eine ursprüngliche Fauna und Flora erhalten. Millionen von Vögeln rasten auf ihrem Zug von Norden nach Süden auf der Nehrung; Rehe, Füchse und sogar Elche besiedeln die dichten Wälder. Dazu kommt das Schauspiel der größten europäischen Wanderdünen. Früher waren sie eine große Gefahr, da sie ganze Nehrungsdörfer unter ihrem Sand begruben. Der feine Sandstrand der Nehrung lädt auf vielen Kilometern zum Baden ein. Ähnlich wie auf der dänischen Insel Bornholm gibt es hier durch Luftzirkulationen viel Sonnenschein und wenig Regen im Sommer. Im fischreichen Haff sollte man allerdings nicht baden, dazu ist das Wasser nicht sauber genug.

Viele Jahre verlief über die Kurische Nehrung die alte Poststraße von Berlin über Königsberg nach St. Petersburg. Da war das Reisen noch eine große Anstrengung, voller Gefahren, und der Sand der Nehrung gehörte dazu. Heute fährt auf der Asphaltstraße der Bus von Cranz nach Memel über die Nehrung, oder man reist mit dem Auto. Besonders wird sich die Nehrung aber dem Wanderer oder Radfahrer erschließen, der Zeit und Muße mitbringt, sich auf dieses Abenteuer einzulassen – ohne den gewohnten Komfort unserer Konsumgesellschaft.

Die Landschaft hat auch immer wieder – besonders zu Anfang unseres Jahrhunderts – Schriftsteller und Künstler inspiriert: Agnes Miegel, Lovis Corinth, Karl Schmidt-Rottluff oder Thomas Mann, der sich 1930 in Nidden ein Sommerhaus bauen ließ.

Schon Ende der 80er Jahre wurde die Nehrung zum Nationalpark erklärt. Also sollten sich Besucher so rücksichtsvoll wie möglich in diesem Naturschutzgebiet verhalten. Zum Beispiel ist es verboten zu zelten oder ein Lagerfeuer zu entfachen. Sowohl von litauischer, als auch von russischer Seite wird ein kleines Eintrittsgeld für Naturschutzmaßnahmen erhoben. Mitten durch die Nehrung – zwischen Pillkoppen und Nidden – verläuft heute die russisch-litauische Grenze – man beachte die Visapflicht.

Lesnoj/Sarkau

Nachdem man den Schlagbaum hinter Cranz passiert hat, kommt man in den kleinen Ort Lesnoj/Лесной – ein verträumtes Fischerdorf mit ca. 500 Einwohnern. Hier, im südlichsten Nehrungsdorf grüßen bunte Häuser mit schönen Vorgärten. Berühmt waren vor dem Krieg die geräucherten Flundern aus Sarkau. Kurz hinter

Gartentür auf der Kurischen Nehrung

Sarkau liegt mit 400 Metern die schmalste Stelle der Nehrung. Sie wurde bei Winterstürmen in den Jahren 1830, 1895 sowie 1983 durchbrochen und überschwemmt, dann mühsam wieder geschlossen.

Einige Kilometer hinter Lesnoj, am Kilometer 15 der Nehrungsstraße befindet sich das Museum der Kurischen Nehrung. Ihm sollte unbedingt ein Besuch abgestattet werden. Es liegt in einem gepflegten Park, einige Minuten vom Parkplatz entfernt. Das Gebäude war bis zu Gorbatschows Zeiten ein Erholungsheim der örtlichen und zentralen Parteiobrigkeit. Durch die Perestroika wurde es dann ein Naturparkmuseum. Erfreulich für deutsche Besucher ist, daß die Beschriftung meist zweisprachig ist. Auch viele deutsche Exponate und Fotos bereichern die Ausstellung. Im Obergeschoß gibt es wechselnde Ausstellungen von Künstlern und die Möglichkeit Bernsteinschmuck zu kaufen. Auf die deutsche Geschichte der Nehrung mit dem Segelflügen um Rossitten und die Vogelwarte wird ausführlich eingegangen.

Nach dem Besuch im Haus lohnt sich noch ein kleiner Spaziergang durch den Park, hinunter zum Haffufer. Vom kleinen Bootssteg hat man einen romantischen Ausblick auf das Gewässer mit dem breiten Schilfgürtel.

Museum der Kurischen Nehrung (Muzej Kurschskoj kosoj/Музей Куршской косой). Am Kilometer 15 der Nehrungsstraße. Von Mi bis So von 11.00 bis 17.00 Uhr, im Winter kürzere Öffnungszeiten. Deutschsprachige Führungen sind möglich. Eintritt ca. 1,50 DM. Die Eröffnung eines Cafés ist geplant.

Rybatschij/Rossitten

Rybatschij/Рыбачий ist mit über 700 Einwohnern das größte Dorf auf dem südlichen Teil der Kurischen Nehrung. Hier befindet sich auch der Verwaltungssitz für die russischen Nehrungsdörfer und die einzige Kirche, in der auf der Nehrung russisch-orthodoxe Gottesdienste abgehalten werden. Noch heute wirkt der Ort wie ein deutsches Dorf der 20er Jahre mit etwas russischem Flair.

Die Bewohner lebten hauptsächlich vom Fischfang und von der Landwirschaft. Aber schon in deutscher Zeit war der Ort ein beliebtes Feriendorf – wunderbar geeignet für einen Badeurlaub, Wanderungen und Spazierfahrten per Pferdekutsche. Viele Besucher kamen mit dem Dampfer von Cranz, Nidden oder Memel, wofür in Rossitten eine lange Mole zum Anlegen gebaut wurde. Hier konnte man auch die berühmten flachen Kurenkähne begutachten, die vollständig aus Holz gebaut wurden. Die aus Holz gefertigten Kurenwimpel an jedem Kahn – jeder Ort hatte ein anderes Symbol – sind zum Wahrzeichen für die Kurische Nehrung geworden.

Und noch eine Besonderheit gab es im Rossitten der 20er und 30er Jahre: die Segelflugschule. Bei Ostwind wurden mit einem Gummiseil leichte Segelflugzeuge von den Dünen gestartet. Über 30 000 Jugendliche erhielten hier eine Schulung, sogar Weltrekorde im Dauersegeln wurden in Rossitten aufgestellt.

Aber die Bekanntheit Rossittens resultiert vor allem aus der Vogelwarte, der ersten der Welt, die noch heute existiert. Es war am Ende des 19. Jahrhunderts als der junge Pfarrer Johannes Thienemann, von Cranz kommend, die Kurische Nehrung besuchte. Bei Rossitten fielen ihm die unzähligen Vögel – Möwen, Enten, Uferschnepfen, Schwalben, Rotkehlchen, Haubentaucher u.a. – auf, die hier Rast machen. Es war bekannt, daß schon seit dem Mittelalter hier Falken eingefangen und zu Jagdfalken abgerichtet wurden. Aber wissenschaftlich hatte sich noch niemand intensiv mit dem Vogelzug beschäftigt. Das ist der Verdienst des jungen Thienemanns. Er beringte Vögel mit feinen Metallringen eines Kirchentellers, den er auseinanderschnitt und der Aufschrift ›Rossitt. Ostpr.‹ Nach einigen Monaten erhielt er Nachricht aus Deutsch-Südwestafrika (heute Namibia). Damit war der Beweis erbracht, daß Vögel bei ihrem Zug nach Süden mehr als 10 000 km zurücklegen. Schließlich wurde 1901 eine kleine Vogelwarte gegründet. Nach 1911 wurde sie zur ›Vogelwarte Rossitten der Kaiser-Wilhelm-Gesellschaft‹.

Boote am Kurischen Haff in Morskoje / Pillkoppen

1903 nahm Thienemann 103 Beringungen vor, im Jahre 1912 bereits über 40 000. 1908 wurde südlich von Rossitten die Beobachtungshütte Ulmenhorst erbaut. Thienemann, inzwischen ein anerkannter Ornithologe, gelangte durch seine Arbeit und sein Buch ›Rossitten. Drei Jahrzehnte auf der Kurischen Nehrung‹ und den Film ›Die Wüste am Meer‹ zu Weltruhm. Er starb 1938 in Rossitten, 1944 wurde die Arbeit der Vogelwarte eingestellt. Die Vogelwarte Radolfzell führte in Westdeutschland die Forschungsarbeit nach dem Krieg fort.

Thienemanns Grab kann man noch heute besichtigen – es befindet sich auf dem alten Rossittener Friedhof, links beim Ortseingang. Während man in sowjetischer Zeit fast alle deutschen Grabstätten zerstörte, wurde sein Grab und das des Düneninspektors Franz Epha gepflegt und erhalten. Epha ist einer der bekanntesten Deutschen auf der Nehrung gewesen, hat er doch im 19. Jahrhundert wissenschaftliche Methoden entwickelt, um der gefährlichen Dünenwanderung durch Bepflanzung Einhalt zu gebieten.

Das Dorf Rybatschij liegt etwas abseits der Nehrungsstraße. Wo die Straße nach dem Dorf abzweigt findet man ein gemütliches Restaurant, in dem auch Grillspezialitäten angeboten werden. Vorbei am Lunk, einem kleinen Teich, erreicht man den Ort. Am Ende der Hauptstraße sieht man die schöne deutsche Backsteinkirche von 1873. Nach dem Krieg flickte die Kolchose hier ihre Netze. Vor einigen Jahren konnte das Gebäude mit deutscher Hilfe renoviert werden, und

Praktikanten aus Deutschland in der ›Biologischen Station‹

es nimmt nun unter dem Namen des hl. Sergej von Radonesh die russisch-orthodoxen Gläubigen auf. Ein Pope aus Neukuhren/Pionersk kommt sonntags und an Feiertagen, um den Gottesdienst zu halten. Der Blick ins Innere lohnt sich, vor allem auf den Ikonostas. Ein schwarzes Metallkreuz vor der Kirche ist den ehemaligen Bewohnern von Rossitten gewidmet.

Eine Minute hinter der Kirche, Richtung Haff, finden wir die ›Biologische Station‹ der Akademie der Wissenschaften der Russischen Föderation – die Nachfolgeeinrichtung der Rossittener Vogelwarte. Sie betreibt außerdem zwischen Lesnoj und Rybatschij die Station ›Fringilla‹, wo in riesigen Netzen die Vögel gefangen und beringt werden. Über 1,6 Millionen Beringungen wurden zwischen 1956 und 1991 in Rybatschij durchgeführt. Beide Stationen können besucht werden, die Mitarbeiter geben bereitwillig Auskunft. In den Vogelzugzeiten im Frühjahr und Herbst helfen sogar deutsche Praktikanten den russischen Ornithologen.

Die Pension ›Wadda‹/ Ватта, ul. Stepnaja 9 a/ ул. Степная, wurde 1995 eröffnet und bietet ein gutes Preis-Leisungsverhältnis. Insgesamt stehen 13 Betten in sieben Zimmern zur Verfügung, ab 20 DM pro Person. Frühstück und Vollpension möglich. Ein gemütliches Kaminzimmer, Sauna und ein Garten zum Spielen für die Kinder laden ebenfalls ein. PKW können in der Garage untergestellt werden. Buchungen über Sputnik-Travel Berlin, Tel: 030/20 30 22 46, Fax: 20 30 22 96 oder direkt beim Inhaber: G. Kuleznjow, 238535 Rybatschij, ul. Stepnaja 9 a, (Selenogradskij rajon), Tel: 007/011 50/2 13 86 von Deutschland aus; innerhalb Rußlands Tel: 82 50/213 86. In Kaliningrad über Tel: 44 56 80, Zwischenübernachtung ist dort auch möglich.

Restaurant an der Nehrungsstraße/ul. Lesnaja am Ortseingang, von früh bis spät in die Nacht geöffnet. Breites Speisen- und Getränkeangebot.

Museum der Vogelwarte: Es gibt einen Ausstellungsraum in der Biologischen Station Rybatschij, in dem die Geschichte und die Tätigkeit der Vogelwarte aufgezeigt wird. täglich von 9 bis 18 Uhr. Bitte am Tor klingeln. Spenden willkommen. Mehr Infos über den ›Freundeskreis zur Förderung der Biologischen Station Rybatschij‹ c/o Vogelwarte Radolfzell, Schloss Möggingen, D-78315 Radolfzell, Tel: 077 32/15 01 11, Fax: 15 01 34. Dorthin kann man sich wenden, wenn man als Praktikant in Rybatschij arbeiten will oder dringend benötigte Sachgüter (z.B. Ferngläser) für die russische Vogelwarte spenden möchte.

Morskoje/Pillkoppen

Kurz vor der litauischen Grenze liegt der kleinste Ort auf der Kurischen Nehrung, und er hat sich sein ursprüngliches Gesicht noch bewahren können. Hoch über dem Dorf steht die ehemalige Wanderdüne ›Ephas Höhe‹, von der man einen wunderbaren Ausblick bis nach Litauen hinüber hat. Der Düneninspektor Franz Epha veranlaßte vor rund 100 Jahren die Bepflanzung der Wanderdüne. Damit war das Dorf Pillkoppen gerettet und wurde nicht wie andere Nehrungsdörfer unter dem ewigen Sand begraben.

Am ehemaligen Friedhof in der Dorfmitte, der 1900 versandete, steht wie in Rossitten ein Metallkreuz, das den ehemaligen Pillkoppener Bewohnern gewidmet ist.

Große touristische Attraktionen wird man in Morskoje/Морское nicht finden können. Dennoch macht es Spaß durch den kleinen Ort zu spazieren, dem einfachen Leben der russischen Bewohner zuzusehen. Besonders reizvoll ist es am Haffufer, wo auch Boote liegen, zwischen Schilf, Strand und Dünen.

Motel ›Dosug‹/Досуг – die kleine 1993 errichtete Ferienanlage mit zweistöckigen Häusern macht einen sauberen und soliden Eindruck, ein Restaurant befindet sich ebenfalls dort. Tel: 007/011 50/212 85 bzw. 213 96.

Wer dort nicht unterkommen kann und mit einfachem Standard zufrieden ist, kann es auch in der Turbaza/Турбаза im Zentrum des Dorfes, in der Nähe des Metallkreuzes probieren, wobei dort Russischkenntnisse von Vorteil sind.

Das Kaliningrader Hinterland

Die Seebäder der samländischen Ostseeküste werden auch gerne von deutschen Touristen, die keine persönliche Beziehung zu Ostpreußen haben, besucht. Die Orte des ehemaligen Ostpreußens, die zum heutigen Kaliningrader Hinterland gehören, sind dagegen vor allem für Besucher interessant, dic dort geboren sind oder deren Vorfahren von dort stammen.

Aber für den interessierten und aufgeschlossenen Besucher finden sich auch hier lohnende Ziele. Städte wie Tapiau, Insterburg, Tilsit, Gumbinnen – aber auch Landschaften wie die Rominter Heide oder die Heimat der berühmten Trakehnerpferde lohnen einen Abstecher.

Von Kaliningrad aus bieten sowohl private Fremdenführer als auch einige Tourismusunternehmen organisierte Touren ins Hinterland an. Wer gezielt nur einen Ort besichtigen möchte, sollte mit einem Taxifahrer handelseinig werden und sich dorthin chauffieren lassen. Einige Zeit zum Feilschen sollte man jedoch einkalkulieren.

Preiswerter sind natürlich Fahrten mit russischen Bussen oder der Eisenbahn – eine gute Gelegenheit, Land und Leute kennenzulernen. Sicher wird ein jeder jeweils den Ort ansteuern, zu dem ihn sein persönliches Schicksal lenkt, und so kann nicht jedes einzelne Dorf hier Erwähnung finden. Daher sei an dieser Stelle nur eine Auswahl der bekannteren Orte vorgestellt.

Gvardejsk/Tapiau

60 Kilometer östlich von Kaliningrad findet man in Gvardejsk/Гвардейск neben der Stadt Prawdinsk/Friedland eine kleinstädtische Idylle im Kaliningrader Gebiet. In Tapiau haben sowjetische Plattenbauten noch nicht die Kirche am Markt verstellt, wenn auch heute noch die obligatorische Leninstatue überdimensioniert auf dem schönen Platz steht.

Der heutige Name Gvardejsk leitet sich von dem russischen Wort für Garde/Gvardija ab. So ist Tapiau seit Jahrzehnten eine Garnisionsstadt, die sich

Das Geburtshaus von Lovis Corinth

aber ihr besonderes Flair in der Nähe der Flüsse Deime und Pregel bewahren konnte.

Historisch bedeutsam wurde der Ort durch eine Ordensburg, die im 13. Jahrhundert gegen die Litauer errichtet wurde. Ende des 18. Jahrhunderts wurde daraus unter Friedrich Wilhelm II. eine Provinzial-Besserungsanstalt am Ufer der Deime. Heute befindet sich in dem beeindruckend großen Bauwerk ein Gefängnis. Verständlich, daß man den historischen Ort leider nicht besichtigen kann.

Was allerdings verschwunden ist, das ist die legendäre Destille. Die Hersteller der beliebten Tapiauer Spirituosen nahmen ihre Rezepturen bei Kriegsende mit auf die Flucht. Heute werden die markanten Flaschen im niedersächsischen Ahausen abgefüllt.

Aber es lohnt sich ein Spaziergang durch die alten, steilen Gassen oder am Deimeufer entlang. Hier stößt man auf das Geburtshaus des größten Sohnes der Stadt: Der später bedeutende Maler des Impressionismus Lovis Corinth wurde 1858 in Tapiau geboren.

An dem dunkelroten Haus – leider nicht in bestem Zustand – in der ul. Wodnaja 12/ул. Водная befindet sich eine Gedenktafel für den Maler, der allerdings

Vorwahl von Rußland aus: 82 59. Das Telefon-, Telegrafen- und Postamt befindet sich am Markt.
Der Busbahnhof befindet sich in Höhe des Marktplatzes an der Hauptstraße nach Insterburg. Busse nach Kaliningrad und in Richtung Insterburg/Litauen fahren tagsüber sehr häufig. Dagegen liegt der Bahnhof ca. 20 min weit außerhalb der Stadt, noch hinter dem Pregel.

Es gibt nur ein Hotel in Gvardejsk, nicht weit vom Marktplatz. In der schlichten Herberge in der ul. Telmana 10/ ул. Тельмана, Tel: 82 59/325 41, kann man für ca. 11 DM nächtigen. Am Hotel befindet sich kein Hinweis auf seinen Zweck! Das Personal ist zwar freundlich, bietet aber kein Frühstück oder einen Imbiß.

Am Marktplatz (heute pl. Pobedy/пл. Победы) und in dessen Umgebung befinden sich glücklicherweise einige nette Cafés und kleine Restaurants mit erschwinglichen Preisen. Wer den Abend nett und gesellig verbringen will, dem sei die Nachtbar Njurton/Нюртон (1. Stock) in einer Seitenstraße links von der Kirche empfohlen. Die netten Bardamen zaubern von Pelmeni bis zu Milchshakes und einem freundlichen Lächeln fast alles für den Gast. Am Wochenende lädt in einem Nebenraum eine Diskothek ein.

schon als junger Mann seiner ostpreußischen Heimat den Rücken kehrte. Man sagt, er wollte der provinziellen Enge des ostpreußischen Städtchens entfliehen – verständlich – auch wenn man die Stadt heute sieht. Aus den vieldiskutierten Plänen für ein Museum an dieser Stelle ist leider noch nichts geworden, so lange kein anderer Wohnraum für die heutigen russischen Bewohner des Hauses zur Verfügung steht.

Für die historische Pfarrkirche am Marktplatz/пл. Победз schuf Corinth 1910 das Altarbild ›Golgatha‹, welches allerdings seit Ende des Krieges verschollen ist. Heute nutzt die russisch-orthodoxe Gemeinde die inzwischen renovierte Kirche.

Tapiau wurde teilweise im Ersten Weltkrieg zerstört, blieb aber im letzten Weltkrieg vor größeren Zerstörungen bewahrt. So kann man heute ein ostpreußisches Provinzstädtchen mit einer interessanten Architektur besichtigen, das allerdings dringend einer Restaurierung bedürfte. Das 1922 erbaute Rathaus in der ul. Telmana/ул. Телмана, besitzt zum Beispiel einen stilvollen Staffelgiebel. Aber auch die Gebäude der heutigen Bibliothek oder der Musikschule zeugen vom Ideenreichtum der Baumeister. Nach einem Tag oder auch schon nach wenigen Stunden wird man aber, wie damals Lovis Corinth, dem kleinen Städtchen den Rücken kehren ...

Sowetsk/Tilsit

Tilsit – das heutige Sowetsk/Советск – ist eine geschichtsträchtige Stadt, die neben Kaliningrad und den Bädern der Ostseeküste das dritte touristische Zentrum im Königsberger Gebiet ist. Damals wie heute stellt die Stadt am Njeman/Memel einen Schnittpunkt dar: früher zwischen Litauen und Deutschland, heute zwischen Litauen und Rußland. Mit über 50 000 Bewohnern ist das heutige Sowetsk die zweitgrößte Stadt im Oblast. Und so wie früher die Königin-Luise-Brücke über die Memel die Verbindung zwischen den beiden Völkern und Kulturen darstellte, so ist auch die heutige Sowetsker Brücke nicht nur das markanteste Bauwerk der Stadt, sondern auch kulturelles und wirtschaftliches Nadelöhr zwischen Litauen und dem Kaliningrader Gebiet. Das Sandsteinportal auf der Sowetsker Seite ist nach wie vor dasselbe, das schon zur deutschen Zeit Besucher des Baltikums in Preußen willkommen hieß.

Von der Königin-Luise-Brücke blieb nach der Sprengung durch die Deutsche Wehrmacht am Ende des Zweiten Weltkriegs nichts erhalten; die heutige Stahlkonstruktion entstammt den russischen Reißbrettern. Die 416 Meter lange Brücke wird daher von den Russen heute einfach ›Most‹ (Brücke) genannt. An Stelle der alten deutschen Ordensburg bei der Brücke stehen jetzt 12-stöckige russische

Johannes Bobrowski

Bobrowski äußerte sich 1961 zur Thematik seines Werkes ›Die Deutschen und der europäische Osten‹: ›Weil ich um die Memel herum aufgewachsen bin, wo Polen, Litauer, Russen, Deutsche miteinander lebten, unter ihnen allen die Judenheit. Eine lange Geschichte aus Unglück und Verschuldung, seit den Tagen des deutschen Ordens, die meinem Volk zu Buch steht.‹
Als Sohn eines Eisenbahnbeamten in Tilsit geboren, verbrachte der junge Bobrowski einige Zeit im litauischen Memelland. Später zog die Familie nach Königsberg um. Nach dem Abitur 1937 studierte er Kunstgeschichte, wurde aber gleich darauf zum Arbeitsdienst und dann zur Wehrmacht eingezogen. Inzwischen siedelte die Familie nach Berlin-Friedrichshagen über.
Als junger Soldat geriet Bobrowski in sowjetische Gefangenschaft und dachte über den Krieg und das Verhältnis der Deutschen zu seinen östlichen Nachbarn tiefer nach.
Nach 1949 arbeitete Johannes Bobrowski als Lektor im Ostberliner Kinderbuchverlag, später im Union Verlag.
Neben vielen Gedichten veröffentlichte er die Romane ›Litauische Claviere‹ und ›Levins Mühle‹, die auch als Film oder Theaterstücke zu sehen waren bzw. auch heute weiterhin aufgeführt werden. Das Grundthema in seinen Werken sind die Deutschen und ihre Nachbarn im östlichen Europa.
Der Reclam Verlag Leipzig hat viele Werke Bobrowskis veröffentlicht.
Einige Titel seiner Gedichte:
Russische Lieder,
Der Samländische Aufstand 1525,
Nowgorod 1943,
Wilna,
Die Frauen der Nehrungsfischer,
Der Ilmensee.

Und ich erkenne die Stufen,
den Hang, dieses Haus.
Da ist kein Feuer.
Unter dem Dach lebt die Jüdin,
lebt in der Juden Verstummen,
flüsternd, ein weißes Wasser der
Töchter Gesicht.
Am Tor lärmen die Mörder vorüber.
Weichgehn wir, im Moderduft,
in der Wölfe Spur. ...

aus: KAUNAS 1941

An den Folgen einer Blinddarmoperation verstarb Johannes Bobrowski tragisch und viel zu früh im Jahre 1965. Heute wird sein Nachlaß sorgfältig im Deutschen Literaturarchiv in Marbach aufbewahrt und gepflegt.

alten deutschen Ordensburg bei der Brücke stehen jetzt 12-stöckige russische Neubauten.

Zwei Assoziationen drängen sich beim Namen Tilsit auf: zum einen der nach der Stadt benannte Käse, zum anderen der gleichnamige Frieden von 1807. Der Käse zeugt von der Bedeutung der ostpreußischen Provinzstadt als Zentrum der Verarbeitung und Veredelung der landwirtschaftlichen Produkte der Region. Während der Käse, gerühmt wegen seiner Würzigkeit, rasch den Weg auf alle deutschen Tische fand, erhielt der Friede von Tilsit seinen gebührenden Platz in den deutschen Geschichtsbüchern.

Im Juni 1807 trafen sich hier der preußische König Friedrich Wilhelm II. und der russische Zar Alexander I. als Verbündete. Nachdem die Schlacht bei Friedland am 14. Juni jedoch für sie verloren war, trafen sich der siegreiche Napoleon und Zar Alexander auf dem legendären Floß inmitten der Memel zwei Tage später. Rußland wechselte in das Lager der Franzosen. Königin Luise – von ihrer vorläufigen Residenz in Memel herbeigeeilt – bat Napoleon um Milde für ihren Mann und Preußen. Wie die Geschichte lehrte, vergeblich: Preußen verlor alle Gebiete westlich der Elbe, und auch Rußland verleibte sich einen großen Teil vom Gebiet seines ehemaligen Verbündeten ein. Daß Napoleon bald darauf in Rußland einfallen sollte und Preußen dann erneut zum Verbündeten Alexanders wurde, ist eine andere Geschichte ...

1917 wurde in Tilsit der spätere Schriftsteller Johannes Bobrowski geboren, der seiner Heimat ein bleibendes literarisches Denkmal gesetzt hat. Eine Gedenktafel im heutigen Sowjetsk erinnert an ihn.

Die Tilsiter Brücke

Bekannteste Straße und Flaniermeile von Tilsit/Sowetsk ist heute die ul. Pobedy/ул. Победы. Die ehemalige Hohe Straße führt als Fußgängerzone von der Königin-Luise-Brücke, der heutigen russischen Grenzstation zu Litauen, geradewegs ins Zentrum der Stadt. Einige schöne alte deutsche Fassaden stehen noch, dann wieder graue Bauten der sowjetischen Epoche, dazwischen Geschäfte. Insgesamt hat die Stadt viel von ihrer ehemaligen Schönheit eingebüßt. Man gelangt zum pl. Lenina/пл. Ленина, auf dem immer noch der Namensgeber als steinernes Denkmal steht. Auf dem ehemaligen Hohen Tor sieht man zwei wichtige deutsche Gebäude: das Amt- und Landgericht.

Nicht weit von hier findet man das Hotel ›Rossija‹. Geht man dagegen die ul. Komsomolskaja/ул. Комсомольская Richtung Memel, sieht man linker Hand das Städtische Theater. Das 1893 eröffnete Haus wurde nach 1923 in Grenzlandtheater umbenannt, denn das Memelland wurde in jenem Jahr litauisch, und Tilsit wurde zur Grenzstadt. Das heutige Dramentheater beherbergt neben Kali-

Vorwahl aus Rußland: 82 61

In Tilsit gibt es einige Pensionen, die ihre Gäste aus deutschen Heimwehtouristen rekrutieren. So nostalgische Namen wie ›Tilsiter Hof‹, ul. Iskry 15/ул. Искры, Tel: 710 35, ›Haus Marianne‹, ul. Saretschnaja 4/ ул. Заречная, Tel: 711 92, und ›Zur Linde‹, ul. Talbutschina 2/ ул. Талбучина, Tel: 765 98, lassen Erinnerungen an das Tilsit von gestern wach werden. Für ein DZ sollte man zwischen 30 bis 55 DM veranschlagen. Das Hotel ›Rossija‹/Россия dagegen bringt einen wieder in die postsowjetische Realität zurück: Pl. Lenina/пл. Ленина; Tel. 753 72, DZ ca. 60 DM.

Die Marktwirtschaft läßt auch hier den Abend etwas bunter und fröhlicher ausklingen als zu sowjetischen Zeiten: Die Lokale ›Marina‹, ›Rosa‹ und die lautstarke Disko ›Drushba‹ im Zentrum wären hier zu nennen. Das Restaurant ›Rossija‹ befindet sich neben dem gleichnamigen Hotel im ehemaligen Reichsbankgebäude.

Museum für Heimat und Geschichte (Muzej Rodiny i Istorii/Музей Родины и Истории), ul. Pobedy 34/ ул. Победы. von Di bis So, von 10.00 bis 18.00 Uhr. Ein objektives Bild der deutschen und sowjetischen Geschichte wird in dem liebevoll und mit Detailkenntnis gestalteten Museum gezeigt.

Das Dramentheater Sowetsk (Dramatitscheskij teatr/Драматический театр) befindet sich an der ehemaligen Angerpromenade (heute: Teatralnaja ul./Театральная ул.).

ningrad die einzige Schauspielbühne im Oblast. Spaziert man am Memelufer entlang, spürt man noch etwas vom Flair der alten Zeit. Schon auf der anderen Seite des Flußes liegt Litauen. Auf der Memel selbst fahren heute selten Schiffe, manchmal sieht man eines der litauischen Raketa-Boote, die zwischen Nida und Kaunas mit großem Getöse dahingleiten. Einige Angler säumen das Memel-/Njeman-Ufer, und im Sommer gehen die Sowetsker – vor allem Kinder – hier baden, obwohl der Fluß nicht der sauberste ist.

Tschernjachowsk/Insterburg

Tschernjachowsk ist die drittgrößte Stadt im Kaliningrader Gebiet – allerdings kein touristisches Highlight. Hier vereinigen sich die Flüsse Angerapp und Inster zum Pregel. Während in Gvardejsk/Tapiau die Zeit stehengeblieben zu sein scheint, strahlt das heutige Tschernjachowsk/Черняховск den Charme spätsowjetischer Nüchternheit aus. Das verwundert nicht, wenn man sich vor Augen hält, daß die Stadt während des Zweiten Weltkrieges fast vollständig zerstört wurde. In den grauen Plattenbauten haben jetzt über 40 000 russische Neubürger eine Heimat gefunden, und der Alte Markt heißt heute Leninplatz. Doch wer sich als ehemaliger Bewohner Ostpreußens eine klare Erinnerung bewahren konnte, wird einräumen müssen, daß auch das ehemalige Insterburg keine allzu malerische Stadt war. In der Sowetskaja ul./Советска ул. finden sich noch einige Jugendstilhäuser aus deutscher Zeit. Aus sowjetischer Zeit dagegen stammt das Denkmal des russischen Komponisten Petr I. Tschaikowski (1840-1893).

Die 1612 errichtete Lutherkirche fiel den Bomben des Zweiten Weltkrieges zum Opfer. Bei dem heute zu besichtigenden Gotteshaus in der Stadtmitte handelt es sich um einen neugotischen Sakralbau von 1911, dem Architekturhistoriker keine Bedeutung zumessen. Doch für Menschen, die ihre Kindheit in Insterburg verbracht haben, ist sie einem Dom gleich. Auf der Michailskirche (Michailowskij sobor/Михайловский собор) strahlt heute das russisch-orthodoxe Kreuz.

Telefonvorwahl im Kaliningrader Gebiet: 82 41, aus Deutschland: 007/011 41.

Das Drei-Sterne-Hotel ›Zum Bären‹ (Medwedja/Медведя), ul. Tonnelnaja 7/ул. Тоннелная; Tel: 348 15, stellt eine akzeptable Übernachtungsmöglichkeit dar. Das Hotel bietet deutschen Service, erlesene Küche und einen PKW-Parkplatz im Hof. Buchung in Deutschland über Greif-Reisen in Witten-Heven möglich: Tel: 023 02/240 44, Fax: 250 50.

Reisetips von A bis Z

Angeln

Angler finden im Gebiet der masurischen Seen paradiesische Verhältnisse vor. Zum einen begeistert diese Region durch schöne, ökologisch intakte Landschaften und Gewässer und zum anderen durch ihren Fischreichtum. In Polen ist das ganze Jahr hindurch Angelzeit, im Winter genauso wie in den übrigen Jahreszeiten.

Die große Masurische Seenplatte ist ein Dorado für Angler von großen Raubfischen. Die Hechte erreichen stolze Längen von bis zu über einem Meter, die Barsche können bis zu einem Kilo Lebendgewicht auf die Waage bringen. Polnische Angler benutzen Spinnangeln mit Spinnern oder Wobblern als Köder. Doch lassen sich diese Fische auch mit toten oder lebenden Fischchen ködern.

Während der Hecht von Januar bis zum 30. April Schonzeit hat, kann man die Barsche das ganze Jahr hindurch fangen. Kleine Hechte bis zu 40 Zentimetern Länge und Barsche bis zu 15 Zentimetern Länge stehen ohnehin unter Schutz.

Wessen Anglerherz mehr für das Forellenfischen schlägt, auch der wird hier nicht enttäuscht: Bach- und Quellforellen sind genauso häufig anzutreffen wie die Regenbogenforelle. Jedoch dürfen diese Lachsfische in Polen nur mit künstlichen Ködern gefangen werden. Dies sollte dem Angelvergnügen jedoch keinen Abbruch tun; die Forellen lassen sich trotzdem in großen Mengen aus dem Wasser ziehen.

Forellen bis zu 30 Zentimetern Länge stehen unter Schutz. Für die Bach- und Quellforelle gilt vom 1. September bis 31. Januar Schonzeit, die Regenbogenforelle dagegen darf vom 1. März bis 31. Mai nicht gefangen werden.

Auch die Freunde von Friedfischen werden in dem Gebiet der Masurischen Seen auf ihre Kosten kommen. Allgegenwärtig sind hier die Plötzen und Brassen. Besonderer Beliebtheit unter Anglern erfreuen sich auch die schmackhaften Karpfen. Für die zuletztgenannten Fischarten gilt ein Fangverbot für jene Exemplare, die kleiner als 30 Zentimeter sind.

Für viele Angler ist sicherlich das Eisangeln ein besonderes Erlebnis. Zu den häufigsten Fischarten zählen Barsche und Plötzen. Geangelt wird in der Regel mit einem Untereis-Blinker, der metallenen Nachahmung eines Krebstierchens. In den tiefen masurischen Seen, wie zum Beispiel dem Jezioro Mamry/Mauersee, gilt die Maräne als besonderer Fang. Um diesen köstlichen Fisch zu ködern, sind spezielle Blinker nötig, die in jedem polnischen Angelgeschäft erhältlich sind. Die Schonzeit für Maränen geht vom 15. Oktober bis zum 31. Januar.

Ein generelles Fangverbot gilt in Polen für folgende Fischarten: Stör, Lachs, Alose, Bartfadengründling und Weißfadengründling.
Angeln ist in Polen grundsätzlich nur mit Angelschein erlaubt, dieser ist ganzjährig erhältlich beim Polnischen Anglerverband PZW in 00-831 Warszawa, ul. Twarda 42, oder in den Bezirksbüros des Anglerverbandes, deren Adressen man bei den Touristeninformationsstellen erfährt. Auch in Hotels oder bei der Campingplatz-Aufsicht wird man Auskunft geben können, wo man nach welchen Bestimmungen angeln darf.
In Polen gibt es gut ausgestattete Angelfachgeschäfte, die fast alles zu bieten haben, was das Anglerherz begehrt – und das noch zu sehr günstigen Preisen.

Anreise
Siehe: Bahnen, Busse und Grenzübergänge

Apotheken
Die Apotheken in Masuren, deren Sortiment bisweilen eher an eine Drogerie oder einen Kosmetiksalon erinnern, haben die meisten in- und ausländischen Arzneimittel vorrätig. Lediglich Spezialarzneien könnten nicht am Lager sein und müssen dann sehr zeitaufwendig bestellt werden. Wer also auf ein bestimmtes Medikament angewiesen ist, sollte dieses mit auf die Reise nehmen.

Aufenthalt
Für Bürger der Bundesrepublik, Österreichs und der Schweiz ist die Einreise und ein Aufenthalt von maximal drei Monaten ohne Formalitäten möglich. Bei der Einreise muß man laut offiziellem Grenzabkommen einen noch mindestens sechs Monate gültigen Reisepaß vorweisen.
Siehe auch: Einreisebestimmungen

Auto- und Motorradfahren
Der Autoverkehr ist in den vergangenen Jahren stark angestiegen. Die Straßenverhältnisse sind im wesentlichen gut, doch fehlen überwiegend Straßenrandbegrenzungen, was besonders das Fahren bei Nacht erschwert. Auch Fußgänger sowie die auch heute in Masuren noch häufig anzutreffenden Pferdefuhrwerke machen eine erhöhte Aufmerksamkeit notwendig.
Die Verkehrsregeln entsprechen den deutschen, jedoch gilt bei dem in Polen häufig anzutreffenden Kreisverkehr die Regel, daß das im Kreisverkehr befindliche Fahrzeug immer Vorfahrt hat. Die Geschwindigkeitsbegrenzung beträgt in geschlossenen Ortschaften 60 Kilometer pro Stunde, außerhalb geschlossener Ortschaften 90 Kilometer pro Stunde (Lkw: 70 km/h) und auf als solchen ausgewiesenen Schnellstraßen 110 Kilometer pro Stunde (Lkw: 70 km/h). Innerhalb wie außerhalb geschlossener Ortschaften besteht Gurtpflicht.

In den Wintermonaten, d. h. vom 1. November bis 1. März, muß auch am Tage mit Abblendlicht gefahren werden.
Die Promillegrenze liegt bei 0,2. Sie wird bereits nach dem Genuß eines kleinen Bieres erreicht. Im Stadtverkehr sind an den Ampeln grüne Abbiegepfeile üblich, die auch bei rotem Ampellicht ein Abbiegen nach rechts gestatten.
Für das Fahren mit dem Motorrad gelten dieselben Hinweise wie für das Autofahren. Allerdings gilt auch auf Schnellstraßen und Autobahnen die Geschwindigkeitsbegrenzung von 90 Kilometer pro Stunde. Es besteht Helmpflicht, das Abblendlicht muß beim Fahren auch tagsüber anbleiben.
Bei einer Panne steht auch dem ausländischen Fahrer der Pannenhilfsdienst des Polnischen Motorverbandes, ›PZM‹, zur Verfügung. In fast allen Ortsnetzen ist er unter der Telefon-Nummer 981 zu erreichen. Die Zentrale des ›PZM‹ befindet sich in 02-518 Warszawa, ul. Kazimierzowska 66, Telefon: 49 84 49, 49 93 61. Auch der Pannendienst ›Poltos‹ hilft unter der nationalen Telefon-Nummer 954 weiter. Offiziell ist für Ausländer die Grüne Versicherungskarte erforderlich. Wer nicht nachweisen kann, daß sein Fahrzeug versichert ist, riskiert unter Umständen ein Bußgeld von mehreren hundert Mark. Daher sollten diejenigen, die einen solchen Nachweis zu Hause vergessen haben, an der Grenzstation eine Zusatzversicherung abschließen. Es ist empfiehlt sich Fahrzeuge nachts auf bewachten Parkplätzen abzustellen.
Siehe auch: Pannenhilfe

Autoverleih

Inzwischen haben alle großen internationalen Autoverleiher in Polen zahlreiche Niederlassungen. Einen Mietwagen kann man schon von Deutschland aus buchen, bekommt ihn meist aber auch direkt vor Ort. Alle Hotelrezeptionen und die größeren Touristeninformationsbüros sind dabei behilflich. Technischer Standard und Preise entsprechen internationalen Maßstäben. Bis auf wenige lokale Autoverleiher akzeptieren die meisten auch Kreditkarten.

Baden

Masuren verfügt über unzählige, meist auch zum Baden geeignete Seen. An vielen Ufern darf man direkt neben dem Badestrand kostenlos zelten. Zum Schutze der Natur werden jedoch zunehmend Uferregionen für den Publikumsverkehr gesperrt. Einer alten Legende zufolge ist das Baden vor dem 24. Juni, der Johannisnacht, ›verboten‹. In dieser Nacht, am Tag der Sommersonnenwende, verbinden sich alte heidnische Bräuche mit dem christlichen Glauben; neben auch heute noch stattfindenden Johannisfeuern, die auf den heidnischen Sonnenkult zurückgehen, bezeichnet dieses Datum den Geburtstag Johannes des Täufers, der in dieser Nacht das Wasser weiht. Sportliche Menschen warten aber schon lange nicht mehr darauf, sondern tauchen fast das ganze Jahr über in die zum Teil eiskalten Fluten. FKK-Anhänger haben offiziell kaum Möglichkeiten, ihrer Passion zu frönen. Wie katholisch Polen ist, zeigt sich auch daran, daß sich ›oben ohne‹ noch nicht durchsetzen konnte. Die organisierten FKK-Freunde, die sich in Polen ›Naturisten‹ nennen, erleben zur Zeit allerdings großen Zulauf.

Bahnen, national und international
Die Bahnfahrten von Deutschland nach Polen sind verhältnismäßig preisgünstig. Eine einfache Fahrt von Berlin nach Olsztyn oder nach Mikolaiki kostet ca. 70 bis 80 DM. Von Deutschland aus bestehen mehrere Zugverbindungen nach Masuren. Die meisten davon führen über Berlin und Poznan nach Olsztyn/Allenstein. Auch von Warschau aus verkehren relativ viele Züge in das Zentrum von Masuren.
Reisende nach Königsberg/Kaliningrad können von Berlin aus einen direkten Nachtzug wählen. Die einfache Fahrt mit Liegewagen kostet rund 100 DM.
Für Reisende, die Polen per Eisenbahn entdecken möchten, bietet sich auch der Erwerb des nicht übertragbaren Polrail-Passes an. Er berechtigt zur uneingeschränkten Benutzung aller polnischen Züge innerhalb eines bestimmten Zeitraumes ohne Kilometerbegrenzung. Der Paß wird für eine Woche (75 DM), für zwei (85 DM), drei (95 DM) und auch für vier Wochen (105 DM) angeboten. Er kann sowohl in Polen selbst als auch vorher in den Orbis-Büros des Heimatlandes erworben werden. Reisende, die ausschließlich Masuren kennenlernen wollen, haben allerdings Probleme, den Paß auch auszunutzen. Bei der Planung der Reiserouten kann man sich von den Büros der Polnischen Staatsbahnen ›PKP‹ in Deutschland, Schillerstraße 3, 60313 Frankfurt, Tel: 069/29 43 66; Karl-Liebknecht-Str. 7, 10178 Berlin, Tel: 030/242 34 53 und in Österreich, Elisabethstraße 6, A-1010 Wien, Tel: 01/587 12 85, beraten lassen.
Die Mitnahme von Fahrrädern in Polen ist in Zügen mit Gepäckwagen (im polnischen Fahrplan mit ›B‹ bezeichnet) möglich. Nicht befördert werden Fahrräder in Expreßzügen. Wichtig: Aus zolltechnischen Gründen ist es nicht möglich, Fahrräder von Deutschland aus direkt nach Masuren befördern zu lassen.

Behörden
Die Öffnungszeiten der Ämter sind unterschiedlich, meist sind die Büros jedoch nur vormittags geöffnet. Amtliche Gebäude sind an dem Wappenschild mit dem polnischen Adler zu erkennen.

Biwakplätze
Siehe: Camping

Botschaften und Konsulate
Siehe: Diplomatische Vertretungen

Busse (national und international)
Eine zunehmend beliebter werdende Alternative zur Bahn sind die internationalen Linienbusse nach Polen. Mehrere private deutsche und polnische Unternehmer bieten zu unterschiedlichen Konditionen Verbindungen zwischen deutschen Städten und polnischen Metropolen sowie Ferienorten an. So kann man beispielsweise von Hamburg aus direkt nach Allenstein reisen. Diese Busfahrten sind in aller Regel preiswerter als vergleichbare Bahnverbindungen und bieten zudem die Möglichkeit, schon während der Anreise Kontakte zu ›Gleichgesinnten‹ und polnischen Reisenden zu knüpfen. Reisebüros mit speziellen Polen-Programmen verfügen über die aktuellen Fahrpläne und verkaufen meist auch die entsprechenden Fahrkarten. Die Angebote der deutschen und polnischen Busunternehmen ändern sich häufig: Es lohnt sich, nach Sondertarifen zu fragen. Polen selbst ist mit einem dichten Netz von Autobuslinien überzogen. Im Zuge der Dezentralisierung hat man das staatliche Monopolunternehmen, dem bisher sämtliche Bahn- und Buslinien unterstanden, in einzelne regionale Gesellschaften aufgeteilt. Das hat einerseits in einigen Teilen des Landes zu einer Verbesserung des Service geführt, andererseits sind aber die Fahrpläne nicht mehr aufeinander abgestimmt. Fast alle Buslinien beginnen an den Bahnhöfen. Dort erhält man Auskünfte und meistens auch Fahrkarten. Obwohl die Preise explosionsartig gestiegen sind, ist eine Busfahrt immer noch vergleichsweise billig. Neben den regionalen und städtischen Busunternehmen haben sich auch Privatfirmen etabliert. Diese sind im wesentlichen auf touristische Fahrten spezialisiert. Sie verfügen über moderne Fahrzeuge westlicher Fabrikate und bieten ihre Dienstleistungen über Hotels und Touristeninformationen an. Die Preise orientieren sich dabei an der Zahlungskraft westlicher Fahrgäste.

Camping
Polen ist ein Paradies für Camper. Schon in den fünfziger Jahren wurden überall im Lande – oft an malerischen Seeufern – sogenannte Biwakplätze angelegt, auf denen der Wanderer sein Zelt aufschlagen kann. Diese preiswerte und naturnahe Erholung hat nicht nur die Jahre überdauert, sondern ist heute sogar wieder sehr gefragt. Die unbewachten Biwakplätze sind aber nicht mit dem Komfort ausgestattet, den ein deutscher Camper von zu Hause gewohnt ist. Westlichen Standard bieten dagegen viele der ca. 50 masurischen Campingplätze, die in drei Kategorien eingeteilt sind

und in der Regel vom 15. Mai bis zum 15. September geöffnet haben. Die Platzgebühren sind uneinheitlich. Die meisten Plätze sind der Föderation für Camping und Caravan (PFCC) angeschlossen.
Adresse: 03-838 Warszawa, ul.Grochowska 331, Tel: 022/10 60 50.
Die PFCC gibt eine jährlich aktualisierte Liste der Campingplätze mit Ausstattungsangaben heraus. Inhabern einer internationalen FICC-Karte wird eine Ermäßigung von zehn Prozent eingeräumt. Auf vielen Campingplätzen kann man schlicht ausgestattete Bungalows mieten. Die PFCC nimmt Campingplatz-Reservierungen entgegen.
Orientierungspreise pro Tag: Aufenthalt pro Person: 2 bis 4 DM, Zelt: 2,50 bis 5 DM, Pkw: 2 bis 4 DM, Anhänger oder Wohnwagen: 3 bis 6 DM und Strom: 2 bis 4 DM.
Das ›wilde‹ Campen ist offiziell verboten. Meist wird aber ein Auge zugedrückt. Bevor der Besucher auf Privatgelände sein Zelt aufschlägt, sollte er jedoch auf alle Fälle den Besitzer um Duldung bitten.

Devisen
Siehe: Geld und Zollbestimmungen

Diplomatische Vertretungen
Die Botschaft der Bundesrepublik Deutschland ist in 03-932 Warszawa/Warschau, ul. Dąbrowiecka 30, Tel: 022/617 30 11, zu erreichen.
Die Botschaft der Österreichs befindet in 00-748 Warschau, ul. Gagarina 34, Tel: 022/41 00 81-2. Die Botschaft der Schweiz findet man in 00-540 Warschau, Aleja Ujazdowskie 27, Tel: 022/28 04 81-82.
Das für Masuren-Besucher näher liegende deutsche Generalkonsulat befindet sich in 80-219 Gdańsk/Danzig, Aleja Zwyciestwa 23, Tel: 58/41 43 66.

Einkaufen
Das Einkaufen bereitet auch in Masuren keine Probleme. Die Selbstbedienungsläden öffnen meist um 8 Uhr und viele schließen erst um 20 Uhr. Ein Ladenschlußgesetz gibt es nicht. Jeder Geschäftsführer kann selbst darüber bestimmen, wie lange er seine Ladentür geöffnet hält. Neben den Läden haben sich viele findige Straßenhändler eingerichtet, bei denen man manches frischer und billiger kaufen kann. Direktvertrieb aus Kofferraum und Plastiktüte bieten die zahlreichen Handelstouristen aus Litauen, der Ukraine und Weißrußland.

Einreisebestimmungen
Für einen Aufenthalt bis zu drei Monaten ist offiziell ein mindestens noch sechs Monate gültiger Reisepaß erforderlich. Visafreiheit besteht auch für alle Bürger ehemaliger Ostblockstaaten, der skandinavischen Länder sowie Österreichs und der Schweiz. Haustiere können mit auf die Reise, wenn man beim Zoll eine Bescheinigung des Tierarztes über die Gesundheit des Tieres vorlegt.

Eisenbahn

Siehe: Bahnen

Elektrizität

Die Netzspannung beträgt 220 Volt. Die Steckdosen entsprechen der Euro-Norm.

Fahrrad

Siehe: Radfahren

Feiertage

Die gesetzlichen Feiertage sind in Polen vom katholischen Glauben bestimmt. Neben dem traditionellen 3. Mai (Tag der Verfassungsgebung von 1791) sind dies der Neujahrstag, der Ostermontag, der 1. Mai, der Fronleichnamstag, Mariä Himmelfahrt (15. August), Allerheiligen (1. November) sowie die beiden Weihnachtsfeiertage. Karfreitag und Pfingstmontag gelten hingegen nicht als gesetzliche Feiertage.
Der 22. Juli, der ›Tag der Wiedergeburt‹, wurde als Nationalfeiertag abgeschafft, der 11. November, der an die Wiedererstehung des polnischen Staates im November 1918 erinnnert, dafür eingeführt.
Siehe auch: Schulferien

Flugverkehr, national und international

Wer auf dem Luftweg nach Masuren gelangen möchte, dessen Flug wird in der Regel zunächst nach Warszawa/Warschau führen. Die Stadt verfügt über den einzigen internationalen Großflughafen des Landes. Tägliche Direktflüge von Frankfurt am Main, Wien und Zürich nach Warszawa/Warschau verbinden das Land mit Deutschland, Österreich und der Schweiz.
Traditionell bestehen von Berlin aus gute Verbindungen nach Polen: Mehrmals täglich werden die beiden Metropolen miteinander verbunden. Aber auch die mehrmals wöchentlich verkehrenden Flüge von Hamburg nach Gdańsk/Danzig bieten sich für Masuren-Touristen an.
Auf dem kleinen Flugplatz in Masurens Metropole Olsztyn/Allenstein werden zudem Rundflüge über die Stadt und die masurische Seenplatte sowie Charterflüge angeboten.
Von Mitte Mai bis Ende September werden auch von den Flughäfen Köln, Hannover und Stuttgart jeweils samstags ›Ferienflüge‹ direkt Szczytno/Ortelsburg in Masuren angeboten. Nähere Auskünfte erteilen die örtlichen Reisebüros.

Fotografieren, Filmen, Videofilmen

Film- und Fotomaterial aller bekannten Marken ist zu international üblichen Preisen erhältlich. In den größeren Städten wurden Schnellentwicklungslabors eingerichtet, bei denen man innerhalb einer Stunde seine Urlaubsbilder entwickeln lassen kann. Die Handelstouristen von jenseits der Grenze bieten auf den masurischen Straßenmärkten russisches Filmmaterial zu sehr niedrigen Preisen an. Doch ist das Verfallsdatum oft lange überschritten. Auch Videokassetten für Camcorder kann man in größeren Geschäften und an den Kiosken internationaler Hotels bekommen.

Geld

Das Zahlungsmittel in Polen ist der Złoty (1 Złoty = 100 Grosz). Im Umlauf befinden sich Münzen im Nennwert von 1, 2, 5, 10, 20, 50 Grosz und 1, 2, 5 Złoty sowie Banknoten von 10, 20, 50, 100 und 200 Złoty.

Der Złoty gilt inzwischen als ›harte‹ Währung. Er orientiert sich am US-Dollar. Das bedeutet für den deutschen Touristen einen günstigen Tausch bei einem niedrigen Dollarkurs. Anfang 1998 bekam man etwa 1,9 Złoty für 1 DM.

Neben Banken haben sich zahlreiche private Wechselstuben sogenannte ›Kantor‹ auf das Geschäft eingestellt. Die Banken bieten den Vorteil, daß man bei ihnen auch mit Eurocheques polnisches Geld bekommen kann (ausgestellt in DM bis zum Höchstbetrag von 400 DM, die Auszahlung erfolgt zum gültigen Kurs in Złoty). Reiseschecks hingegen lassen sich auch bei größeren Banken nur mit Schwierigkeiten einlösen.

An den Hotelrezeptionen ist der Umtauschkurs in der Regel geringfügig schlechter. Der günstigste Umtausch ergibt sich beim Wechseln von DM-Noten in Polen selbst. Seitdem der Schwarzmarkt eliminiert wurde, sind illegale Währungstransaktionen das Risiko nicht mehr wert.

Kreditkarten werden zunehmend beliebter und neben Souvenir- und Modegeschäften auch von den größeren Hotels, den Fluggesellschaften und Autoverleihern angenommen. Den Verlust oder Diebstahl der Kreditkarten kann man in Warschau melden bei: PolCard Ltd., Tel: 022/27 45 13 (rund um die Uhr), oder bei der American Express: Tel: 022/635 20 02.

Siehe auch: Zollbestimmungen

Hotels

Siehe: Unterkunft

Informationen

In den meisten masurischen Orten findet man eine der zahlreichen Touristeninformationen. Sie sind mit dem Zeichen ›it‹ gekennzeichnet. Neben der regionalen Tourismusorganisation ›Mazur-Tourist‹ werden sie von den lokalen ›Orbis‹-Büros und der staatlichen Gesellschaft für Tourismus und Landeskunde (PTTK) unterhalten. Auch an den ›it‹-Schaltern in den großen Hotels kann man sich umfassend über touristische Angebote informieren.

Schon vor der Reise ist es möglich, sich beim Polnischen Fremdenverkehrsamt, Marburger Str. 1, in 10789 Berlin, Tel: 0 30/21 00 92-0, Fax: 030/21 00 92-14, mit Informationen einzudecken. In Österreich:

Polnisches Fremdenverkehrsamt, Mariahilfe Str. 32-34, 1060 Wien.

Jugendherbergen
Siehe: Unterkunft

Kriminalität
Leider steht Polen immer noch in dem Ruf, eine Hochburg der Kriminalität zu sein. Im Zuge der gesellschaftlichen Umwälzungen, dem Verfall traditioneller Werte und dem chaotischen Zustand der aus der verhaßten Miliz hervorgegangenen Polizei kam es Anfang der neunziger Jahre tatsächlich zu einem explosionsartigen Anstieg der Verbrechen. Inzwischen hat sich die Kriminalitätrate aber auf westlichem Niveau eingependelt. In dem ›zurückgebliebenen‹ Landstrich Masuren hat die Kriminalität glücklicherweise nie die Ausmaße wie in den Großstädten erreicht. Dennoch empfiehlt es sich auch hier, ein wachsames Auge auf sein Hab und Gut zu haben und sein Fahrzeug auf bewachten Parkplätzen abzustellen. Der Abschluß einer Reisegepäckversicherung kann nicht schaden.

Medizinische Versorgung
Da die Kostenerstattung durch die Krankenkassen bei Behandlungen von EU-Bürgern noch nicht einheitlich geregelt ist, empfiehlt sich eine Auslandskrankenversicherung. Die Erste Hilfe für deutsche Bürger ist kostenlos.
Siehe auch: Apotheken

Notruf
Die Notrufnummern 997 für die Polizei, 998 für die Feuerwehr und 999 für den Rettungsdienst sind landesweit einheitlich.

Öffnungszeiten
Die Öffnungszeiten der Läden, der Behörden und der Museen schwanken sehr und ändern sich ständig. Generell kann gesagt werden: Je größer der Ort und je gewinnorientierter die Einrichtung, desto günstiger die Öffnungszeiten. So gibt es in fast jeder größeren Stadt einen Lebensmittelladen, der rund um die Uhr geöffnet hat. Auch private Wechselstuben haben teilweise bis spät in die Nacht geöffnet, während Banken ihre Wechselschalter oft nur von 10 bis 13 Uhr geöffnet halten. Noch heute schließen viele Restaurants weit vor Mitternacht. Sogar viele Restaurants internationaler Hotels setzen ihre Gäste recht zeitig vor die Tür. Manche der neueröffneten Privatrestaurants haben sich jedoch auf den Hunger und Durst später Gäste eingestellt und haben sehr viel länger geöffnet.
Bei den im Serviceteil angegebenen Restaurants kann der Gast davon ausgehen, daß sie in der Regel am frühen Nachmittag öffnen und gegen 22 Uhr abends schließen. Abweichende Öffnungszeiten sind angegeben.
Viele Museen schließen außerhalb der Saison bei Einbruch der Dunkelheit. Da Masuren eine typische

›Sommerfrische‹ ist, sind viele Museen den ganzen Winter über geschlossen. Man sollte versuchen, sich vorher bei einem ›it‹, dem touristischen Informationspunkt, über die Öffnungszeiten zu erkundigen.

Pannenhilfe

Bei einer Autopanne steht auch dem ausländischen Fahrer der Pannenhilfsdienst des Polnischen Motorverbandes, dem ›PZM‹, zur Verfügung. In fast allen Ortsnetzen ist er unter der Telefon-Nummer 981 zu erreichen.
Im Rahmen der internationalen Pannenhilfe steht ausländischen Touristen kostenlose Hilfe vom PZM-Pannendienst im Umkreis von 25 Kilometern der jeweiligen Zweigstelle zu.
Auch ein Abschleppdienst, eine Arbeitsstunde für Reparaturen und eine Rechtsberatung für den Fall einer Rückführung des Fahrzeuges sind in den Leistungen enthalten. Alle anderen Dienstleistungen, die sich aus einer Fahrzeugpanne ergeben, können mit internationalen Schutzbriefen beglichen werden. Der Inhaber solcher Schutzbriefe sollte sich dann in Verbindung setzen mit dem PZM-Büro für Kraftfahrzeugtouristik, ›Autotour‹, 00-697 Warszawa/Warschau, Aleja Jerozolimskie 63, Tel: 022/21 07 89 und 628 62 55, Fax: 628 62 54.

Pensionen

Siehe: Unterkunft

Polizei

Die Polizei untersteht den einzelnen Bezirken. Landeseinheitlich ist sie unter der Telefonnummer 997 zu erreichen. Bei Diebstählen sollte man die örtlichen Polizeiwachen aufsuchen und sich ein Aufnahmeprotokoll der Anzeige ausstellen lassen.

Post- und Fernmeldewesen

Die normalen Briefkästen sind in Polen rot, die grünen Kästen dienen nur dem lokalen Briefverkehr, während die blauen für Luftpostsendungen bestimmt sind. Briefmarken werden in Postämtern, die in der Regel von 8 bis 20 Uhr geöffnet haben, aber auch in vielen ›it‹-Stellen, Kiosken und Hotels, die Postkarten vertreiben, verkauft. Die Porti für Briefe und Karten ins Ausland ändern sich kurzfristig. Daher sollte man sich bei der Post oder Hotelrezeption nach den aktuellen Gebühren erkundigen.
Alle öffentlichen Telefonzellen sind mit Kartentelefonen ausgerüstet worden, die Telefonkarten sind bei den Postämtern zum aktuellen Tagespreis erhältlich. Auch in Masuren kann man fast von jeder Telefonzelle aus ins Ausland telefonieren. (Vorwahl nach Deutschland: 0-049; nach der Schweiz: 0-041; nach Österreich: 0-043).
Alle größeren Hotels verfügen meistens über eine eigene Telefonzentrale. Oft sind diese außerdem mit Telefaxgerät ausgestattet. Der Hilfe

einer solchen Telefonzentrale können sich auch Nicht-Hotelgäste bedienen.
›Handys‹ funktionieren in Masuren noch nicht überall, nur im Bereich der Großstädte wie Danzig, Posen und Warschau.
Alle größeren Ortschaften Masurens sind von Deutschland aus telefonisch direkt erreichbar (Vorwahl nach Polen: 0-048).
Manche ländliche Gegend läßt sich jedoch noch nicht direkt anwählen und muß über das Fernamt vermittelt werden.
Hier die wichtigsten Vorwahlnummern von Deutschland aus:
Gdańsk (Danzig): 00 48/58
Elbląg (Elbing): 00 48/55
Olsztyn (Allenstein): 00 48/89
Warszawa (Warschau): 00 48/22
Poznan (Posen): 00 48/61
Suwałki: 00 48/87

Privatquartiere
Siehe: Unterkunft

Radio und Fernsehen
In den letzten Jahren haben sich zahlreiche private Radiostationen im UKW-Netz etabliert, die mit westlichen Rundfunkgeräten zu empfangen sind. Auch die ehemals staatlichen Sender wechselten von dem osteuropäischen Frequenzbereich auf den westlichen, der Konkurrenzkampf unter den Sendern ist voll entfacht. Die Deutsche Welle ist auf Kurzwelle (6075 und 3995 Kilohertz) überall gut zu empfangen.
Das polnische Fernsehen strahlt landesweit zwei staatliche und mehrere private Programme aus. Das Zweite Programm übernimmt die Spätnachrichten des US-Nachrichtensenders CNN. Da Masuren an Rußland, Litauen und Weißrußland grenzt, sind auch die in diesen Ländern jeweils ausgestrahlten Fernsehprogramme hier zu empfangen. Parabolantennen für Satellitenprogramme haben sich in Polen durchgesetzt. Fast alle Hotels und inzwischen auch viele Privatpensionen sind damit ausgestattet.

Radfahren
Wegen der relativ geringen Steigungen ist Masuren ideal für Radtouren geeignet. Kein Wunder also, daß in den letzten Jahren zahlreiche Reiseveranstalter geführte Gruppenreisen mit dem Fahrrad in diesem Gebiet organisieren. Besonders die verkehrsarmen Nebenstrecken, die meist über einen soliden Asphaltbelag verfügen, bieten sich für Radfahrer an. Hauptverkehrsstraßen sollte man auf jeden Fall meiden. Fahrradwege sind unbekannt.
Um sich mit den polnischen Verhältnissen vertraut zu machen, sei den Radtouristen empfohlen, von Deutschland aus einige ein- bis zweitägige ›Schnuppertouren‹ zu unternehmen. Dazu bietet sich das Buch ›Radtouren östlich der Oder‹ (Trescher Verlag Berlin, 26,80 DM) des Reisejournalisten Jörg Lüderitz an.

Problematisch ist immer noch die Versorgung mit Ersatzteilen für westliche Fabrikate. Ein gut sortiertes Fahrradfachgeschäft befindet sich in Ełk/Lyck. Adresse: ›Kolarzyk‹, ul. Suwalska 84, 19-300 Elk, Tel: 087/10 96 17.
Der Transport des Fahrrades in Bahnen, Überlandbussen und auf den Ausflugsschiffen der Masurischen Seen wird sehr unterschiedlich gehandhabt und ist oft genug vom guten Willen des Personals und dem finanziellen Entgegenkommen des Radfahrers abhängig. Der Fahrradtourist wird zwar in der Regel überall freundlich aufgenommen, doch sollte er sich daran gewöhnen, als Exot betrachtet zu werden, denn das Fahrrad gilt immer noch nicht als ernstzunehmendes Verkehrsmittel.
Für den Individualfahrradtouristen bietet sich ein Kontakt mit dem Allgemeinen Deutschen Fahrrad-Club (ADFC), Am Dobben 91, 28203 Bremen, an.
Siehe auch: Bahnen

Reiten

Das ehemalige Ostpreußen zeichnet sich durch eine lange Pferdezucht-Tradition aus. Auch heute noch zeugen viele Gestüte davon, einige von ihnen bieten ›Ferien im Sattel‹ an. Man kann dabei zwischen längeren Aufenthalten, bei denen man auch auf dem Gutsgelände wohnt, und eintägigen Reitausflügen wählen. Das Angebot ist sehr breit gefächert und noch unübersichtlich. Einige Gestüte verfügen außerdem über Kutschen, so daß selbst dann, wenn nur ein Familienmitglied am Reitsport interessiert ist, ein Gestütaufenthalt der ganzen Familie Freude bereiten kann. Die Anschriften der Gestüte sind beim Polnischen Reitsportverband erhältlich: Polski Zwiazek Jezdziecki, 01-809 Warszawa, ul. Ceglowska 68/70, Tel: 022/34 73 21.
Masuren hat sich längst zu einem Dorado für Reitsportbegeisterte entwickelt. So wetteifern mittlerweile viele Reitställe um die Gunst der Pferdefreunde. Bei deutschen Touristen besonders beliebt ist in Mrągowo/Sensburg der Reitstall des Hotels ›Mrongovia‹, ul. Giżicka 6, Tel: 74 32 22, der auch Reitern offensteht, die nicht im Hotel wohnen. In Olsztyn/Allenstein betreibt Janusz Kojrys in der ul. Wedkarska 93, Tel: 27 08 02, einen großen Reitstall. Auch das Gestüt Werner Lange in Giżycko/Lötzen hat sich auf deutsche Touristen eingestellt. Wer die Puszcza Piska/Johannisburger Heide vom Sattel aus erleben möchte, kann sich in dem Dörfchen Galkowo, zehn Kilometer nordwestlich von Ruciane-Nida/Rudschanny, bei Krzysztof Ferenstein ein Pferd ausleihen.

Restaurants

Internationalen Standard bieten die Restaurants der großen Hotels, bei denen die Speisekarten mehrsprach-

ig abgefaßt sind. Aber auch manche der kleinen privaten Gaststätten lassen nichts mehr zu wünschen übrig. In jüngster Zeit schießen besonders Restaurants mit ausländischen Spezialitäten wie Pilze aus dem Boden: Italienische, französische und asiatische, ja sogar syrische Gerichte stehen bei polnischen Restaurantbesuchern hoch im Kurs.
Die Preise in den von Touristen stark besuchten Lokalen nähern sich westlichem Niveau. In schlichteren Gaststätten kann man aber immer noch für wenig Geld ein schmackhaftes Gericht erhalten. Für den schnellen Hunger halten private Imbißbuden an bald jeder Ecke Kleinigkeiten bereit. Viele Speisen werden sowohl an den Imbißbuden als auch in den Luxusrestaurants nach Gewicht verkauft.
In den Restaurants beinhalten die Preise auch Bedienungsgeld. Dennoch wird hier, wie in allen anderen Branchen auch, ein Trinkgeld, das ›Napiwek‹, als Ausdruck einer besonderen Zufriedenheit mit der erbrachten Dienstleistung gerne angenommen.
Siehe auch: Öffnungszeiten

Schulferien
Die Sommerferien reichen jeweils vom vorletzten Freitag im Juni bis zum letzten Freitag im August. Die Weihnachtsferien sind vom 22. Dezember bis zum 2. Januar. Die Winterferien dauern zwei Wochen zwischen Ende Januar und Anfang Februar. Die Osterferien beginnen am Gründonnerstag und enden am Dienstag nach Ostern.

Segeln
Auf den Masurischen Seen bieten sich sehr gute Segelmöglichkeiten. Boote kann man an den verschidensten Orten ausleihen. Bei ›Polorbis‹ kann man sich über die Konditionen informieren. Wer sich mehr auf sein Glück verlassen möchte, kann versuchen, vor Ort privat ein Boot zu leihen. Die Preise sind mit Sicherheit günstiger. Am Besten mietet man einige Tage im Voraus.
Die polnischen Segler haben sich im Polnischen Segelsportverband organisiert: Polski Związek Żeglarski, 00-791 Warszawa, ul. Chocimska 14, Tel: 022/48 04 83, Fax: 48 04 82.
Das PZZ-Segelzentrum Masurens ist sich in: 11-730 Mikołajki, ul. Kowalska 3, Tel/Fax: 087/21 60 40.

Straßenverkehrsvorschriften
Siehe: Auto- und Motorradfahren

Tankstellen
In jüngster Zeit erlebte das Land einen Tankstellenboom. Auch in Masuren, das lange Zeit nur über ein sehr weitmaschiges Tankstellennetz verfügte, sind in letzter Zeit neue Stationen eröffnet worden. Diese bieten auch bleifreien Kraftstoff an. Tankstellen und Zapfsäulen für bleifreies Benzin sind mit einem durchgestrichenen ›pb‹ gekennzeichnet.

Bleifreies Benzin hat 91 Oktan. Das verbleite Super gibt es mit 94 und 98 Oktan. Verbleites Normalbenzin hat lediglich 86 Oktan. Viele Tankstellen haben rund um die Uhr geöffnet.
Das Benzin, besonders Diesel, ist preiswerter als in Deutschland. Kein Wunder also, daß viele Autofahrer Polen als billige Tankstelle benutzen und sich vor der Ausreise noch einmal mit günstigem Kraftstoff eindecken wollen. Die Einfuhr nach Deutschland ist aber beschränkt.
Siehe auch: Zollbestimmungen

Telefonieren
Siehe: Post- und Fernmeldewesen

Trampen
Polen ist ein tramperfreundliches Land. Bei dem relativ schwachen Verkehrsaufkommen in Masuren wird dem Tramper jedoch eine Menge Geduld abverlangt. Zudem fahren die meisten Fahrzeuge nur bis zum nächsten Dorf. Wenn man Glück hat, wird man dafür aber auch von einem Pferdefuhrwerk mitgenommen.

Trinkgeld
Siehe: Restaurants

Unterkunft
Den Besuchern Masurens steht ein ebenso großes wie unübersichtliches Bettenangebot zur Verfügung. An der Spitze bieten Luxushotels westlichen Standard zu teilweise happigen Preisen. Viele Hotels des ehemaligen Monopolunternehmens ›Orbis‹ wurden privatisiert. Einige wurden mit ausländischem Kapital modernisiert, während andere wiederum wichtige Reparaturen bitter nötig haben. Die Übernachtungskosten sind daher sehr unterschiedlich. Sie schwanken je nach Belegung und Saison.
In den meisten Gebieten finden sich kleinere Ferienheime und Hotels, die ursprünglich großen Betrieben oder Massenorganisationen gehörten. Die meisten dieser eher schlichten Häuser, die vielfach in landschaftlich schönen Gegenden errichtet wurden, blicken einer ungewissen Zukunft entgegen. Die Preise sind hier oft erstaunlich günstig.
Die touristische Entwicklung in Masuren hat dazu geführt, daß in jüngster Zeit vielerorts kleine Privatpensionen eröffnet wurden. Auch Privatzimmer werden überall angeboten. Für Touristen, denen an einem engeren Kontakt mit den Menschen des Gastlandes gelegen ist, stellen sie die ideale Übernachtungsmöglichkeit dar. Auch hier ist der Preis meist klein, das Frühstück umso größer. Die Adressen der Privatvermieter erfährt man bei den Informationsstellen (›it‹) und bei privaten Touristenbüros.
Man kann sich aber auch der Informationen von Taxifahrern, Fremdenführern oder Kellnern bedienen. Eine Alternative für junge Reisende

mit schmaler Börse stellen die Jugendherbergen dar. Neben den rund 20 ganzjährig geöffneten Jugendherbergen werden in Masuren während der Sommermonate etwa 200 Saisonjugendherbergen – meist in Schulen – eingerichtet. Die Saisonjugendherbergen verfügen nur über geringen Komfort und bieten auch keine Verpflegungsmöglichkeit.
Mit einem internationalen Jugendherbergsausweis erhält der Gast 25 Prozent Ermäßigung. Die sehr unterschiedlichen Übernachtungsgebühren richten sich nach dem gebotenen Komfort. Obwohl die Herbergen im Prinzip allen Altersgruppen offenstehen, werden bei der Aufnahme Frauen und Männer bis zu 26 Jahren bevorzugt behandelt. Der Aufenthalt ist offiziell auf drei Tage begrenzt. Gruppen ab sechs Personen müssen sich mindestens vier Wochen vorher anmeden.
Das Deutsche Jugendherbergswerk gibt die aktuellen Listen heraus: Deutsches Jugendherbergswerk, Postfach 1455, 32704 Detmold; Polnische Gesellschaft für das Jugendherbergswesen, Polskie Towarzystwo Schronisk Mlodziezowych (PTSM), ul. Chocimska 28, 00-791 Warszawa,
Tel: 022/49 42 51.
Siehe auch: Camping

Währung
Siehe: Geld

Wintersport
Nicht nur im Sommer bieten die Wälder Masurens Gelegenheit zu naturnahen Erkundungen. Längst kein Geheimtip mehr sind die Loipen in der Gegend von Olsztyn/ Allenstein, zumal hier schon das Kontinentalklima für Schneesicherheit in den Wintermonaten sorgt. Auch die Segler haben in der kalten Jahreszeit Gelegenheit, ihren Sport zu betreiben: Die Masurische Seenplatte hat sich zu einem Zentrum für Eissegler entwickelt.

Zeitungen
Deutsche Zeitungen sind in den Feriengebieten meist mit drei Tagen Verzögerung an den Presseständen der großen Hotels erhältlich. Hier bekommt man fast immer auch die in der polnischen Hauptstadt verlegte englischsprachige Wochenzeitung ›Warsaw Voice‹. Diese wendet sich speziell an ausländische Besucher und enthält zahlreiche aktuelle Touristentips. An ein eher politisch interessiertes Publikum richtet sich der ebenfalls in englischer Sprache erscheinende ›Insider‹; er enthält im wesentlichen Übersetzungen aus der ›Gazeta Wyborcza‹.

Zelten
Siehe: Camping

Zollbestimmungen
Nach Polen dürfen Waren im Werte von höchstens 100 US-Dollar ohne

irgendwelche Beschränkungen eingeführt werden, sofern ihre Menge nicht darauf schließen läßt, daß sie zu Handelszwecken bestimmt sind. Falls die Waren einen Wert von 100 US-Dollar übersteigen, werden sie mit einem Pauschalsatz von zehn Prozent des Warenwertes versteuert. Auch diese Regelung gilt nur für Privatpersonen und bis zu einem Wert von 300 US-Dollar. Die Einfuhr von Waffen und Munition sowie von Drogen und pornografischen Schriften ist verboten.
Für Jagd- und Sportwaffen werden von der polnischen Vertretung in Deutschland Sondergenehmigungen ausgestellt. Ein- und Ausfuhr der polnischen Währung sind weiterhin offiziell verboten.
Für die Ausfuhr wertvoller Antiquitäten aus Polen, die vor dem 9. Mai 1945 hergestellt wurden, ist offiziell eine Genehmigung des polnischen Kulturministeriums nötig. In der Praxis ist es jedoch unmöglich, die Grenze zwischen einer wertvollen Antiquität und einem nostalgischen Trödelmarkt-Artikel präzise zu ziehen.
Für die Einfuhr polnischer Waren nach Deutschland gelten die EG-Bestimmungen. So dürfen Reisende über 18 Jahren 200 Zigaretten, einen Liter hochprozentigen Alkohol oder zwei Liter Wein mitnehmen. Außerdem sind pro Person 50 Milliliter Parfüm oder ein Viertelliter Eau de Toilette, 500 Gramm Kaffee und andere Waren bis zu einem Wert von 115 DM erlaubt. Autofahrer dürfen neben dem Kraftstoff, den sie ohnehin im Tank haben, nur zehn Liter zusätzlich im Reservekanister abgabenfrei nach Deutschland einführen. Das Hauptzollamt befindet sich in Warszawa, ul. Swietokrzyska 12, Tel: 022/694 31 94, Fax: 827 34 27.

Einreisebestimmungen für das Kaliningrader Gebiet

Einreise und Visa

Zur Einreise ins Gebiet Kaliningrad ist selbstverständlich ein russisches Visum erforderlich. Es muß schon in Deutschland beantragt werden und wird nicht an der Grenzstation ausgestellt. Antragsformulare sind bei der Russischen Botschaft, Waldstraße 42, 531 77 Bonn, Tel: 02 28/31 20 74 oder 31 20 89, bei den Generalkonsulaten oder in vielen Reisebüros erhältlich.
Die Visagebühr beträgt zur Zeit 65 DM. Im Kaliningrader Gebiet muß man sich nach der Einreise beim OWIR/Miliz registrieren lassen; übernachtet man im Hotel, übernimmt dies das Hotel Autofahrer, die auf bleifreies Benzin angewiesen sind, sollten sich damit in Polen eindecken. Ähnlich günstig wie in Masuren sind die landschaftlichen Gegebenheiten für Radfahrer. Auf dem relativ kleinen Gebiet Kali-

ningrad stellt das Fahrrad sicherlich die beste Möglichkeit der Fortbewegung dar, obschon westliche Radtouristen hier noch mehr als in Polen als Exoten betrachtet werden. Vorsicht ist vor den Sperrgebieten in Grenznähe geboten. Genehmigung einholen!
Grenzübergänge von Masuren aus sind: Bagrationowsk/Preußisch Eylau, Goldap und seit April 1997 auch auf der alten Reichsstraße 1 zwischen Braniewo und Mamonowo/Heiligenbeil.

Bahnfahren
Seit einigen Jahren besteht wieder eine direkte Bahnverbindung zwischen Kaliningrad und Berlin – alles auf westeuropäischer Normalspur. Der täglich verkehrende ›Königsberg-Express‹ fährt jeden Abend vom Bahnhof Berlin-Lichtenberg über Gdynia und trifft mittags in Kaliningrad (13,5 Stunden) ein. Vom Kaliningrader Hauptbahnhof fährt er abends ab, um am nächsten Vormittag wieder in Berlin-Lichtenberg einzutreffen. Die einfache Fahrt kostet ca. 75 DM plus Liegewagen- bzw. Schlafwagengebühr. Im polnischen Braniewo/Braunsberg kann man ebenfalls zusteigen und kommt für ca. 15 DM in die Hauptstadt der russischen Exklave. Der Anfang der 90er Jahre eingeführte Autoreisezug von Berlin nach Kaliningrad fährt nicht mehr!
Innerhalb des Kaliningrader Gebietes stellt die Eisenbahn ein preiswertes und sicheres Beförderungsmittel dar. Die ›Elektritschkas‹ sind einfache Vorortzüge, sie verkehren beispielsweise bis Pillau, Cranz und Rauschen. Mit Fernzügen kann man Insterburg und Tilsit erreichen. Es bestehen Schlafwagenverbindungen mit litauischen Städten wie Kaunas und Vilnius, aber auch mit Minsk und mit Moskau. Ein Ticket in die 1200 km entfernte russische Hauptstadt im Vierbettabteil ›Kupenej‹ kostet ca. 110 DM.

Busfahren
In jedes Dorf der russischen Exklave Kaliningrad fährt mindestens täglich einmal ein Bus. Die Fahrt ist preiswert (z.B. Kaliningrad – Gwardejsk/Tapiau – ca. 35 km – für nur 1,80 DM), die Busse sind aber sehr oft überfüllt. Mehrmals täglich fahren die Busse vom Busbahnhof in Kaliningrad nach Polen oder kommen von dort. Diese Verbindungen gibt es mit Olsztyn in Masuren für ca. 15 DM, aber auch mit Gdańsk und Warschau.
Weitere internationale Verbindungen bestehen nach Klaipeda/Memel über die Kurische Nehrung, nach Weißrußland und mehrmals wöchentlich auch von und nach Deutschland.
Busunternehmen: KönigAuto in Kaliningrad – Tel/Fax: 46 07 22, Buchungen in Deutschland über Touring Hannover im Hauptbahnhof, Tel: 05 11/329 19. Preise 1997: Hannover – Kaliningrad einfach:

100 DM, Hin- und Rückfahrt 180 DM; Essen – Kaliningrad einfach 135 DM, Hin- und Rückfahrt 245 DM.
Der ›Reisedienst von Rahden‹, Heidkamp 49, in 28790 Schwanewede, bietet eine Buslinienverbindung von und nach Bremerhaven, Bremen, Hamburg, Hannover, Braunschweig, Berlin nach und von Kaliningrad an. Tel: 042 09/916 20.

Fähre und Schiff

Eine effektive und ökologisch sinnvolle Variante der Reise nach Kaliningrad ist die Anreise mit dem Schiff. Die Reederei ›Sasko Kaliningrad‹ betreibt mit zwei Schiffen der Serie ›Sachalin‹ die Route Travemünde – Riga – Kaliningrad, auf der auch LKW und PKW transportiert werden können. Informationen erhält man beim Ost-Reise-Service.
Die Fährverbindung von Kiel nach Königsberg wurde eingestellt!
Eine andere Möglichkeit der Anreise von Kiel besteht über das litauische Klaipeda/Memel (litauisches Visum erforderlich) und dann per Bus über die Kurische Nehrung ins Kaliningrader Gebiet. Für die Strecke Kiel – Klaipeda benötigt man ca. 30 Stunden.
Schneller und biller geht es von Neu-Mukran/Rügen, von wo aus man aller zwei Tage per Fähre Klaipeda in ca. 18 Stunden erreicht. Eine einfache Fahrt im Pullmann-Sitz kostet ab 130 DM und eine Kabine ab 180 DM. Rechtzeitige Reservierung ist erforderlich. Info: ›Deutsche Seereederei Touristik‹, Tel: 03 83 92/300 11, Fax: 300 22.
Neu ist die Fährverbindung Rostock – Kaliningrad der Baltic-Meteor-Linie. Dienstags 19.00 Uhr ab Rostock, freitags 17.00 Uhr ab Kaliningrad.
Preiswerte und schnelle Fähren gibt es auch von Polen. Es bestehen Fährverbindungen von Elbląg/Elbing und Frombork/Frauenburg nach Kaliningrad an den ›Flußhafen‹ Prawaja Nabereshnaja (Правая Набережная), westlich der Alten Börse. Außerdem kann man mit dem Tragflächenboot ›Katamaran‹ vom Gdańsker Hafen in knapp vier Stunden den Kaliningrader Vorort Svetlyj/Светлый (Zimmerbude) erreichen. Von dort bestehen günstige Busverbindungen nach Königsberg.
Die polnischen Fährverbindungen kosten zwischen 30 und 40 DM. Buchungen und Informationen gibts in polnischen Reisebüros vor Ort oder bei POLORBIS, Hamburg, Tel: 040/33 76 86.

Flugzeug

Der Kaliningrader Flughafen befindet sich 25 km außerhalb der Stadt, in Chrabrowo/Храброво. Da es sich um einen ehemaligen Militärflughafen handelt, sollte man nicht mit westeuropäischem Standard rechnen. Immerhin gibt es jetzt sogar einen Flughafenbus, der von 6.30 Uhr bis 21.00 Uhr etwa alle 30 min vom Kaliningrader Busbahn-

hof zum Airport fährt, oder man nimmt sich ein Taxi.
›Aeroflot‹ – die russische Fluggesellschaft – fliegt wöchentlich von Hamburg nach Kaliningrad ab ca. 660 DM. Infos: Aeroflot, Admiralitätsstr. 60, 20459 Hamburg, Tel: 040/374 28 83, Fax: 374 28 88.
›SAS – Scandinavian Airlines‹ fliegt mehrmals wöchentlich von Deutschland über Kopenhagen nach Kaliningrad. Die Kosten betragen von Hamburg etwa 900 DM.
Von April bis Oktober bieten deutsche Veranstalter Charterflüge an, z.B. Schnieder-Reisen und Greif-Reisen. Manche Flüge erfolgen ins litauische Palanga/Polangen, per Bustransfer geht es dann ins Kaliningrader Gebiet.
Ein Flug nach Kaliningrad via Moskau ist nicht zu empfehlen, da diese Variante zeitaufwendig und teuer ist. Stadtbüro ›Aeroflot Kaliningrad‹: Prospekt Kalinina 1/пр. Калинина, Tel: 44 13 36, Fax: 45 95 80.

Reiseveranstalter
DNV-Tours, Max-Planck-Str. 10, 70806 Kornwestheim, Tel: 071 54/13 18 30, Fax: 18 29 24.
Sputnik-Travel GmbH, Friedrichstr. 176, 10117 Berlin, Tel: 030/20 30 22 46, Fax: 20 30 22 96.
Ost-Reise-Service GmbH, A.-Ladebeck-Str. 139, 33647 Bielefeld, Tel: 05 21/14 21 67, Fax: 15 25 55.
Rail-Tours, Mochel Reisen, G.-Vogel-Str. 2, 77933 Lahr, Tel: 078 21/430 37, Fax: 429 98.

Telefonieren
Vorwahl von Deutschland nach Rußland: 0 07, nach Kaliningrad; 007-112-Teilnehmernummer.
Von Rußland nach Deutschland: 810 49/Ortskennzahl ohne ›0‹/Teilnehmernummer.
Problemlos ist das Telefonieren im Kaliningrader Gebiet von Privatanschlüssen oder vom Hotel aus. Für Fernsprecher auf der Straße benötigt man Jetons, je nachdem ob es sich um ein Stadtgespräch oder Ferngespräch handelt. Bequemer läßt es sich vom Post- und Telegrafenamt aus anrufen.

Ortsregister

Egmont Strigl
Slowenien entdecken
Unterwegs zwischen den Alpen und der Adria
Trescher-Reihe Reisen

A. Sternfeldt, T. Kvastiani, V. Spolanski
Georgien entdecken
Unterwegs zwischen Kaukasus und Schwarzen Meer
Trescher-Reihe Reisen

Baden in und um Berlin
Berliner Morgenpost
Trescher Verlag

Große Radtour um Berlin
Um die Hauptstadt in 42 Tagen
Berliner Morgenpost
Trescher Verlag